有利・不利の分岐点がわかる!

変わる生前贈与と タックス プランニング

Tax Planning

税理士法人チェスター・税理士

河合 厚　前山静夫　小林寛朋

ぎょうせい

は じ め に

　相続問題は，誰もがいつかは直面する問題です。

　その手続，財産分割，さらには相続税対策など，その課題は多いです。

　特に，相続税は，日ごろ接することが少ない税であり，各種特例，財産評価など複雑困難な面があります。

　また，相続税は，不動産，生命保険などの財産構成，生前贈与の活用により，その負担を大きく減少させることができます。

　2023（令和５）年度税制改正において，相続税の節税対策に大きく影響する「相続時精算課税制度における110万円基礎控除の新設」「相続税の課税価格に加算される贈与の期間が相続開始前３年から７年への延長」などの改正が行われ，令和５年４月１日に施行されました。

　今回改正された「暦年課税制度」及び「相続時精算課税制度」の改正は，相続税の負担増に働く改正でもあり，また，負担減（節税）にも働く改正でもあります。

　一定規模の財産を有している者にとって，今回の改正は生前対策としての相続税・贈与税のタックスプランニングに大きく影響するといえるでしょう。

　相続税・贈与税のタックスプランニングは，親族間で争いが起こらないようにする「遺産分割対策」，相続税納税資金確保のための「納税対策」，相続税を引き下げる「節税対策」の３つの観点から検討します。そして，財産の種類や規模，家族構成や年齢などの違いを確認し，「暦年課税制度」と「相続時精算課税制度」の使い分け，事業承継税制を含めた各種贈与税・相続税の特例の活用，生命保険・不動産購入などの財産構成の検討を踏まえたタックスプランニングを策定した上で，生前贈与を実施していくことで，相続問題の解消，相続税の納税資金確保・負担軽減を図ることが可能となります。

　また，不動産賃貸業などの不動産の活用を行っている方や，事業経営を行っている方においては，その資産・事業を子や孫を含む後継者にどのように引き継ぐべきか，その際に負担することとなる相続税などの税金を，どうすれば適法に軽減させることができるかを検討することが重要となります。

　そこで，本書では，2023（令和５）年度税制改正による生前贈与課税の改正点，特に，「暦年課税制度」と「相続時精算課税制度」の改正を踏まえた，財産規模，推定相続人数別の分析・検討によるタックスプランニングのほか，金融資産・不動産の割合が多い者や企業オーナーなどケース別にみるタックスプランニング，及び，その他の生前対策として有効な各種特例・その頻出疑問点について解説しています。

　少しでも皆様及びクライアントの相続税・贈与税のタックスプランニングの参考となれば幸いです。

　令和５年６月

執筆者を代表して

河合　厚

凡　例

1　本文中のかっこ内等の法令等の引用は次の例によった。

租税特別措置法　→　措法

租税特別措置法施行令　→　措令

租税特別措置法施行規則　→　措規

租税特別措置法通達　→　措通

相続税法　→　相法

相続税法施行令　→　相令

相続税法施行規則　→　相規

相続税法基本通達　→　相基通

所得税法　→　所法

法人税法　→　法法

法人税法施行令　→　法令

2　また，かっこ内の引用条項等は次の例によった。

例　相続税法第21条の3第1項第2号　→　相法21の3①二

生前贈与の考え方

ポイント

① 今後，数十年間は「大相続時代」かつ「老老相続時代」。

② 11人に１人，東京都では６人に１人が相続税の申告書を提出。

③ 相続税の合計課税価格の階級別では２億円以下の階層で９割の件数を占めるが，10億円以上の階層で３割の納税額を占める。

④ 相続財産全体の占める割合は３分の１が土地であるが，有価証券及び現金・預貯金等の割合が伸びてきている。

⑤ 相続時精算課税の適用者は暦年贈与の適用者の１割以下である。

⑥ 贈与の取得財産は150万円以下と200万円から400万円の者が多い。

⑦ 29歳以下では贈与税の申告があった者のうち６割の者が連年贈与を受けている。

Ⅰ　相続・贈与の現状

1　人口の推移等

　高齢化が進む日本では，2021（令和 3）年には143万人が亡くなり，その後も増加傾向にあります。終戦直後の第一次ベビーブーム時に生まれた「団塊の世代」は2025（令和 7）年には75歳を超えます。国立社会保障・人口問題研究所の推計では，死亡数は2039（令和21）年に167万人でピークを迎え，その後もしばらく150万人前後の水準が続くとされています。

　人が亡くなると「相続」が発生します。日本ではこれから20年以上にわたり，毎年140万件から最大170万件近い相続が発生すると見込まれ，団塊の世代が保有する資産が子孫に引き継がれていく「大相続時代」を迎えています（図表序－ 1）。

2　相続税の申告状況

　2021（令和 3）年分の被相続人数（死亡者数）は1,439,856人（前年対比104.9%）であり，このうち相続税の申告書の提出に係る被相続人数は134,275人（同111.6%）でした。

　すなわち，死亡者11人に 1人の割合で被相続人に係る相続税の申告書が提出されたことになります。特に，東京都内では 6人に 1人の割合で相続税の申告書が提出されています。今や，相続税はいわゆる富裕層だけではない身近な税になっていると言えるでし

●図表序－ 1　死亡数と死亡率の推計と将来推計

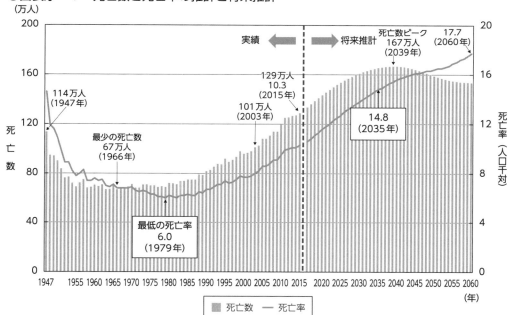

（出典）　平成28年版厚生労働白書（将来推計は国立社会保障・人口問題研究所の予測）

●図表序－２　令和３年分における相続税の申告状況（全国及び主な国税局別等）

			全　国	東京	東京都	大阪	名古屋	関東信越
①	被相続人数 （死亡者数）	人	1,439,856	292,701	127,649	229,755	162,728	212,985
②	相続税申告提出に 係る被相続人数	人	134,275	42,881	23,130	21,985	19,359	18,100
③	課税割合 （②／①）		9.3%	14.7%	18.1%	9.6%	11.9%	8.5%
	申告書提出状況		11人に１人	7人に１人	6人に１人	11人に1人	8人に1人	12人に１人
④	相続税の納税者 である相続人数	人	294,058	93,197	50,706	48,094	43,170	39,188
⑤	課税価格	億円	185,774	69,413	42,790	30,437	25,120	22,785
⑥	税　額	億円	24,421	10,886	7,469	4,024	2,941	2,622
⑦	1人当たり 被相続人 課税価格 （⑤／②）	万円	13,835	16,187	18,500	13,844	12,976	12,588
⑧	税額 （⑥／②）	万円	1,819	2,539	3,229	1,830	1,519	1,449

（出典）　国税庁　令和３年分相続税の申告事績の概要（令和４年12月公表）より網掛部分筆者加筆

●図表序－３　被相続人数の推移

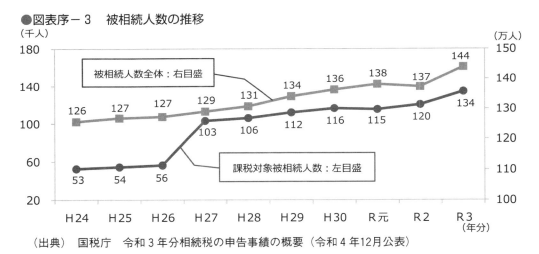

（出典）　国税庁　令和３年分相続税の申告事績の概要（令和４年12月公表）

ょう（図表序－２）。

　また，2021（令和３）年分の相続税の申告書の提出に係る被相続人数134,275人は，相続税の基礎控除の引き下げのあった平成27年分における被相続人数103,043人と比較すると130.3％であり，団塊の世代の高齢化を反映したものとなっています（図表序－３）。

　そして，相続税の申告を行った人のうち80歳以上の被相続人の割合は，ここ30数年間で38.9％から71.6％と２倍近くにまで増加しており，これに伴い相続する子世代の年齢も高齢化していると想定され，いわゆる「老老相続」が増加しているといえます（図表序－４）。

　次に，相続税申告における合計課税価格を１億円未満から10億円超までの階級別にみると１億円以下の者が最も多く全体の申告件数の60.8％を占め，さらに１億円から２億

●図表序−4　相続税の申告から見た被相続人の年齢構成比

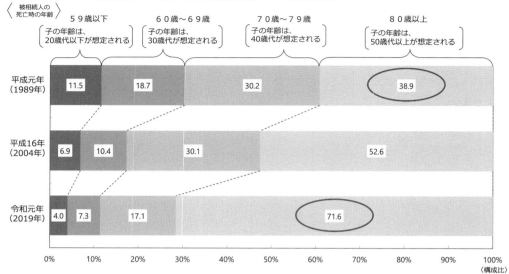

（出典）　内閣府税制調査会　相続税・贈与税に関する専門家会合第一回会議資料

●図表序−5　相続税の合計課税価格の階級別の割合（令和2年分）

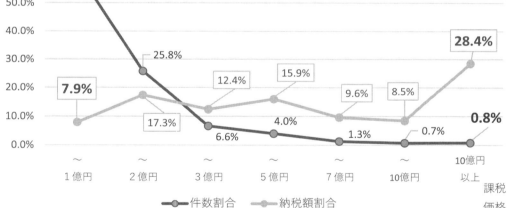

（出典）「内閣府税制調査会　相続税・贈与税に関する専門家会合第一回会議資料」より筆者作成

円以下の者の25.8%を加えると86.8%を占めています。課税価格が高額の階級に上がるほど申告件数は逓減しています。

　なお，合計課税価格10億円以上の者は全体の0.8%ですが，納付税額は全体の約3割（28.4%）を占めています（図表序−5）。

　さらに，相続財産全体に占める各財産の割合の推移をみると，平成24年当時，土地は全体の約5割（46%）で最も大きな割合を占めていたが，令和3年では33%まで落ち込んでいます。逆に，平成24年当時，有価証券及び現金・預貯金等の合計は全体の38%で

●図表序－6　相続財産全体に占める各財産の割合の推移

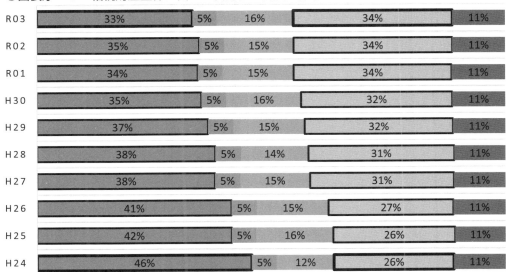

	土地	家屋	有価証券	現金・預貯金等	その他
R03	33%	5%	16%	34%	11%
R02	35%	5%	15%	34%	11%
R01	34%	5%	15%	34%	11%
H30	35%	5%	16%	32%	11%
H29	37%	5%	15%	32%	11%
H28	38%	5%	14%	31%	11%
H27	38%	5%	15%	31%	11%
H26	41%	5%	15%	27%	11%
H25	42%	5%	16%	26%	11%
H24	46%	5%	12%	26%	11%

■土地　■家屋　■有価証券　■現金・預貯金等　■その他

（出典）「国税庁：令和3年分相続税の申告事績の概要（令和4年12月公表）」より筆者作成

したが，令和3年では全体の約5割（50％）を占めています。

　なかでも，現金・預貯金等は相続税の基礎控除の引き下げにより申告件数の増加した平成27年分から全体に占める割合が上昇を続けていることから，相続財産はより現金・預貯金等にシフトしていることがうかがえます（図表序－6）。

3　贈与税の申告者数の推移等

(1)　暦年課税及び相続時精算課税別の申告状況

　令和3年分贈与税の申告書の提出者数は53万2千人（対前年比＋9.5％）であり，そのうち，申告納税額がある人は38万9千人（同＋9.7％）で，その申告納税額は3,327億円（同＋20.0％）です。

　このうち，暦年課税を適用した申告人員は48万8千人，相続時精算課税を適用した申告人員は4万4千人であり，相続時精算課税の適用者は暦年課税の適用者の1割以下となっています。また，相続税の基礎控除の引き下げのあった平成27年分以降，暦年課税及び相続時精算課税の推移において有意な現象はみられませんが，令和3年に入り申告人員が増加に転じており，令和3年度税制改正大綱（令和2年12月公表）を受けた駆け込み贈与が増加したものと推察できます（図表序－7）。

(2)　取得財産及び連年贈与の状況

　暦年課税における贈与については，取得財産価額700万円以下の受贈者が約9割を占め，その内訳をみると150万円以下の113,120人，200万円から400万円以下の119,827人の二つのピークがみられます。150万円以下の者は税務申告を行うことによって贈与を受けた事績を残すために贈与税額が生じるか生じないかのところで申告している者のピ

●図表序－7　暦年課税及び相続時精算課税別の申告状況の推移

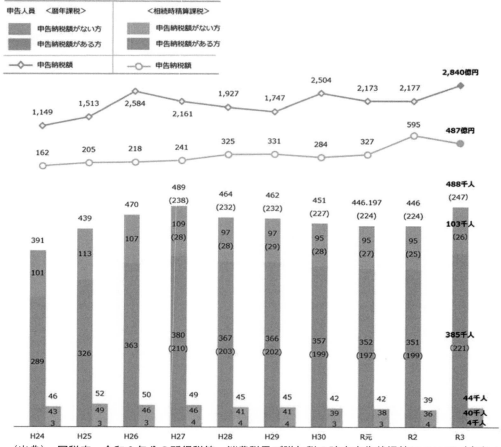

（出典）　国税庁　令和3年分の所得税等，消費税及び贈与税の確定申告状況等について（令和4年6月）

ークと推察されます。

　また，400万円以下の者のピークは，贈与税の限界税率10%の上限である基礎控除後の課税価格200万円に基礎控除110万円を加算した取得財産価額310万円での贈与によるものと推察されます。

　なお，400万円以下をマックスとして贈与額が高額になるに連れて課税人員は逓減しています（点線部分）（図表序－8）。

　更に，贈与税の申告があった者のうち，2年連続（＋1年）して贈与を受けている者の割合は，29歳以下が60%，30～59歳が45%，60歳以上が32%であり，若い世代ほど計画的に贈与を受けていることが窺われます（図表序－9）。

●図表序-8　暦年課税の課税人員分布（令和2年分）

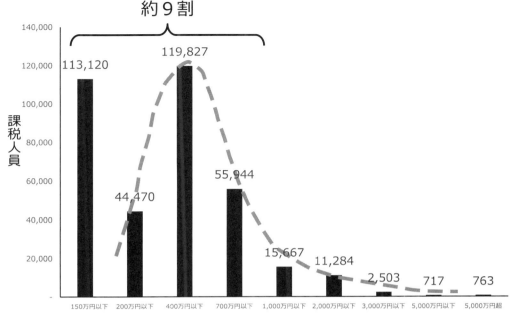

（注）　「課税人員」は，申告義務のある者（住宅取得等資金の非課税制度適用後の残額について暦年課税のみを選択して者で，その残額が基礎控除を超えない者を除く。）の計数である。
（出典）　内閣府税制調査会　相続税・贈与税に関する専門家会合第一回会議資料（点線部分筆者加筆）

●図表序-9　連年で贈与を受けている割合（平成26年分の贈与税の申告があった者）

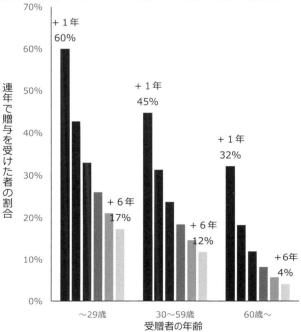

（出典）　内閣府税制調査会　相続税・贈与税に関する専門家会合第一回会議資料

Ⅱ　相続税・贈与税のタックスプランニングの基本方針

　相続税・贈与税に関するタックスプランニングは，一般に次の3つの観点から検討を行います。

1　遺産分割対策 2　相続税の納税資金対策 3　相続税節税対策

　一定の財産を有する場合，その財産を①自分自身でどのように使うのか，②公益団体・ボランティア団体などの活動支援（寄附）を行うのか，③家族や企業オーナーとして資産継承するのかといったことが問題となり，これらを組み合わせに頭を悩ませながら，特に③の観点から，相続税・贈与税に関するタックスプランニングを立てる必要があります。

　令和5年度税制改正では，暦年課税贈与について相続税の課税価格に加算する期間が3年から7年に延長，相続時精算課税制度における基礎控除の新設といった改正が行われました。

　相続税・贈与税に関するタックスプランニングは，「遺産分割対策」，「相続税の納税資金対策」，「相続税節税対策」の3つの観点から検討を行い，今回の制度改正を踏まえた生前贈与を行っていくものと考えられます。本節では，この3つの観点について，その概略を説明します。

1　遺産分割対策

> **ポイント：争族とならないように**
> ● 相続財産を巡る相続人間の争いは，税務面のほか，親族関係の悪化，弁護士費用や時間も要する。
> ● 相続税では遺産分割に争いがあると使えない特例がある（配偶者に対する相続税額の軽減，小規模宅地等の特例など）
> 　［対策］遺言書の作成，生命保険の活用など
> 　　　　　遺言書の作成に当たっては，遺留分侵害額請求，民法に定める遺言の方式に従った遺言書になるように留意

　遺産分割対策とは，相続財産の分割を巡って，相続人間で争いが起こらないようにするための対策です。

　相続税の申告において，配偶者に対する相続税額の軽減措置は，遺言書や遺産分割協議書による遺産分割がされていないと適用することができません。また，相続税申告で用いられることの多い小規模宅地等の特例は，相続人等の間で分割されていない特例対象宅地等についてはその適用を受けることができません。

　相続財産を巡る相続人間での争いは，税務面にとどまらず，親族関係の悪化を招き，弁護士費用や時間も要することとなるなど，不利益は少なくないです。

　遺産分割対策の例として，一般的には，遺留分を考慮した遺言書の作成，生命保険を活用した遺留分対策等があります。会社オーナーの場合には，事業承継税制，経営承継円滑化法による遺留分の民法特例の活用なども含まれるでしょう。

　遺言書の作成に当たっては，特定の相続人等に財産が偏ることによる遺留分侵害額請求が発生しないようにすることに留意する必要があります。なお，遺言書に不備があるなどして無効な遺言書にならないようにするためには，公正証書遺言が好ましいでしょう。また，自筆証書遺言でも，法務局で預り保管してくれる制度「自筆証書遺言書保管制度」を活用することにより，遺言書が見つからないといったことを防ぐことができるようになりました。

　さらに，近年は，特別代理人選任手続きを回避するために遺言を活用する事例も散見されます。相続人に成年被後見人が含まれている場合，遺産分割協議にあたり事前に特別代理人を選任する必要があります。あらかじめ成年被後見人の遺留分も考慮した遺言を作成することにより，遺産分割協議ひいては特別代理人選任手続きを回避しようとするものです。このような遺言の活用も，遺産分割対策の一例といえるでしょう。

2　相続税の納税資金対策

ポイント：納税資金の確保
● 相続税は，相続の開始から10ヶ月以内に申告・納付する必要があり，また，その適用税率は最高55％
　［対策］①　財産構成の見直し（収益性の低い不動産の売却による預貯金・有価証券の確保）
　　　　　②　生前贈与を活用した納税資金の前渡し　ほか

　相続税は，相続の開始があったことを知った日の翌日から10ヶ月以内に申告し，また，金銭で一時に納付することを原則としています。また，その適用税率は，相続財産における各法定相続人の法定相続分相当額が1億円を超えると40％，最高55％と財産の約半分を納付しなければならない超過累進税率となっています。

　相続財産が不動産や非上場株式のような換金性の低い財産が大半の場合，金銭で一時に納付することが困難な事態が生じ，あわてて，不動産等を時価よりも低い金額で換金せざるを得ないケースや物納となるケースも生じます。

　このような事態が起こらないようにするための対策が相続税の納税資金対策です。

　納税資金対策の例として，①財産構成の見直し（重要度の低い不動産や収益性の低い不動産を売却し預貯金や有価証券に変更），②生前贈与を活用した納税資金の前渡し，③不動産オーナーの場合には，収益不動産を不動産所有会社へ移転することによるキャッシュフローの改善と役員報酬を通じた親族への利益分配（第Ⅲ章 ケース2 参照），④相続税の物納の事前準備（抵当権の付け替え・事前の測量・境界確定等），⑤相続開

9

始後に相続不動産を不動産所有会社へ売却することによる資金調達等の対策があります。

　また，会社オーナーの場合には，事業承継税制の活用，死亡退職金，相続した株式の金庫株制度の活用，生前贈与を活用した納税資金の前渡し等の対策があります（第Ⅲ章 ケース3 参照）。

③　相続税節税対策

> **ポイント：相続税の節税**
> ● 相続税は，同じ財産の額であっても，資産構成，不動産等の評価方法，相続税法の特例等の適用などによって，大きく税負担額が変わる。そのため，できるだけ早期から，相続税の専門家に相談し，その節税対策に取り組むことが肝要。
> 　［対策］①　相続税法の特例等を用いた対策（生前贈与，生命保険金の非課税枠活用，小規模宅地等の特例の適用要件充足，不動産購入）
> 　　　　　②　不動産オーナーにおける相続税節税引き下げ対策（第Ⅲ章ケース2）
> 　　　　　③　企業オーナーにおける相続税引き下げ節税対策（第Ⅲ章ケース3）

　相続税は，同じ財産の額であったとしても，その資産構成，不動産等の評価方法，相続税法等における特例の適用などによって，大きく税負担額が変わります。

　そのため，できるだけ早期から，その節税対策に取り組むことによって，法令に沿った上で，税負担額を少なくすることが可能となります。

　相続税の節税対策は多岐にわたりますが，その一例を紹介します。

(1)　**相続税法の特例等を用いた相続税節税対策**

　相続税法や租税特別措置法の各種特例等を用いた相続税節税対策としては，令和5年度税制改正を踏まえた暦年課税制度や相続時精算課税制度を用いた生前贈与（第Ⅱ章参照），生命保険金等の非課税枠活用，小規模宅地等の特例の適用要件を事前に充足させる対策，各種贈与税の特例の活用等があります（第Ⅳ章参照）。

　また，不動産特有の評価制度を活用した不動産購入，いわゆる二次相続における相続税の引き下げも視野に入れた場合には，二次相続の相続税額も考慮した一次相続における配偶者の相続分の算定や，配偶者居住権の活用といった対策もあります。

(2)　**不動産オーナーにおける相続税節税対策**

　複数の賃貸アパート・マンションなどを所有する不動産オーナーにおける相続税節税対策としては，収益不動産を不動産所有会社に移転することによる賃料蓄積防止，不動産所有会社の株式を相続時精算課税贈与することによる株価固定，小規模企業共済への加入による死亡退職金の非課税枠活用等の対策があります（第Ⅲ章 ケース2 参照）。

(3)　**企業オーナーにおける相続税節税対策**

　同族会社など非上場の企業経営者（オーナー）における相続税節税対策としては，非上場株式の各種評価引き下げ策，非上場株式を相続時精算課税贈与することによる株価固定，会社への貸付金のDES・債務免除，会社オーナー個人による会社所有不動産の買い上げ，死亡退職金の非課税枠活用等の対策があります（第Ⅲ章 ケース3 参照）。

第 I 章

令和5年度税制改正における
生前贈与課税の改正点

ポイント

① 贈与税の「暦年課税」と「相続時精算課税」の選択制は，引き続き維持される。

② 相続時精算課税制度において，毎年110万円までの基礎控除が別途新設され，110万円までの贈与であれば贈与税の申告と納税は不要とされ，特別控除2,500万円の対象外となる。

③ 相続時精算課税により取得した不動産が災害により一定以上の被害を受けた場合，相続税の課税価格に加算等される価額は，災害による被害額を控除した残額とされる。

④ 相続税の課税価格に加算される贈与の期間が，その相続開始前7年以内となり，延長された4年間に受けた贈与については，総額100万円まで相続財産に加算されない。

⑤ 教育資金に係る贈与税の非課税制度について適用期限が3年，結婚・子育て資金に係る贈与税の非課税制度について適用期限が2年，それぞれ延長される。

⑥ 税制改正とは別に2022（令和4）年4月19日最判を受け，マンションに係る財産評価額の見直し（財産評価基本通達の改正）が検討されている。

I　相続時精算課税制度

1　改正前の制度の概要

　60歳以上の父母又は祖父母など（特定贈与者）から18歳以上の子又は孫に対し財産を贈与したとき，贈与により財産を取得した者が，一定の書類を贈与税の申告書に添付して納税地の所轄税務署長に提出したときは，その贈与に係る財産について，相続時精算課税制度の適用を受けることができます。

　相続時精算課税を選択すれば，最大2,500万円の特別控除額までは贈与税は課税されず，2,500万円を超過した贈与財産に対して一律20％の贈与税が課税されます。

　なお，相続時精算課税制度を選択した年以後はその撤回はできません。

　また，特定贈与者が死亡した場合，特定贈与者から相続又は遺贈により財産を取得した相続時精算課税制度の適用者の相続税の課税価格は，贈与時の贈与財産の価額を相続税の課税価格に加算した価額となります。

　更に，相続時精算課税制度の適用者に課せられた贈与税があるときは，相続税額から当該贈与税の税額に相当する金額を控除した金額をもって，その納付すべき相続税額となります（相法21の9〜21の18，措法70の2の6）。

2　改正内容

　この制度について，次の改正が行われました。

① 相続時精算課税制度の贈与税の計算において，現行の暦年課税制度の基礎控除とは別途，毎年110万円までの基礎控除が新設されました。

② 相続時精算課税適用者が特定贈与者から贈与により取得した一定の不動産が，贈与日から特定贈与者の死亡に係る相続税の申告期限までの間に災害によって一定以上の被害を受けた場合，相続税の課税価格に加算等される不動産の価額は，災害によって被害を受けた部分の額を控除した残額とされました。

3　適用時期

　上記 2 ①の改正は，2024（令和6）年1月1日以降に行われる贈与により取得する財産に係る相続税又は贈与税について適用されます。

　また，上記 2 ②の改正は，2024（令和6）年1月1日以降に生ずる災害により被害を受けた場合から適用されます。

> **ポイント**
> - 暦年課税贈与と相続時精算課税贈与の選択制は，引き続き維持される。
> - 暦年課税贈与の基礎控除とは別に，相続時精算課税制度の基礎控除が新設される。
> - 相続時精算課税制度に係る贈与のみで毎年110万円までの贈与であれば，贈与税の申告（と納税）は不要となる。

- 毎年110万円までの贈与は，特別控除2,500万円の対象外となる。
- 贈与者が死亡した場合，控除された毎年110万円までの部分は，相続開始前7年間のものも含めて相続税の計算に加算されない。

▌改正前の相続時精算課税制度

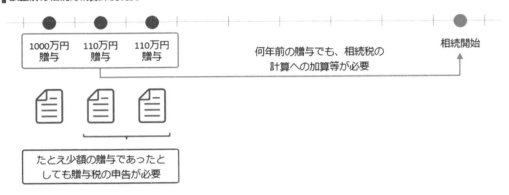

▌改正後の相続時精算課税制度

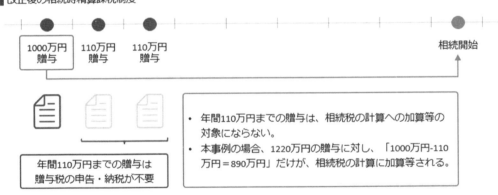

▌基礎控除のイメージ（相続時精算課税贈与と暦年課税贈与）

■基礎控除のイメージ（相続時精算課税贈与と相続時精算課税贈与）

Ⅱ　相続開始前に贈与があった場合の相続税の課税価格への加算期間

1　改正前の制度の概要

　被相続人から相続や遺贈，相続時精算課税に係る贈与によって財産を取得した人が，その相続開始前3年以内（死亡の日からさかのぼって3年前の日から死亡の日までの間）に，暦年課税に係る贈与によって取得した財産があるときには，その人の相続税の課税価格に贈与を受けた財産の贈与の時の価額が加算されます。

　なお，加算された贈与財産の価額に対応する贈与税の額は，加算された者の相続税の計算上控除されることになります（相法19）。

　この場合，相続税の課税価格に加算される財産の価格は，その財産に係る相続開始時の価額ではなく，贈与の時における価額によります（相基通19－1）。

2　改正内容

　この制度について，次の改正が行われました。

①　相続税の課税価格に加算される贈与の期間が，その相続開始前7年以内となります。

②　今回の改正により加算される贈与の期間が延長された4年間に受けた贈与については，総額100万円までの金額は相続財産に加算されません。

3　適用時期

　今回の改正により加算の対象となる贈与は，2024（令和6）年1月1日以降に行われる贈与とされます。

> ポイント
> ●改正の影響が出るのは，2027（令和9）年1月2日以降開始相続から。2027年1月2日以降開始相続から加算期間は順次延長され，2031（令和13）年1月1日以降開始相続から加算期間が7年間とされる。

生前贈与の加算期間の延長（暦年課税）

	令1 2019	令2 2020	令3 2021	令4 2022	令5 2023	令6 2024	令7 2025	令8 2026	令9 2027	令10 2028	令11 2029	令12 2030	令13 2031	令14 2032	令15 2033

従来どおり　加算期間3年

延長措置期間　加算期間3年超〜7年以内

完全移行　加算期間7年

（注）　1. 延長した4年間に受けた贈与（■色部分）については、総額100万円まで相続財産に加算されない。
　　　　2. 相続前贈与の加算期間は、令和9（2027）年1月1日から順次延長される。
　　　　3. □は従来の加算期間、■色は改正による加算期間を示す。

2027年1月2日〜2027年12月31日の間に相続が開始した場合

相続開始 10/1

従来の加算期間（3年間）

改正後の加算期間（3年9ヶ月）※

※ 2024年1月1日以降の贈与が加算対象

毎年110万円贈与し、2032年10月1日に相続が発生した場合
延長した4年間に受けた贈与については、総額100万円まで加算しない

従来の加算期間（3年間）

改正後の加算期間（7年）

① 2030年〜2032年中に贈与を受けた金額の合計＝330万円
② 2026年〜2029年中に贈与を受けた金額の合計＝440万円＞100万円 ∴440万円－100万円＝340万円
①＋②＝670万円を相続税の課税価格に加算

■改正後の暦年課税贈与7年加算と相続時精算課税贈与の比較（110万円ずつ贈与した場合）

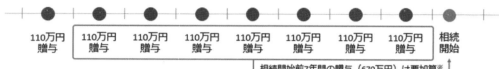

暦年課税贈与

| 110万円贈与 | 110万円贈与 | 110万円贈与 | 110万円贈与 | 110万円贈与 | 110万円贈与 | 110万円贈与 | 110万円贈与 | 相続開始 |

相続開始前7年間の贈与（670万円）は要加算※

※ 別途、延長4年間に受けた贈与について総額100万円まで加算しない措置有り。

相続時精算課税贈与

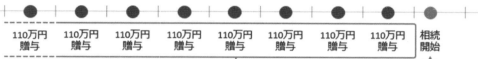

| 110万円贈与 | 110万円贈与 | 110万円贈与 | 110万円贈与 | 110万円贈与 | 110万円贈与 | 110万円贈与 | 110万円贈与 | 相続開始 |

年間110万円までの贈与は加算不要 ✕

■相続財産に加算される贈与

従来
- 暦年課税贈与
  相続開始3年前からの贈与を加算

- 相続時精算課税贈与
  同制度を選択した年分以降の**すべての贈与を加算**

改正後
- 暦年課税贈与
  相続開始7年前からの贈与を加算（ただし、延長4年間の贈与のうち100万円までの金額は加算されない。）

- 相続時精算課税贈与
  年間110万円までの相続時精算課税贈与は相続財産に加算されない。

暦年課税贈与を使用するメリット(改正後)
① **相続開始前7年超の期間の贈与**は、相続財産に含まれない。
② 孫や子の配偶者など、相続又は遺贈により財産を取得した者以外の者への贈与は、相続財産への加算対象とならない。

相続時精算課税贈与を使用するメリット(改正後)
① 贈与税負担なく又は軽減させた**次世代への資産移転が可能**
② 相続税の課税価格に加算等する財産の価額を、**贈与時の価額に固定**できる。
③ **相続開始前7年以内の期間の贈与も含め、年間110万円までの贈与は、相続財産に含まれない。**

両者に共通するメリット
- 収益を生む財産（株式・収益不動産等）を贈与することにより、その運用益は推定相続人等のものとなる。

Ⅲ　教育資金の一括贈与に係る贈与税の非課税制度

 1　改正前の制度の概要

　2013（平成25）年4月1日から2023（令和5）年3月31日までの間に，30歳未満で，かつ，贈与が行われる前年の合計所得金額が1,000万円以下の子や孫などの直系卑属である受贈者が，教育資金に充てるため，受贈者の父母や祖父母などの直系尊属から，信託受益権等を取得した場合には，その信託受益権等の価額のうち1,500万円（習い事等

は500万円）までの金額に相当する部分の価額については，教育資金非課税申告書を取扱金融機関等の営業所等を経由して受贈者の納税地の所轄税務署長に提出することにより，贈与税が非課税となります（措法70の2の2）。

　なお，契約期間中に贈与者が死亡した場合には，管理残額を，贈与者から相続等により取得したものとみなされます。この際，受贈者が2割加算対象者の場合には，2割加算も行われます（措法70の2の2⑫，相法18）。

　また，受贈者が30歳に達するなどにより，教育資金口座に係る契約が終了した場合で，非課税拠出額から教育資金支出額を控除した残額があるときは，その残額はその契約終了時に贈与があったこととされ，特例税率で贈与税の計算を行います（措法70の2の2⑭，70の2の5）。

2　改正内容

　この制度について，次の改正が行われました。
① 　適用期限が3年延長され，2026（令和8）年3月31日までの贈与が，同制度の対象となります。
② 　贈与者が死亡した場合において，贈与者の相続税の課税価格の合計額が5億円を超えるときは，受贈者が23歳未満等の場合であっても，非課税拠出額の残額を相続等により取得したものとみなされます。
③ 　受贈者が30歳に達した場合等において，非課税拠出額の残額があり贈与税が課されるときには，一般税率により贈与税の計算を行われます。

3　適用時期

　2023（令和5）年4月1日以降に取得する信託受益権等に係る贈与税・相続税の申告から適用されます。

	改正前			改正後
拠出時期	〜2019年3月31日	2019年4月1日 〜2021年3月31日	2021年4月1日 〜2023年3月31日	2023年4月1日 〜2026年3月31日
相続税の計算への取り込み	取り込みなし	相続開始前3年以内の拠出分に限り取り込みあり	取り込みあり	取り込みあり
		※相続開始時点において、受贈者が次のいずれかに該当する場合は、相続税の課税は行われない。 ① 23歳未満である場合 ② 学校等に在学している場合 ③ 教育訓練を受けている場合		贈与者の相続税の課税価格の合計額が5億円を超える場合には、左記取り扱いは適用されない。
2割加算	適用なし	適用なし	適用あり	適用あり
終了時の贈与税の計算	特例税率	特例税率	特例税率	一般税率

Ⅳ　結婚・子育て資金の一括贈与に係る贈与税の非課税制度

1 改正前の制度の概要

　2015（平成27）年4月1日から2023（令和5）年3月31日までの間に，18歳以上50歳未満で，かつ，贈与が行われる前年の合計所得金額が1,000万円以下の受贈者が，結婚・子育て資金に充てるため，受贈者の父母や祖父母などの直系尊属から一定の信託受益権等の贈与を受けた場合には，その贈与を受けた信託受益権等の価額のうち1,000万円までの金額は，結婚・子育て資金非課税申告書を取扱金融機関等の営業所等を経由して受贈者の納税地の所轄税務署長に提出することにより，贈与税が非課税となります（措法70の2の3）。

　なお，契約期間中に贈与者が死亡した場合には，管理残額を，贈与者から相続等により取得したものとみなされます。この際，受贈者が2割加算対象者の場合には，2割加算も行われます（措法70の2の3⑫，相法18）。

　また，受贈者が50歳に達した場合には，その残額はその契約終了時に贈与があったこととされ，特例税率で贈与税の計算を行います（措法70の2の3⑭，70の2の5）。

2 改正内容

　この制度について，次の改正が行われました。
① 適用期限が2年延長され，2025（令和7）年3月31日までの贈与が，同制度の対象となります。
② 受贈者が50歳に達した場合等において，非課税拠出額の残額があり贈与税が課されるときには，一般税率により贈与税の計算を行います。

3 適用時期

　2023（令和5）年4月1日以降に取得する信託受益権等に係る贈与税・相続税の申告から適用されます。

	改正前		改正後
拠出時期	～2021年3月31日	2021年4月1日 ～2023年3月31日	2023年4月1日～ <u>2025年3月31日</u>
相続税の計算への 取り込み	取り込みあり	取り込みあり	取り込みあり
2割加算	適用なし	適用あり	適用あり
終了時の贈与税の計算	特例税率	特例税率	<u>一般税率</u>

ポイント
● 教育資金の一括贈与の非課税制度は3年延長されるが，結婚・子育て資金の一括贈与の非課税制度の延長は2年である。

Ⅴ　相続財産を贈与した場合の相続税の非課税制度

1　改正前の制度の概要

　宗教，慈善，学術その他公益を目的とする事業を行う者で一定の要件に該当する者が相続又は遺贈により取得した財産で，その公益を目的とする事業の用に供することが確実なものは，相続税の非課税財産とされています（相法12三，相令2）。

2　改正内容

　相続財産を贈与した場合の相続税の非課税制度の対象となる法人の範囲に，福島国際研究教育機構が加わります。

Ⅵ　医業継続に係る相続税・贈与税の納税猶予制度

1　改正前の制度の概要

　相続人が出資持分あり医療法人の出資持分を相続等により取得した場合，その医療法人が2023（令和5）年9月30日までに厚生労働大臣により出資持分なし医療法人への移行計画の認定を受けた医療法人であるときは，移行計画の期間満了まで相続税の納税が猶予され，持分を放棄した場合は，一定要件を満たすことにより猶予税額が最終的に免除されます（措法70の7の12）。

　出資者の持分放棄により，他の出資者持分が相対的に増加することで，贈与を受けたものとみなして他の出資者に贈与税が課される場合も同様に移行計画の満了まで納税が猶予され，一定要件を満たすことで最終的に免除されます（措法70の7の9）。

2　改正内容

① 　適用期限が3年3月延長され，2026（令和8）年9月30日までとなります。
② 　相続税・贈与税の納税猶予制度等における移行期限を，移行計画の認定の日から起算して5年（現行：3年）を超えない範囲内のものとされます。
（注）　本制度の改正は，良質な医療を提供する体制の確立を図るための医療法等の一部を改正する法律の改正を前提とされています。

Ⅶ　マンションの相続税評価額の見直し

　マンションを含む不動産の評価については，相続税法に規定されておらず，財産評価基本通達に定められていることから，税制改正法案には盛り込まれていません。

　そこで，マンションの相続税評価について，相続税評価額が市場価格（市場価格理論値）の60％未満となっている一定のマンションについては，市場価格理論値の60％にな

るよう評価額の補正を行う通達の改正が行われ，2024（令和6）年1月1日以後の相続等又は贈与により取得した財産から適用される予定です（2023（令和5）年6月30日国税庁報道発表資料）。

マンションの評価方法の見直しのイメージ図

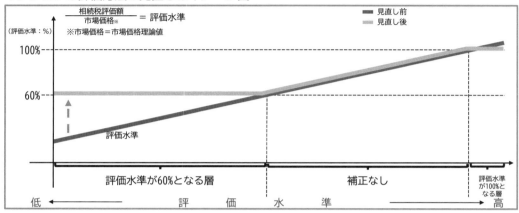

（出典） 2023（令和5）年6月30日国税庁報道発表資料

令和5年度税制改正を踏まえた相続税・贈与税のタックスプランニング

ポイント

① 令和5年度税制改正を受け，令和6年以降の生前贈与について，暦年課税贈与と相続時精算課税贈与の使い分けの考え方が変わる。

② 生前贈与加算の対象となる者（被相続人の配偶者や子）の暦年課税贈与と相続時精算課税贈与の使い分けは，財産額の多寡と相続開始までの期間を基に考える。

③ 相続税の限界税率が10%以下と見込まれる者は，相続開始までの期間を問わず，相続時精算課税贈与の基礎控除の活用が有利となるケースが多い。

④ 相続税の限界税率が10%を超える多額の財産を持つ者で，超高齢者以外の者からの贈与は暦年課税贈与を，超高齢者からの贈与は相続時精算課税贈与の基礎控除の活用が，有利となるケースが多い。

⑤ 生前贈与加算の対象とならない者（子の配偶者や孫など）については，相続開始時までの期間を問わず暦年課税贈与による生前贈与が有利となるケースが多い。

⑥ 相続税節税を目的とする場合，贈与する金額は「相続税の限界税率＜贈与税の限界税率」とならないように調整を行う必要がある。

⑦ 税負担の軽減額は，家族構成，現有財産の状況，贈与額及び推定被相続人の相続開始年齢によって変わってくる。これらの要素の組み合わせに基づき，入念なシミュレーションを行うことが肝要である。

⑧ 相続開始までの期間は厚生労働省が発表する簡易生命表を参考にしつつ，被相続人の意思能力や健康状態も加味しながらタックスプランニングを行う。

I　生前贈与（暦年課税・相続時精算課税贈与）の活用

　贈与税は，相続税の補完税として生前贈与を通じた相続税の課税回避を防止する観点と所得税及び相続税に類する機能として無償の財産移転に対する利得の担税力に対し負担を求めるという機能があります。

　親世代から子世代への資産移転に係る税負担については，課税価格が同じであれば，生前贈与による場合の方が相続の場合よりも高い税率構造になっています。すなわち，相続税がかからない者や相続税がかかる者であっても，相続税の税率よりも贈与税の税率の方が高いため，生前に財産を贈与することに対して禁止的に作用しています。その結果，高齢化の進展に伴い，相続による次世代への資産移転の時期が大幅に遅れていること，高齢者の保有する資産の有効活用を通じて経済社会の活性化に資するといった社会的要請があることなどを踏まえ，平成15年度税制改正において，将来，相続関係に入る一定の親子間の資産移転について，生前における贈与と相続との間で，資産の移転時期の選択に対する課税の中立性を確保することにより，生前における贈与による資産の移転の円滑化に資することを目的として，相続時精算課税制度が創設されました。

　相続時精算課税制度の利用において，相続時に加算する贈与財産の価額は贈与時の贈与財産の価額に固定されるため，将来値上がりの見込まれる土地や自社株式を贈与すると相続税の節税に有効とされますが，世界情勢の変化による株式の変動リスクなど将来の値上がりを予測することは容易ではありません。

　また，相続時精算課税制度は少額な贈与であっても贈与税の申告を行う必要があり，一度選択すると以降の贈与においては暦年課税贈与を選択することができません。これらの理由から，相続時精算課税制度は，多くの者が利用しやすい制度とまではいえませんでした。

　一方，暦年課税贈与については相続時精算課税制度の創設と時期を同じくして，所得税の最高税率と平仄を合わせ，相続税の税率とともに最高税率が70％から50％に引き下げられました。その後，相続時精算課税制度は平成25年度税制改正において，相続税の基礎控除の引下げと時期を同じくして，所得税の最高税率が引き上げられたことを踏まえ，相続税の税率とともに最高税率が50％から55％に引き上げられるとともに，直系尊属から贈与を受けた場合の贈与税率の特例（特例税率）が創設されました。

　暦 年 課 税

(1)　制度の概要

　暦年課税については，個人が1月1日から12月31日までの1年間で贈与を受けた財産の合計額から基礎控除額110万円を控除した後の課税価格に対して贈与税が課税されます。基礎控除額の110万円は，贈与を受けた者1人の金額であるため，贈与者からみると2人に対して110万円ずつ贈与すれば220万円まで無税で贈与できますが，1人の受贈者が2人の贈与者から110万円ずつ贈与を受ければ合計220万円になって基礎控除額110万円を超えることから残額の110万円が課税対象となります。

　また，相続や遺贈によって財産を取得した者が，被相続人からその相続開始前3年（2024（令和6）年1月1日以後の贈与から7年）以内（死亡の日からさかのぼって3年（7年）前の日から死亡の日までの間）に暦年課税に係る贈与によって取得した財産があるときには，その者の相続税の課税価格に贈与を受けた財産の贈与時の価額を加算します。この場合，その加算された贈与財産の価額に対応する贈与税の額は，加算された者の相続税の計算上控除されます（相法19，21の2，21の5，21の7，措法70の2の4，70の2の5）。

　なお，2024（令和6）年1月1日以後の贈与から，相続税の課税価格に加算される額は，贈与財産のうち税制改正により延長された4年間に受けた贈与財産については，その価額の合計額から100万円を控除した残額となります。

(2)　留意事項等

　年間110万円以内の贈与であっても，例えば，毎年100万円ずつ10年間にわたって贈与を受けることが贈与者との間で契約されているなど，一定の金額を一定の年数にわたり贈与するという契約を行った場合（「連年贈与」とも言われている）には，契約のあった年に定期金給付契約に基づく定期金に関する権利（10年間にわたり100万円ずつの給付を受ける契約に係る権利）の贈与を受けたものとして，贈与税の課税対象に当たると認定されることもあるので注意が必要です[*1]。

　また，贈与税額の計算において，贈与が行われる年の1月1日現在で18歳（令和4年3月31日以前の贈与については20歳）以上の人が直系尊属から贈与により財産を取得した場合には，一般の税率より税率構造の緩和された特例税率が適用されるので，税額の刻みの変わり目となる410万円（基礎控除後の課税価格300万円）超の財産を贈与しようとする場合には受贈者の年齢にも留意する必要があります（図表Ⅱ-1）。

●図表Ⅱ-1　贈与税の税率

基礎控除後の課税価格	一般税率		特例税率	
	税率（％）	控除額（万円）	税率（％）	控除額（万円）
200万円以下	10	―	10	―
300万円以下	15	10	15	10
400万円以下	20	25	15	10
600万円以下	30	65	20	30
1,000万円以下	40	125	30	90
1,500万円以下	45	175	40	190
3,000万円以下	50	250	45	265
4,500万円以下	55	400	50	415
4,500万円超	55	400	55	640

2　相続時精算課税制度の活用

(1)　制度の概要

---

*1　「国税庁タックスアンサー　No.4402」A1ただし書き

原則として60歳以上の父母や祖父母などから，18歳（令和4年3月31日以前の贈与は20歳）以上の子や孫などに対し，財産を贈与した場合において選択できる贈与税の制度です。この制度を選択する場合には，贈与を受けた年の翌年の2月1日から3月15日の間に相続時精算課税制度選択届出書に一定の書類を添付し，贈与税の申告書とともに納税地の所轄税務署長に提出する必要があります。

相続時精算課税制度の適用を受ける贈与財産は，その選択をした年分以後，特定贈与者ごとにその年中において贈与により取得した財産の価額を合計して贈与税額を計算します。その贈与税の額は，贈与財産の価額の合計額から，一生涯累計で利用できる額＝2,500万円の特別控除額を控除した後の金額に，一律20%の税率を乗じて算出します（改正前相法21の9〜21の13）。なお，相続時精算課税制度を選択した受贈者が，特定贈与者以外の者から贈与を受けた財産については，贈与財産の価額の合計額から暦年課税の基礎控除額110万円を控除し，暦年課税の贈与税の税率を適用し，贈与税額を計算します。

なお，令和6年1月1日以降の贈与から毎年110万円までの基礎控除が適用されます。基礎控除の上限額までの贈与であれば相続時精算課税制度を選択していても贈与税の申告は不要とされ，基礎控除相当額については相続時精算課税制度の特別控除2,500万円にも充当されません。

このことから，令和6年1月1日以後，相続時精算課税制度による贈与で贈与をした財産のうち，基礎控除相当額については，相続開始前7年以内の期間の贈与も含め相続税の課税価格に加算不要となります。

(2) **留意事項等**

相続時精算課税制度の適用を受けることで，基礎控除を控除した額が累計2,500万円（特別控除額）までの贈与財産について贈与税は課税されませんが，その選択をした年分以降，贈与を受けた場合は，累計2,500万円に達していなくても基礎控除額を超える場合は贈与税の申告をする必要があります。また，この制度を選択すると，特定贈与者からの贈与については通常の暦年課税贈与での贈与税の計算は行うことはできません。

なお，2023（令和5）年中までの相続時精算課税による贈与は，基礎控除額110万円に満たない少額の贈与であっても贈与税の申告が必要となります。

また，相続時精算課税の選択をした年分以降，贈与があった年の贈与について贈与税の期限内申告を行わないと，特別控除額を使用することはできず，一律20%での贈与税が課税されるので留意する必要があります。

贈与者が亡くなったときの相続税額の計算においては，この制度を選択した後の贈与について，基礎控除額を上回る部分を，その贈与者の相続税の課税価格に加算等する必要があります。

また，本制度による贈与を受けた土地については，小規模宅地等の特例の適用対象とならないことから，贈与者が同特例の適用対象となる土地を所有している場合には，その節税効果も十分に検討したうえで贈与の判断を行う必要があります。

(3) **相続時精算課税贈与の応用**

相続時精算課税制度の特別控除額2,500万円と新設される基礎控除110万円を利用して，

初年度（60歳）に2,610万円を一括贈与し次の年から110万円を19年にわたり贈与（20年間で4,700万円贈与）した場合（図表Ⅱ－2），初年度（60歳）から毎年230万円を20年間にわたり贈与（20年間で4,600万円贈与）した場合（図表Ⅱ－3），いずれの場合も贈与を行った20年間については，贈与税は課税されずに子や孫に資産を移転することができます。なお，毎年230万円を贈与する場合は基礎控除110万円を超えるため，贈与税の申告が毎年必要となります。また，基礎控除110万円を超える贈与の累積額については相続税の課税価格に加算されることとなります。

●図表Ⅱ－2

初年度に2,610万円を贈与、その後110万円/年×19にわたり相続時精算課税贈与

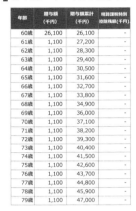

年齢	贈与額（千円）	贈与額累計（千円）	精算課税特別控除残額(千円)
60歳	26,100	26,100	-
61歳	1,100	27,200	-
62歳	1,100	28,300	-
63歳	1,100	29,400	-
64歳	1,100	30,500	-
65歳	1,100	31,600	-
66歳	1,100	32,700	-
67歳	1,100	33,800	-
68歳	1,100	34,900	-
69歳	1,100	36,000	-
70歳	1,100	37,100	-
71歳	1,100	38,200	-
72歳	1,100	39,300	-
73歳	1,100	40,400	-
74歳	1,100	41,500	-
75歳	1,100	42,600	-
76歳	1,100	43,700	-
77歳	1,100	44,800	-
78歳	1,100	45,900	-
79歳	1,100	47,000	-

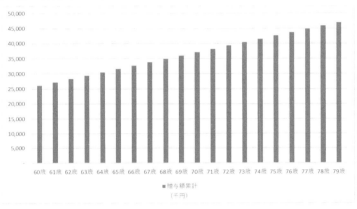

●図表Ⅱ－3

毎年230万円×20年間にわたり相続時精算課税贈与

年齢	贈与額（千円）	贈与額累計（千円）	精算課税特別控除残額(千円)
60歳	2,300	2,300	23,800
61歳	2,300	4,600	22,600
62歳	2,300	6,900	21,400
63歳	2,300	9,200	20,200
64歳	2,300	11,500	19,000
65歳	2,300	13,800	17,800
66歳	2,300	16,100	16,600
67歳	2,300	18,400	15,400
68歳	2,300	20,700	14,200
69歳	2,300	23,000	13,000
70歳	2,300	25,300	11,800
71歳	2,300	27,600	10,600
72歳	2,300	29,900	9,400
73歳	2,300	32,200	8,200
74歳	2,300	34,500	7,000
75歳	2,300	36,800	5,800
76歳	2,300	39,100	4,600
77歳	2,300	41,400	3,400
78歳	2,300	43,700	2,200
79歳	2,300	46,000	1,000

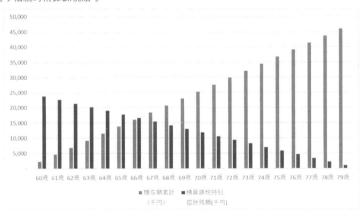

Ⅱ 令和5年度税制改正を踏まえた相続税・贈与税のタックスプランニング

　令和5年度税制改正では，暦年課税贈与と相続時精算課税贈与の選択制が維持されるとともに，暦年課税贈与・相続時精算課税贈与それぞれについて次のような改正が行われました。

《暦年課税贈与》
・生前贈与加算の加算期間を3年から7年へ段階的に延長。
・税制改正により延長した4年間に受けた贈与については，総額100万円までの金額は相続税の課税価格に加算しない。
※令和5年度税制改正では，生前贈与加算の加算対象者についての改正は行われていません。

《相続時精算課税贈与》
・暦年課税贈与の基礎控除とは別に，相続時精算課税贈与の基礎控除110万円新設。
・当該基礎控除相当額の贈与については，贈与税の申告と納税は不要。
・当該基礎控除相当額の贈与については，相続時精算課税贈与の特別控除2,500万円には充当されない。
※当該基礎控除相当額の贈与については，相続開始前7年以内の贈与も含め相続税の課税価格への加算等は不要となる。

　これらの改正内容を踏まえ，生前贈与を通じた相続税・贈与税のタックスプランニングについては以下の図のように大別することができます。

●図表Ⅱ－4　改正内容を踏まえた生前贈与を通じた相続税・贈与税のタックスプランニング

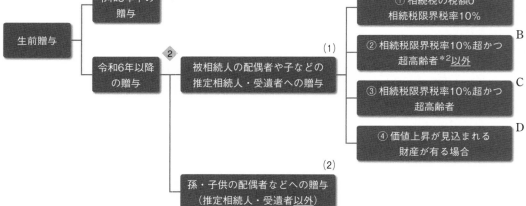

　以下，令和5年中の贈与と，令和6年以降の贈与に大別し解説していきます。
　なお，相続税・贈与税のタックスプランニングを組成するに際には，あらかじめ，次の事項を整理しておく必要があります。

＊2　本稿では相続開始前7年以降の年齢の者を便宜的に「超高齢者」としています。

《相続税・贈与税のタックスプランニングを組成する際に事前に整理しておくべき事項》
・推定被相続人と相続人，それ以外の関係者としてどのような人物がいるか？
・財産・債務はどのような構成となっているのか？　また，その規模はどのくらいあるのか？
・誰から誰に贈与したいのか？（父母・祖父母から推定相続人・孫・受遺者など）
・贈与者・受贈者の年齢は？（相続時精算課税制度は60歳以上の父母等から18歳以上の子等が対象）
・何を贈与したいのか？（値上がりの見込まれる非上場株式や不動産，収益を生む財産は無いか？）
・いくら（ずつ）贈与するのか？（相続税の限界税率と贈与税の限界税率の関係）

 1　令和5年中の贈与

《ポイント》
・新たに暦年課税贈与の加算期間延長の対象となる贈与は令和6年1月1日以降の贈与であり，影響する相続開始年月日は令和9年1月2日以降の相続であることを考慮しての贈与を検討。
・次世代への多額の資産移転・相続税の課税価格に加算等される贈与財産の価額を贈与時の価額に固定したい場合には，相続時精算課税贈与を選択し，令和6年以降は，年間110万円（基礎控除部分）のメリットを受けることも選択肢に入る。

(1)　暦年課税贈与

　令和5年度税制改正に盛り込まれている暦年課税贈与の加算期間延長は，令和6年1月1日以降の贈与が対象とされています。よって，令和5年12月31日までに行われた生前贈与は，従来どおり相続開始前3年の期間内に行われた贈与のみが相続税の課税価格への加算対象となります。

　令和5年度税制改正により新たに暦年課税贈与の加算期間延長の対象となる令和6年1月1日以降の贈与について，影響する相続開始年月日は，令和9年1月2日以降の相続開始であることから，その点を踏まえた上で，令和5年中に贈与を行うことは考えられます。

　なお，贈与を行う際，贈与をする金額については「相続税の限界税率＞贈与税の限界税率」となるような金額に調整する必要があります。

(2)　相続時精算課税贈与

　下記 **2** に掲げる《相続時精算課税贈与のメリット》の「年間110万円までの贈与（基礎控除部分）は相続財産から切り離すことができる」は，令和6年1月1日以降の贈与からの適用であり，令和5年中の贈与についてその適用はありません。

しかしその他のメリットは，令和5年中の相続時精算課税贈与であっても同様のメリットを享受することができます。よって，贈与税負担なく又は軽減させた次世代への多額な資産移転を検討する場合，また，相続税の課税価格に加算等される贈与財産の価額を贈与時の価額に固定したい場合には，令和5年において相続時精算課税贈与を選択し，令和6年以降はメリット「年間110万円までの贈与（基礎控除部分）は相続財産から切り離すことができる。」を含め相続時精算課税贈与のメリットを享受することも考えられます。

❷ 令和6年以降の贈与

令和5年度税制改正による改正事項をふまえると，令和6年以降の暦年課税贈与・相続時精算課税贈与のメリットは次のように整理することができます。

暦年課税贈与のメリット

・相続開始前7年超の期間について、110万円を超える贈与財産を相続財産から切り離すことができる。
・孫など相続人・受遺者以外の者への贈与は相続税の課税価格への加算対象とならず、贈与時期にかかわらずその全額を相続財産から切り離しすることができる（暦年課税贈与の加算対象者は改正無し）。

暦年課税贈与のデメリット

・相続開始前7年以内の期間における贈与は、年間110万円未満であっても、相続財産に加算されてしまう（ただし、令和5年度税制改正により延長された4年間に受けた贈与については100万円を控除する）。

精算課税贈与のメリット

・贈与者ごとに暦年/精算課税贈与の制度を選択できる。
・贈与税負担なく又は軽減させた次世代への資産移転が可能。
・相続税の課税価格に加算等する財産の価額を贈与時の価額に固定できる。
・年間110万までの贈与については相続開始前7年以内の期間も含め相続財産から切り離せる。

精算課税贈与のデメリット

・一度、相続時精算課税制度を選択すると暦年課税贈与に戻すことができない。
・贈与後の財産の評価額の下落は考慮されない（ただし、相続時精算課税贈与により取得した不動産が災害により損失を受けた場合は、その損失額を控除することは可）。

暦年課税贈与・精算課税贈与に共通するメリット

・収益を生む財産（有価証券・収益不動産等）を贈与することにより、その収益を受贈者のものとできる。

(1) 配偶者や子など推定相続人及び推定受遺者（生前贈与加算の対象となる者）への生前贈与

A　相続税の納税が見込まれない場合・相続税の限界税率が10%と見込まれる場合

《ポイント》
・相続税の納税が見込まれない場合は，生前贈与による相続税節税策は不要。
・相続税の限界税率が10%と見込まれる場合は，相続時精算課税贈与での年間110万円までの贈与が節税効果あり。

a　相続税の納税が見込まれない場合

　元々，相続財産の額が相続税の基礎控除額以下の場合や，小規模宅地等の特例・配偶者に対する相続税額の軽減等を適用することにより相続税の納税が見込まれない場合は，生前贈与による相続税負担減少を図る必要はありません。

b　相続税の限界税率が10％と見込まれる場合

　相続税の限界税率[3]が10％と見込まれる場合，贈与税が課税されない範囲内での生前贈与を行うことで相続税の課税財産の額を減少させ，相続税の節税対策を図ることが可能です。

　この場合，暦年課税贈与については相続開始前7年間に被相続人から受けた贈与財産の価額を相続税の課税価格に加算する必要があります。一方，相続時精算課税贈与では年間110万円までの贈与について，相続開始前7年以内の期間も含め，相続税の課税価格への加算等は不要です。このように，相続税の限界税率が10％と見込まれるような方の場合には，相続時精算課税贈与による年間110万円までの贈与が，相続税節税の観点からは有効と考えられます。なお，受贈者が配偶者である場合，その配偶者は相続時精算課税制度を選択することはできません。

《 贈与税の税率 》

基礎控除後の課税価格	特例贈与		一般贈与	
	税率	控除額	税率	控除額
～200万円以下	10％	－	10％	－
～300万円	15％	10万円	15％	10万円
～400万円	15％	10万円	20％	25万円
～600万円	20％	30万円	30％	65万円
～1,000万円	30％	90万円	40％	125万円
～1,500万円	40％	190万円	45％	175万円
～3,000万円	45％	265万円	50％	250万円
～4,500万円	50％	415万円	55％	400万円
4,500万円超～	55％	640万円	55％	400万円

相続税の限界税率未満での贈与が行えない

《 相続税の税率 》

各法定相続人の取得金額	税率	控除額
～1,000万円	10％	－
～3,000万円	15％	50万円
～5,000万円	20％	200万円
～1億円	30％	700万円
～2億円	40％	1,700万円
～3億円	45％	2,700万円
～6億円	50％	4,200万円
6億円超～	55％	7,200万円

暦年課税贈与

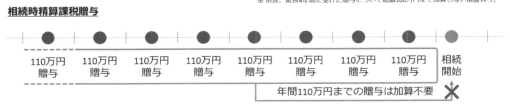

相続時精算課税贈与

*3　相続税の課税価格の合計額から遺産に係る基礎控除額を控除した課税遺産総額について，各法定相続人の法定相続分に応ずる取得金額に課される税率

B　相続税の限界税率が10％超かつ超高齢者以外の者からの贈与

《ポイント》
・年齢が比較的低く多額の資産を有する場合は，相続開始が７年より先と見込まれる期間の贈与は，相続税の限界税率よりも低い贈与税の限界税率による暦年課税贈与が有効。
・超高齢者に該当するか否かは，簡易生命表による平均余命が一つの参考。
・ただし，贈与の意思表明については，認知症発症リスクも考慮する必要あり。

　相続税の限界税率が10％超となるような多額の資産を有する場合で，かつ，生前対策を開始する年齢が比較的低く，相続開始が７年より先と見込まれる期間の贈与は，相続税の限界税率よりも低い贈与税の限界税率の範囲内で暦年課税贈与を行うことにより，相続税の引き下げを図ることが可能です。すなわち，想定される相続税の限界税率未満での贈与税率による暦年課税贈与を行うことによって，相続開始時における相続財産を減少させ，さらに，相続税と贈与税の税率差を享受することによる節税を図ることが可能となります。
　なお，相続開始前７年前の年齢が何歳となるかは，予測不可能です。この場合，厚生労働省が発表する簡易生命表による平均余命が一つの参考になると考えられます。
　また，現在，80歳代の後半であれば男性の35％，女性の48％が認知症になることが明らかにされている*4ことから，相続税・贈与税に関するタックスプランニング策定の際には，贈与の意思が表明できなくなるケースも想定する必要があります。

（参考）　令和３年簡易生命表

（単位：年）

年齢	男			女		
	令和３年	令和２年	前年との差	令和３年	令和２年	前年との差
0歳	81.47	81.56	△ 0.09	87.57	87.71	△ 0.14
5	76.67	76.76	△ 0.09	82.76	82.90	△ 0.14
10	71.70	71.78	△ 0.08	77.78	77.93	△ 0.15
15	66.73	66.81	△ 0.08	72.81	72.95	△ 0.14
20	61.81	61.90	△ 0.09	67.87	68.01	△ 0.14
25	56.95	57.05	△ 0.09	62.95	63.09	△ 0.14
30	52.09	52.18	△ 0.09	58.03	58.17	△ 0.14
35	47.23	47.33	△ 0.10	53.13	53.25	△ 0.12
40	42.40	42.50	△ 0.09	48.24	48.37	△ 0.13
45	37.62	37.72	△ 0.11	43.39	43.52	△ 0.14
50	32.93	33.04	△ 0.11	38.61	38.75	△ 0.14
55	28.39	28.50	△ 0.11	33.91	34.06	△ 0.14
60	24.02	24.12	△ 0.11	29.28	29.42	△ 0.14
65	19.85	19.97	△ 0.11	24.73	24.88	△ 0.14
70	15.96	16.09	△ 0.13	20.31	20.45	△ 0.14
75	12.42	12.54	△ 0.12	16.08	16.22	△ 0.14
80	9.22	9.34	△ 0.12	12.12	12.25	△ 0.13
85	6.48	6.59	△ 0.10	8.60	8.73	△ 0.13
90	4.38	4.49	△ 0.11	5.74	5.85	△ 0.12

何歳から相続時精算課税制度を選択すべきか？
（例えば）
男性の場合：85歳前後までは暦年課税贈与
　　　　　　　85歳以降は相続時精算課税贈与

女性の場合：90歳前後まで暦年課税贈与
　　　　　　　90歳以降は相続時精算課税贈与

(注) ただし、認知症リスクも別途勘案する必要あり。

＊４　厚生労働省老健局　認知症施策の総合的な推進について（参考資料）（令和元年６月20日）

C　相続税の限界税率が10％超かつ超高齢者からの贈与

《ポイント》
・相続税の限界税率が10％を超え，かつ，超高齢者（相続開始が7年以内と見込まれる者）からの贈与については，相続時精算課税贈与の基礎控除110万円を活用した贈与が有効。

　相続人及び受遺者に対する相続開始7年以内（改正後）の暦年課税贈与は，基礎控除額未満の贈与であったとしても相続財産に加算されることになります。一方，相続時精算課税贈与も相続財産に加算されることになりますが，相続時精算課税贈与の場合は基礎控除額（110万円）以下の贈与にあっては，相続税の課税価格に加算等されません。
　よって，相続税の限界税率が10％を超え，かつ，超高齢者（相続開始が7年以内と見込まれる者）からの贈与については，相続時精算課税贈与の基礎控除110万円を活用した贈与により相続税の引き下げを図る方針が妥当と考えられます。

D　価値の上昇が見込まれる財産がある場合

《ポイント》
・将来的に価値の上昇が見込まれる財産については，相続時精算課税贈与を行い相続税の課税価格に加算等される金額を贈与時の評価額に固定する対策は引き続き有効。

　相続時精算課税贈与による贈与財産は相続税の課税価格に加算等されるが，その加算等される金額は相続開始時の評価額ではなく，贈与時の評価額です。したがって，継続して地価が上昇している地域の不動産，業績が好調な非上場会社の株式，新規上場予定の株式（IPO）などのように，将来的に価値の上昇が見込まれる財産については，相続時精算課税贈与を行い，相続税の課税価格に加算等される金額を贈与時の評価額とすることにより，相続税の節税を図ることが可能となります。
　前述のような財産がある場合には，適時に相続時精算課税贈与による贈与を行った方が相続税の節税効果が高くなることがあるので，その検討を行うべきと考えられます。

(2)　相続人・受遺者以外の者（生前贈与加算の対象とならない者）への生前贈与

《ポイント》
・孫や子供の配偶者のような相続人・受遺者以外の者には，暦年課税贈与を行うことが有効。
・この場合，相続税の限界税率よりも低い贈与税の限界税率の範囲内での贈与はさらに有効。

　例えば，孫や子供の配偶者のような相続人・受遺者以外の者については，暦年課税贈与を受けても，被相続人から贈与を受けた贈与財産の価額を相続税の課税価格には加算

しません。すなわち，推定相続人・受遺者への贈与と異なり，相続開始が7年より先と見込まれるか否かを心配する必要がなくなります。

　一方，これらの者が相続時精算課税制度を選択した場合，その贈与財産は同制度の基礎控除相当額を除き，相続税の課税価格に加算等することになります。

　また，孫への生前贈与は，子を経由した相続の回数を1回少なくする（一代飛ばし）ことによる相続税の負担軽減も期待できます。

　これらのことから，孫や子供の配偶者のような相続人・受遺者以外の者については，暦年課税贈与を行うことで相続税の負担軽減を図ることが期待できます。この場合，相続税の限界税率よりも低い贈与税の限界税率の範囲内での暦年課税贈与を行うことで更なる相続税の負担軽減が期待できます。

　ただし，孫・子供の配偶者といった相続人・受遺者以外の者に，例えば遺贈や被相続人が保険料を負担する死亡保険金の受取人に指定してしまうと，これらの者も生前贈与加算の対象者となってしまいます。これらの者に生前贈与を行う場合には，遺言書で遺贈する旨の記載をしないよう，また，みなし遺贈財産として扱われる生命保険金等の受取人に指名しないよう注意することが重要となります。

(3) 暦年課税贈与と相続時精算課税贈与の使い方のまとめ

　これまでご紹介してきた2024（令和6）年以降の贈与における暦年課税贈与と相続時精算課税贈与の使い分けの例について，以下の表にまとめております。

財産の多寡＼推定被相続人		超高齢者以外		超高齢者	留意点等
相続税基礎控除額をギリギリ超える方	推定相続人・受遺者	年間110万円以内の精算課税贈与	推定相続人・受遺者	年間110万円以内の精算課税贈与	—
	上記以外	暦年・精算どちらでも可　金額は年間110万円までとする	上記以外	暦年・精算どちらでも可　金額は年間110万円までとする	暦年課税贈与の方が手続き面では簡易
財産がまずまずある方	推定相続人・受遺者	贈与税限界税率＜相続税限界税率となるような金額で暦年課税贈与	推定相続人・受遺者	年間110万円の精算課税贈与	年間110万円の精算課税贈与を続けた場合と大きな差が出ないことも
	上記以外		上記以外	贈与税限界税率＜相続税限界税率となるような金額で暦年課税贈与	適宜，その時点での相続税の限界税率に留意
財産が多額にある方	推定相続人・受遺者	贈与税限界税率＜相続税限界税率となるような金額で暦年課税贈与	推定相続人・受遺者	年間110万円の精算課税贈与	
	上記以外		上記以外	贈与税限界税率＜相続税限界税率となるような金額で暦年課税贈与	

(4) 相続時精算課税制度の留意点

　相続時精算課税制度は，令和5年度税制改正において基礎控除の制度が新設されることにより，活用されるケースが増えることが想定されます。

　本項では，新設される基礎控除制度を含め，相続時精算課税制度の留意点について解説します。

A　相続時精算課税制度の基礎控除の按分

《ポイント》
・複数の者からの贈与について，相続時精算課税制度を選択している場合，贈与額で基礎控除110万円を按分。

　例えば，父母双方からの贈与について相続時精算課税制度を選択し，一暦年中に父から100万円，母からも100万円の贈与を受けたような場合，相続時精算課税制度の基礎控除額110万円は，父母双方の贈与税の課税価格の比率で按分することになります（改正後相令5の2）。この事例においては，父母双方からの贈与のうち基礎控除額を超えた部分の各金額45万円（100万円－相続時精算課税贈与の基礎控除額110万円×特定贈与者ごとの贈与税の課税価格100万円／父母双方の贈与税の課税価格合計200万円）について，贈与税の申告が必要になり，相続時精算課税贈与の基礎控除を控除した残額の累積額が2,500万円を超える場合には，贈与税の納税も必要となります。
　また，按分後の相続時精算課税制度の基礎控除を控除した残額は相続税の課税価格への加算も必要となります（改正後相法21の15①）。

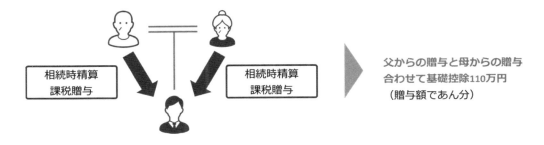

B　相続時精算課税贈与の基礎控除と暦年課税贈与の基礎控除の重複適用

《ポイント》
・複数の者からの贈与について，相続時精算課税贈与と暦年課税贈与を組み合わせて行うことにより，基礎控除額合計220万円控除することが可能。

　例えば，父からの贈与について相続時精算課税制度を選択し110万円の贈与を受け，母からは暦年課税贈与で110万円の贈与を受けた場合，相続時精算課税贈与の基礎控除額110万円と暦年課税贈与の基礎控除額110万円の合計220万円を贈与税の課税価格から控除することができます。
　したがって，例えば父は高齢だが母は比較的若いというようなケースでは，相続時精算課税贈与と暦年課税贈与を組み合わせ，それぞれの制度の基礎控除を重複して適用することにより，贈与税の負担を抑えることができます。

父からの相続時精算課税贈与の基礎控除
母からの暦年課税贈与の基礎控除
合わせて220万円課税されない

C　過去の贈与の履歴管理

《ポイント》
・相続時精算課税贈与・暦年課税贈与に関わらず，「贈与者」，「贈与を受けた時期」，「贈与を受けた金額」についての管理が重要。

　相続時精算課税贈与の110万円の基礎控除が新設されたものの，相続時精算課税制度は，選択した年分以降の特定贈与者からの贈与について同制度が適用されます。なお，特定贈与者ごとの贈与税の課税価格から基礎控除（110万円）を差し引いた残額があれば贈与税の申告が必要となり，また，その残額の累積額が，特別控除額2,500万円を超える部分については贈与税の納税も行う必要があります。このため，相続時精算課税贈与を選択した年分以降，「贈与者」，「贈与を受けた時期」，「贈与を受けた金額」についての管理が重要となります。

　例えば，預貯金を複数年にわたって贈与することを計画する場合，贈与契約書の作成がなくとも，口頭での贈与者と受贈者の意思の合致のみで贈与契約は成立します（民法549）。しかし，相続時精算課税制度を選択した年分以降，その制度の特徴を考慮すると，贈与契約書の作成と保管を行うなどの贈与の履歴管理を行った方が好ましいでしょう。

　また，暦年課税贈与制度についても，生前贈与加算の加算期間が3年から7年へ延長されることから，110万円までの金額如何に関わらず，「贈与者」「贈与を受けた時期」「贈与を受けた金額」についての管理を行った方が好ましいでしょう。

D　相続時精算課税制度に係る相続税の納付義務の承継等（相法21の17）

《ポイント》
・相続時精算課税適用者が特定贈与者よりも先に死亡した場合，当該相続時精算課税適用者（受贈者）の相続人・包括受遺者は，相続税の申告と納税義務を承継。

　相続時精算課税適用者が特定贈与者よりも先に死亡した場合，当該相続時精算課税適用者の相続人・包括受遺者は，相続時精算課税制度の適用を受けていたことに伴う相続税の申告と納税の義務又は還付を受ける権利を承継することになります。

　例えば，祖父から贈与を受けた預金1億円について父が相続時精算課税制度を選択していた場合において，父が祖父より先に死亡したときには，次の取り扱いを受けること

となります。

・父死亡時：父の相続人である配偶者及び子が行う，被相続人＝父の相続税申告（祖父から贈与を受けた預金も父の相続財産を構成する）。

・祖父死亡時：父が相続時精算課税制度の適用を受けていたことに伴う相続税の申告（相続時精算課税適用財産1億円）と納税の義務を，父の相続人である配偶者及び子が承継。

　相続時精算課税適用者が特定贈与者よりも先に死亡するケースは多くは考えられません。しかし，事後のトラブルを回避する観点から，クライアント提案時には伝える必要があるといえるでしょう。

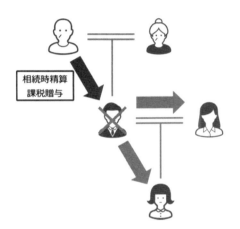

留意点
特定贈与者の死亡以前に相続時精算課税適用者が死亡した場合には、相続時精算課税適用者の相続人・包括受遺者は、相続時精算課税適用者が有していた相続税の申告と納税の義務を承継する。

具体例
特定贈与者（祖父）の死亡以前に相続時精算課税適用者（父）が死亡した場合、その申告と納税の義務は配偶者と子に引き継がれる。

E　相続時精算課税贈与をした宅地等と小規模宅地等の特例

> 《ポイント》
> ・相続時精算課税贈与及び生前贈与加算の対象となる相続開始前7年以内の暦年課税贈与により取得した宅地等については，小規模宅地等の特例は適用不可。

　小規模宅地等の特例は，被相続人の親族が相続又は遺贈により取得した宅地等についてのみ適用される制度となっています。

　なお，相続財産に加算することとされている相続時精算課税贈与及び生前贈与加算の対象となる相続開始前7年以内の暦年課税贈与により取得した宅地等については，「相続又は遺贈」による取得ではないことから，これらの贈与によって取得した宅地等について，小規模宅地等の特例は適用できないため注意が必要です。

❸　シミュレーション

　本章では，2023（令和5）年中の贈与と2024（令和6）年以降の贈与に分けて，令和5年度税制改正後の相続税・贈与税に関するタックスプランニングの考え方をお伝えしてきました。本節では，2024（令和6）年以降の推定相続人・受遺者への贈与について下記前提でシミュレーションを行い，相続税・贈与税の金額がどのように変化するか示

します。

（1）　シミュレーションの前提

①　各ケースに共通する前提

・推定被相続人＝夫

・推定相続人＝妻，子（2024年1月1日時点において40歳）

・推定被相続人から子に対し，2024年1月10日から毎年1月10日に所定の金額を生前贈
　与

・相続開始日＝2038年1月9日（計14回の贈与を実行）

・相続税額の計算において，配偶者に対する相続税額の軽減は考慮しておりません。

②　財産額＝6,000万円のケース

　本ケースは，相続税の限界税率＝10％の場合において，推定相続人に対し贈与を行っ
た場合を想定しております。本ケースでは，贈与について次の4つのパターンに分けて
そのシミュレーションを行っています。

・相続時精算課税贈与で年間110万円を贈与

・暦年課税贈与で年間110万円を贈与

・暦年課税贈与で年間310万円（贈与税の限界税率＝10％）を贈与

・暦年課税贈与で年間310万円（〃）を贈与→相続開始前7年以内の期間からは相続時
　精算課税贈与を選択し年間110万円を贈与

③　財産額＝1億円のケース

　本ケースは，被相続人がある程度の財産（相続税の限界税率＝15％）を所有している
場合を想定しております。本ケースでは，次の3つのパターンに分けてそのシミュレー
ションを行っています。

・相続時精算課税贈与で年間110万円を贈与

・暦年課税贈与で年間310万円（贈与税の限界税率＝10％）を贈与

・暦年課税贈与で年間310万円（〃）を贈与→相続開始前7年以内の期間からは相続時
　精算課税贈与を選択し年間110万円を贈与

④　財産額＝3億円のケース

　本ケースは，被相続人が多額の財産（相続税の限界税率＝40％）を所有している場合
を想定しております。本ケースでは，次の3つのパターンに分けてそのシミュレーショ
ンを行っています。

・相続時精算課税贈与で年間110万円を贈与

・暦年課税贈与で年間710万円（贈与税の限界税率＝20％）を贈与

・暦年課税贈与で年間710万円（〃）を贈与→相続開始前7年以内の期間からは相続時
　精算課税贈与を選択し年間110万円を贈与

(2)　各ケースのシミュレーション結果のまとめ

《財産額＝6,000万円》

	税金合計（円）	贈与税（円）	相続税（円）
生前贈与なし	1,800,000	0	1,800,000
精算課税贈与110万円	260,000	0	260,000
暦年課税贈与110万円	930,000	0	930,000
暦年課税贈与310万円	2,800,000	2,800,000	0
暦年贈与310万円→精算贈与110万円	1,400,000	1,400,000	0

《財産額＝1億円》

	税金合計（円）	贈与税（円）	相続税（円）
生前贈与なし	7,700,000	0	7,700,000
精算課税贈与110万円	5,390,000	0	5,390,000
暦年課税贈与310万円	5,695,000	2,800,000	2,895,000
暦年贈与310万円→精算贈与110万円	4,690,000	1,400,000	3,290,000

《財産額＝3億円》

	税金合計（円）	贈与税（円）	相続税（円）
生前贈与なし	69,200,000	0	69,200,000
精算課税贈与110万円	63,040,000	0	63,040,000
暦年課税贈与710万円	55,220,000	12,600,000	42,620,000
暦年贈与710万円→精算贈与110万円	52,540,000	6,300,000	46,240,000

(3)　財産額＝6,000万円のケースについての考察

　本ケースでは，相続税の限界税率＝10％となります。本ケースにおいては，相続時精算課税贈与で年間110万円を贈与し続けたパターンが税額面で最有利となっています。相続税の限界税率が10％と見込まれるようなクライアントの場合には，相続時精算課税贈与の基礎控除110万円の恩恵を「どれだけ長期間にわたり」受けることができるかが重要となります。以下，それぞれのパターンについて考察します。

①　相続時精算課税贈与110万円のパターン

　相続時精算課税贈与で年間110万円を贈与し続けた場合，贈与時においては相続時精算課税贈与の基礎控除110万円の範囲内のため贈与税は生じません。また，同基礎控除の範囲内の贈与のため，相続開始前7年以内の期間も含めその贈与財産を相続税の課税価格に加算する必要もありません。本パターンでは14年間にわたり同制度の基礎控除の適用を受けた結果として，4つのパターンの中では最も有利な結果になっています。

②　暦年課税贈与110万円のパターン

　暦年課税贈与で年間110万円を贈与し続けた場合，贈与時においては相続時精算課税贈与での年間110万円のパターンと同様に贈与税は生じません。一方，相続税の計算においては，相続開始前7年以内の贈与は相続税の課税価格に加算されます。これにより，相続時精算課税贈与110万円のパターンに比べ相続税が増える結果となっています。

③　暦年課税贈与310万円のパターン

暦年課税贈与で年間310万円ずつ贈与し続けた場合，毎年の基礎控除110万円の恩恵は受けられるものの，贈与税の限界税率（本ケースの場合10％）と相続税の限界税率（本ケースの場合10％）は同率であるため，贈与税と相続税の税率差を享受することはできません。一方，本パターンでは6年目の贈与実行後において財産額が基礎控除額以下（当初の財産額6,000万円△310万円×6回＝4,140万円＜基礎控除額4,200万円）となります。贈与の目的が相続税の節税である場合には，以降の生前贈与は不要となります。しかし，本パターンではその後も「贈与税を支払って」贈与をし続けているため4つのパターンの中で最も税額が多くなってしまっています。

④　暦年課税贈与310万円と相続時精算課税贈与110万円を組み合わせたパターン

　暦年課税贈与で年間310万円ずつ贈与を行い，相続開始前7年以内の期間について相続時精算課税贈与で年間110万円の贈与を行った場合，③のパターンと同様に6年目の贈与実行後において財産額が基礎控除額以下になります。贈与の目的が相続税の節税である場合には，以降の生前贈与は不要となります。本パターンでは，相続時精算課税贈与で年間110万円を贈与し続けた場合と比べ，税額面ではあまり有利な結果となっておりません。相続時精算課税贈与で年間110万円の贈与を行い続けた場合，贈与税の基礎控除活用による相続税節税の恩恵（基礎控除110万円×贈与の回数14回＝1,540万円）を充分に受けることができていますが，本パターンでは6年目の生前贈与までしか贈与税の基礎控除活用による相続税節税の恩恵を受けることができないことが主たる要因と考えられます。

　以下，考察のまとめと各パターンのシミュレーションを提示します。

《シミュレーション考察まとめ》

	精算課税贈与110万円	暦年課税贈与110万円	暦年課税贈与310万円	暦年課税贈与310万円→精算課税贈与110万円
シミュレーション期間中，相続税の基礎控除を下回らないか？	下回らない	下回らない	6年目の贈与実行後で下回る（当初の財産額6,000万円△310万円×6回＝4,140万円＜基礎控除額4,200万円）	
贈与税の基礎控除の恩恵を受けることのできる期間	14年間	14年間	6年間	
相続税と贈与税の税率差	相続税の限界税率＝10％贈与税：精算基礎控除の範囲内	相続税の限界税率＝10％贈与税：暦年基礎控除の範囲内	相続税の限界税率＝10％贈与税の限界税率＝10％	相続税の限界税率＝10％暦年課税贈与の限界税率＝10％精算課税贈与：基礎控除の範囲内
相続税の課税価格への加算の有無	無し	有り	有り（ただし，本シミュレーションでは相続税基礎控除以下）	無し

38

財産額6,000万円、贈与無し

◆ 生前贈与の状況

回数	贈与日	精算贈与額	精算課税適用財産 (基礎控除後)	贈与税額(精算)	暦年贈与額	贈与税額(暦年)
1	2024/1/10		0			
2	2025/1/10		0			
3	2026/1/10		0			
4	2027/1/10		0			
5	2028/1/10		0			
6	2029/1/10		0			
7	2030/1/10		0			
8	2031/1/10		0			
9	2032/1/10		0			
10	2033/1/10		0			
11	2034/1/10		0			
12	2035/1/10		0			
13	2036/1/10		0			
14	2037/1/10		0			
相続開始	2038/1/9					
合計		0	0	0	0	0

うち7年内贈与	0
3年超100万控除	-1,000,000
生前贈与加算額	0

◆ 相続税の計算

贈与前財産額	60,000,000
精算課税贈与	0
暦年課税贈与	0
精算課税適用財産	0
生前贈与加算額	0
課税価格合計	60,000,000

課税価格合計	基礎控除	課税遺産総額
60,000,000	-42,000,000	18,000,000
財産取得者	各人ごとの取得額	税額
妻	9,000,000	900,000
子	9,000,000	900,000
相続税の総額		1,800,000

◆ 贈与税・相続税の合計

贈与税(精算)	0
贈与税(暦年)	0
相続税	1,800,000
合計	1,800,000

※ 配偶者に対する相続税額の軽減は、考慮しておりません。

財産額6,000万円、相続時精算課税贈与で110万円

◆ 生前贈与の状況

回数	贈与日	精算贈与額	精算課税適用財産 (基礎控除後)	贈与税額(精算)	暦年贈与額	贈与税額(暦年)
1	2024/1/10	1,100,000	0			
2	2025/1/10	1,100,000	0			
3	2026/1/10	1,100,000	0			
4	2027/1/10	1,100,000	0			
5	2028/1/10	1,100,000	0			
6	2029/1/10	1,100,000	0			
7	2030/1/10	1,100,000	0			
8	2031/1/10	1,100,000	0			
9	2032/1/10	1,100,000	0			
10	2033/1/10	1,100,000	0			
11	2034/1/10	1,100,000	0			
12	2035/1/10	1,100,000	0			
13	2036/1/10	1,100,000	0			
14	2037/1/10	1,100,000	0			
相続開始	2038/1/9					
合計		15,400,000	0	0	0	0

うち7年内贈与		0
3年超100万控除		-1,000,000
生前贈与加算額		0

◆ 相続税の計算

贈与前財産額	60,000,000
精算課税贈与	-15,400,000
暦年課税贈与	0
精算課税適用財産	0
生前贈与加算額	0
課税価格合計	44,600,000

課税価格合計	基礎控除	課税遺産総額
44,600,000	-42,000,000	2,600,000
財産取得者	各人ごとの取得額	税額
妻	1,300,000	130,000
子	1,300,000	130,000
相続税の総額		260,000

◆ 贈与税・相続税の合計

贈与税(精算)	0
贈与税(暦年)	0
相続税	260,000
合計	260,000

※ 配偶者に対する相続税額の軽減は、考慮しておりません。

財産額6,000万円、暦年課税贈与で110万円

◆ 生前贈与の状況

回数	贈与日	精算贈与額	精算課税適用財産 (基礎控除後)	贈与税額(精算)	暦年贈与額	贈与税額(暦年)
1	2024/1/10		0		1,100,000	
2	2025/1/10		0		1,100,000	
3	2026/1/10		0		1,100,000	
4	2027/1/10		0		1,100,000	
5	2028/1/10		0		1,100,000	
6	2029/1/10		0		1,100,000	
7	2030/1/10		0		1,100,000	
8	2031/1/10		0		1,100,000	
9	2032/1/10		0		1,100,000	
10	2033/1/10		0		1,100,000	
11	2034/1/10		0		1,100,000	
12	2035/1/10		0		1,100,000	
13	2036/1/10		0		1,100,000	
14	2037/1/10		0		1,100,000	
相続開始	2038/1/9					
合計		0	0	0	15,400,000	0

うち7年内贈与	7,700,000
3年超100万控除	-1,000,000
生前贈与加算額	6,700,000

◆ 相続税の計算

贈与前財産額	60,000,000
精算課税贈与	0
暦年課税贈与	-15,400,000
精算課税適用財産	0
生前贈与加算額	6,700,000
課税価格合計	51,300,000

課税価格合計	基礎控除	課税遺産総額
51,300,000	-42,000,000	9,300,000
財産取得者	各人ごとの取得額	税額
妻	4,650,000	465,000
子	4,650,000	465,000
相続税の総額		930,000

◆ 贈与税・相続税の合計

贈与税(精算)	0
贈与税(暦年)	0
相続税	930,000
合計	930,000

※ 配偶者に対する相続税額の軽減は、考慮しておりません。

財産額6,000万円、暦年課税贈与で310万円

◆ 生前贈与の状況

回数	贈与日	精算贈与額	精算課税適用財産 (基礎控除後)	贈与税額(精算)	暦年贈与額	贈与税額(暦年)
1	2024/1/10		0		3,100,000	200,000
2	2025/1/10		0		3,100,000	200,000
3	2026/1/10		0		3,100,000	200,000
4	2027/1/10		0		3,100,000	200,000
5	2028/1/10		0		3,100,000	200,000
6	2029/1/10		0		3,100,000	200,000
7	2030/1/10		0		3,100,000	200,000
8	2031/1/10		0		3,100,000	200,000
9	2032/1/10		0		3,100,000	200,000
10	2033/1/10		0		3,100,000	200,000
11	2034/1/10		0		3,100,000	200,000
12	2035/1/10		0		3,100,000	200,000
13	2036/1/10		0		3,100,000	200,000
14	2037/1/10		0		3,100,000	200,000
相続開始	2038/1/9					
合計		0	0	0	43,400,000	2,800,000

うち7年内贈与	21,700,000
3年超100万控除	-1,000,000
生前贈与加算額	20,700,000

◆ 相続税の計算

贈与前財産額	60,000,000
精算課税贈与	0
暦年課税贈与	-43,400,000
精算課税適用財産	0
生前贈与加算額	20,700,000
課税価格合計	37,300,000

課税価格合計	基礎控除	課税遺産総額
37,300,000	-42,000,000	0
財産取得者	各人ごとの取得額	税額
妻	0	0
子	0	0
相続税の総額		0

◆ 贈与税・相続税の合計

贈与税(精算)	0
贈与税(暦年)	2,800,000
相続税	0
贈与税額控除(暦)	0
贈与税額控除(精)	0
合計	2,800,000

※ 配偶者に対する相続税額の軽減は、考慮しておりません。

財産額6,000万円、暦年課税贈与で310万円→精算課税贈与110万円

◆ 生前贈与の状況

回数	贈与日	精算贈与額	精算課税適用財産 (基礎控除後)	贈与税額(精算)	暦年贈与額	贈与税額(暦年)
1	2024/1/10		0		3,100,000	200,000
2	2025/1/10		0		3,100,000	200,000
3	2026/1/10		0		3,100,000	200,000
4	2027/1/10		0		3,100,000	200,000
5	2028/1/10		0		3,100,000	200,000
6	2029/1/10		0		3,100,000	200,000
7	2030/1/10		0		3,100,000	200,000
8	2031/1/10	1,100,000	0			
9	2032/1/10	1,100,000	0			
10	2033/1/10	1,100,000	0			
11	2034/1/10	1,100,000	0			
12	2035/1/10	1,100,000	0			
13	2036/1/10	1,100,000	0			
14	2037/1/10	1,100,000	0			
相続開始	2038/1/9					
合計		7,700,000	0	0	21,700,000	1,400,000

うち7年内贈与	0
3年超100万控除	-1,000,000
生前贈与加算額	0

◆ 相続税の計算

贈与前財産額	60,000,000
精算課税贈与	-7,700,000
暦年課税贈与	-21,700,000
精算課税適用財産	0
生前贈与加算額	0
課税価格合計	30,600,000

課税価格合計	基礎控除	課税遺産総額
30,600,000	-42,000,000	0
財産取得者	各人ごとの取得額	税額
妻	0	0
子	0	0
	相続税の総額	0

◆ 贈与税・相続税の合計

贈与税(精算)	0
贈与税(暦年)	1,400,000
相続税	0
贈与税額控除(暦)	0
贈与税額控除(精)	0
合計	1,400,000

※ 配偶者に対する相続税額の軽減は、考慮しておりません。

(4) 財産額＝1億円のケースについての考察

　本ケースにおける相続税の限界税率は15％となっております。この場合，相続開始前7年超の期間については暦年課税贈与で年間310万円の贈与（贈与税の限界税率＝10％）を行い，相続開始前7年以内の期間について相続時精算課税贈与で年間110万円の贈与を行うことにより，贈与税と相続税の税率差を享受しつつ，相続開始前7年以内の期間は相続税の課税価格への加算が行われない相続時精算課税贈与の基礎控除110万円の恩恵を受けるパターンが税額面で最有利となっています。しかし，相続時精算課税贈与で年間110万円の贈与を行ったパターンの贈与税・相続税額の合計は539万円（最有利のパターンとの差額＝70万円）となっております。

　相続税の限界税率を見極めつつ贈与をする金額を設定し，さらに暦年課税贈与から相続時精算課税贈与に切り替えるタイミングまで検討するとなると，そのようなプランを立案する税理士のコストも相応のものになると思われます。一方，相続時精算課税贈与で毎年110万円の贈与を続ける場合にはさほど詳細な検討をせずとも，そのプランの立案と実行が可能です。プランの立案と実行に要するコストまで考慮した場合には，財産額が1億円程度のクライアントにおいては，相続時精算課税贈与による年間110万円の贈与を継続する方法も選択し得るものと考えられます。以下，考察のまとめと各パターンのシミュレーションを提示します。

《シミュレーション考察まとめ》

	精算課税贈与110万円	暦年課税贈与310万円	暦年課税贈与310万円→精算課税贈与110万円
シミュレーション期間中，相続税の基礎控除を下回らないか？	下回らない	下回らない	下回らない
贈与税の基礎控除の恩恵を受けることのできる期間	14年間	14年間	14年間
相続税と贈与税の税率差	相続税の限界税率＝15％ 贈与税：基礎控除の範囲内	相続税の限界税率＝15％ 贈与税の限界税率＝10％	相続税の限界税率＝15％ 暦年課税贈与の限界税率＝10％ 精算課税贈与：基礎控除の範囲内
相続財産から切り離せた贈与財産の額	15,400千円	43,400千円△生加20,700千円＝22,700千円	29,400千円
相続税の課税価格への加算の有無	無し	有り	無し

(注)　「生加」……生前贈与加算の対象となる額

財産額1億円、生前贈与無し

◆ 生前贈与の状況

回数	贈与日	精算贈与額	精算課税適用財産 (基礎控除後)	贈与税額(精算)	暦年贈与額	贈与税額(暦年)
1	2024/1/10		0			
2	2025/1/10		0			
3	2026/1/10		0			
4	2027/1/10		0			
5	2028/1/10		0			
6	2029/1/10		0			
7	2030/1/10		0			
8	2031/1/10		0			
9	2032/1/10		0			
10	2033/1/10		0			
11	2034/1/10		0			
12	2035/1/10		0			
13	2036/1/10		0			
14	2037/1/10		0			
相続開始	2038/1/9					
合計		0	0	0	0	0

うち7年内贈与	0
3年超100万控除	-1,000,000
生前贈与加算額	0

◆ 相続税の計算

贈与前財産額	100,000,000
精算課税贈与	0
暦年課税贈与	0
精算課税適用財産	0
生前贈与加算額	0
課税価格合計	100,000,000

課税価格合計	基礎控除	課税遺産総額
100,000,000	-42,000,000	58,000,000
財産取得者	各人ごとの取得額	税額
妻	29,000,000	3,850,000
子	29,000,000	3,850,000
	相続税の総額	7,700,000

◆ 贈与税・相続税の合計

贈与税(精算)	0
贈与税(暦年)	0
相続税	7,700,000
贈与税額控除(暦)	0
贈与税額控除(精)	0
合計	7,700,000

※ 配偶者に対する相続税額の軽減は、考慮しておりません。

財産額1億円、相続時精算課税贈与で110万円

◆ 生前贈与の状況

回数	贈与日	精算贈与額	精算課税適用財産 (基礎控除後)	贈与税額(精算)	暦年贈与額	贈与税額(暦年)
1	2024/1/10	1,100,000	0			
2	2025/1/10	1,100,000	0			
3	2026/1/10	1,100,000	0			
4	2027/1/10	1,100,000	0			
5	2028/1/10	1,100,000	0			
6	2029/1/10	1,100,000	0			
7	2030/1/10	1,100,000	0			
8	2031/1/10	1,100,000	0			
9	2032/1/10	1,100,000	0			
10	2033/1/10	1,100,000	0			
11	2034/1/10	1,100,000	0			
12	2035/1/10	1,100,000	0			
13	2036/1/10	1,100,000	0			
14	2037/1/10	1,100,000	0			
相続開始	2038/1/9					
合計		15,400,000	0	0	0	0

うち7年内贈与		0
3年超100万控除		-1,000,000
生前贈与加算額		0

◆ 相続税の計算

贈与前財産額	100,000,000
精算課税贈与	-15,400,000
暦年課税贈与	0
精算課税適用財産	0
生前贈与加算額	0
課税価格合計	84,600,000

課税価格合計	基礎控除	課税遺産総額
84,600,000	-42,000,000	42,600,000
財産取得者	各人ごとの取得額	税額
妻	21,300,000	2,695,000
子	21,300,000	2,695,000
相続税の総額		5,390,000

◆ 贈与税・相続税の合計

贈与税(精算)	0
贈与税(暦年)	0
相続税	5,390,000
贈与税額控除(暦)	0
贈与税額控除(精)	0
合計	5,390,000

※ 配偶者に対する相続税額の軽減は、考慮しておりません。

財産額1億円、暦年課税贈与で310万円

◆ 生前贈与の状況

回数	贈与日	精算贈与額	精算課税適用財産 (基礎控除後)	贈与税額(精算)	暦年贈与額	贈与税額(暦年)
1	2024/1/10		0		3,100,000	200,000
2	2025/1/10		0		3,100,000	200,000
3	2026/1/10		0		3,100,000	200,000
4	2027/1/10		0		3,100,000	200,000
5	2028/1/10		0		3,100,000	200,000
6	2029/1/10		0		3,100,000	200,000
7	2030/1/10		0		3,100,000	200,000
8	2031/1/10		0		3,100,000	200,000
9	2032/1/10		0		3,100,000	200,000
10	2033/1/10		0		3,100,000	200,000
11	2034/1/10		0		3,100,000	200,000
12	2035/1/10		0		3,100,000	200,000
13	2036/1/10		0		3,100,000	200,000
14	2037/1/10		0		3,100,000	200,000
相続開始	2038/1/9					
合計		0	0	0	43,400,000	2,800,000

うち7年内贈与	21,700,000	
3年超100万控除	-1,000,000	
生前贈与加算額	20,700,000	

◆ 相続税の計算

贈与前財産額	100,000,000
精算課税贈与	0
暦年課税贈与	-43,400,000
精算課税適用財産	0
生前贈与加算額	20,700,000
課税価格合計	77,300,000

課税価格合計	基礎控除	課税遺産総額
77,300,000	-42,000,000	35,300,000
財産取得者	各人ごとの取得額	税額
妻	17,650,000	2,147,500
子	17,650,000	2,147,500
相続税の総額		4,295,000

◆ 贈与税・相続税の合計

贈与税(精算)	0
贈与税(暦年)	2,800,000
相続税	4,295,000
贈与税額控除(暦)	-1,400,000
贈与税額控除(精)	0
合計	5,695,000

※ 配偶者に対する相続税額の軽減は、考慮しておりません。

財産額1億円、暦年課税310万円→相続時精算課税贈与110万円

◆ 生前贈与の状況

回数	贈与日	精算贈与額	精算課税適用財産 (基礎控除後)	贈与税額(精算)	暦年贈与額	贈与税額(暦年)
1	2024/1/10		0		3,100,000	200,000
2	2025/1/10		0		3,100,000	200,000
3	2026/1/10		0		3,100,000	200,000
4	2027/1/10		0		3,100,000	200,000
5	2028/1/10		0		3,100,000	200,000
6	2029/1/10		0		3,100,000	200,000
7	2030/1/10		0		3,100,000	200,000
8	2031/1/10	1,100,000	0			
9	2032/1/10	1,100,000	0			
10	2033/1/10	1,100,000	0			
11	2034/1/10	1,100,000	0			
12	2035/1/10	1,100,000	0			
13	2036/1/10	1,100,000	0			
14	2037/1/10	1,100,000	0			
相続開始	2038/1/9					
合計		7,700,000	0	0	21,700,000	1,400,000

うち7年内贈与	0
3年超100万控除	-1,000,000
生前贈与加算額	0

◆ 相続税の計算

贈与前財産額	100,000,000
精算課税贈与	-7,700,000
暦年課税贈与	-21,700,000
精算課税適用財産	0
生前贈与加算額	0
課税価格合計	70,600,000

課税価格合計	基礎控除	課税遺産総額
70,600,000	-42,000,000	28,600,000
財産取得者	各人ごとの取得額	税額
妻	14,300,000	1,645,000
子	14,300,000	1,645,000
相続税の総額		3,290,000

◆ 贈与税・相続税の合計

贈与税(精算)	0
贈与税(暦年)	1,400,000
相続税	3,290,000
贈与税額控除(暦)	0
贈与税額控除(精)	0
合計	4,690,000

※ 配偶者に対する相続税額の軽減は、考慮しておりません。

(5)　財産額＝３億円のケースについての考察

　本ケースにおける相続税の限界税率は40％となっております。この場合，相続開始前７年超の期間については暦年課税贈与で710万円の贈与（贈与税の限界税率＝20％）を行い，相続開始前７年以内の期間について相続時精算課税贈与で年間110万円の贈与を行うことにより，贈与税と相続税の税率差を享受しつつ，相続開始前７年以内の期間は相続税の課税価格への加算が行われない相続時精算課税贈与の基礎控除110万円の恩恵を受けるパターンが税額面で最有利となっています。

　本ケースにおいては，相続時精算課税贈与で110万円を贈与し続けた場合と，暦年課税贈与と相続時精算課税贈与を組み合わせたパターンとの間で税額に1,050万円の差が生じております。例えば，財産額が３億円といった相続税の税率が高いことが見込まれるクライアントについては，相続開始前７年超の期間は贈与税と相続税の税率差を積極的に享受しつつ，相続開始前７年以内の期間については相続時精算課税贈与の基礎控除110万円を活用するパターンが，税額面では有利になると考えられます。以下，考察のまとめと各パターンのシミュレーションを提示します。

　（注）　本ケースにおいては，暦年課税贈与で1,110万円（贈与税の限界税率＝30％）で贈与を行うことも考えられます。仮に，本ケースにおいて1,110万円で贈与を行った場合，６年目の贈与後に相続税の限界税率が40％から30％に下がり，これに伴う贈与金額の調整（例えば贈与税の限界税率＝20％となる710万円など）を行う必要が生じます。本シミュレーションでは，シミュレーション内容を平易にするため贈与する金額を710万円に統一しております。

《シミュレーション考察まとめ》

	精算課税贈与110万円	暦年課税贈与710万円	暦年課税贈与710万円 →精算課税贈与110万円
シミュレーション期間中，相続税の基礎控除を下回らないか？	下回らない	下回らない	下回らない
贈与税の基礎控除の恩恵を受けることのできる期間	14年間	14年間	14年間
相続税と贈与税の税率差	相続税の限界税率＝40％ 贈与税：基礎控除の範囲内	相続税の限界税率＝40％ 贈与税の限界税率＝20％	相続税の限界税率＝40％ 暦年課税贈与の限界税率＝20％ 精算課税贈与：基礎控除の範囲内
相続財産から切り離せた贈与財産の額	15,400千円	99,400千円△生加48,700千円 ＝50,700千円	57,400千円
相続税の課税価格への加算の有無	無し	有り	無し

（注）　「生加」……生前贈与加算の対象となる額

財産額3億円、生前贈与無し

◆ 生前贈与の状況

回数	贈与日	精算贈与額	精算課税適用財産 (基礎控除後)	贈与税額(精算)	暦年贈与額	贈与税額(暦年)
1	2024/1/10		0			
2	2025/1/10		0			
3	2026/1/10		0			
4	2027/1/10		0			
5	2028/1/10		0			
6	2029/1/10		0			
7	2030/1/10		0			
8	2031/1/10		0			
9	2032/1/10		0			
10	2033/1/10		0			
11	2034/1/10		0			
12	2035/1/10		0			
13	2036/1/10		0			
14	2037/1/10		0			
相続開始	2038/1/9					
合計		0	0	0	0	0

うち7年内贈与	0
3年超100万控除	-1,000,000
生前贈与加算額	0

◆ 相続税の計算

贈与前財産額	300,000,000
精算課税贈与	0
暦年課税贈与	0
精算課税適用財産	0
生前贈与加算額	0
課税価格合計	300,000,000

課税価格合計	基礎控除	課税遺産総額
300,000,000	-42,000,000	258,000,000
財産取得者	各人ごとの取得額	税額
妻	129,000,000	34,600,000
子	129,000,000	34,600,000
	相続税の総額	69,200,000

◆ 贈与税・相続税の合計

贈与税(精算)	0
贈与税(暦年)	0
相続税	69,200,000
贈与税額控除(暦)	0
贈与税額控除(精)	0
合計	69,200,000

※ 配偶者に対する相続税額の軽減は、考慮しておりません。

財産額3億円、相続時精算課税贈与110万円

◆ 生前贈与の状況

回数	贈与日	精算贈与額	精算課税適用財産 (基礎控除後)	贈与税額(精算)	暦年贈与額	贈与税額(暦年)
1	2024/1/10	1,100,000	0			
2	2025/1/10	1,100,000	0			
3	2026/1/10	1,100,000	0			
4	2027/1/10	1,100,000	0			
5	2028/1/10	1,100,000	0			
6	2029/1/10	1,100,000	0			
7	2030/1/10	1,100,000	0			
8	2031/1/10	1,100,000	0			
9	2032/1/10	1,100,000	0			
10	2033/1/10	1,100,000	0			
11	2034/1/10	1,100,000	0			
12	2035/1/10	1,100,000	0			
13	2036/1/10	1,100,000	0			
14	2037/1/10	1,100,000	0			
相続開始	2038/1/9					
合計		15,400,000	0	0	0	0

うち7年内贈与		0
3年超100万控除		-1,000,000
生前贈与加算額		0

◆ 相続税の計算

贈与前財産額	300,000,000
精算課税贈与	-15,400,000
暦年課税贈与	0
精算課税適用財産	0
生前贈与加算額	0
課税価格合計	284,600,000

課税価格合計	基礎控除	課税遺産総額
284,600,000	-42,000,000	242,600,000
財産取得者	各人ごとの取得額	税額
妻	121,300,000	31,520,000
子	121,300,000	31,520,000
相続税の総額		63,040,000

◆ 贈与税・相続税の合計

贈与税(精算)	0
贈与税(暦年)	0
相続税	63,040,000
贈与税額控除(暦)	0
贈与税額控除(精)	0
合計	63,040,000

※ 配偶者に対する相続税額の軽減は、考慮しておりません。

財産額3億円、暦年課税贈与で710万円

◆ 生前贈与の状況

回数	贈与日	精算贈与額	精算課税適用財産 (基礎控除後)	贈与税額(精算)	暦年贈与額	贈与税額(暦年)
1	2024/1/10		0		7,100,000	900,000
2	2025/1/10		0		7,100,000	900,000
3	2026/1/10		0		7,100,000	900,000
4	2027/1/10		0		7,100,000	900,000
5	2028/1/10		0		7,100,000	900,000
6	2029/1/10		0		7,100,000	900,000
7	2030/1/10		0		7,100,000	900,000
8	2031/1/10		0		7,100,000	900,000
9	2032/1/10		0		7,100,000	900,000
10	2033/1/10		0		7,100,000	900,000
11	2034/1/10		0		7,100,000	900,000
12	2035/1/10		0		7,100,000	900,000
13	2036/1/10		0		7,100,000	900,000
14	2037/1/10		0		7,100,000	900,000
相続開始	2038/1/9					
合計		0	0	0	99,400,000	12,600,000

うち7年内贈与	49,700,000
3年超100万控除	-1,000,000
生前贈与加算額	48,700,000

◆ 相続税の計算

贈与前財産額	300,000,000
精算課税贈与	0
暦年課税贈与	-99,400,000
精算課税適用財産	0
生前贈与加算額	48,700,000
課税価格合計	249,300,000

課税価格合計	基礎控除	課税遺産総額
249,300,000	-42,000,000	207,300,000
財産取得者	各人ごとの取得額	税額
妻	103,650,000	24,460,000
子	103,650,000	24,460,000
	相続税の総額	48,920,000

◆ 贈与税・相続税の合計

贈与税(精算)	0
贈与税(暦年)	12,600,000
相続税	48,920,000
贈与税額控除(暦)	-6,300,000
贈与税額控除(精)	0
合計	55,220,000

※ 配偶者に対する相続税額の軽減は、考慮しておりません。

財産額3億円、暦年課税贈与710万円→精算課税贈与110万円

◆ 生前贈与の状況

回数	贈与日	精算贈与額	精算課税適用財産 (基礎控除後)	贈与税額(精算)	暦年贈与額	贈与税額(暦年)
1	2024/1/10		0		7,100,000	900,000
2	2025/1/10		0		7,100,000	900,000
3	2026/1/10		0		7,100,000	900,000
4	2027/1/10		0		7,100,000	900,000
5	2028/1/10		0		7,100,000	900,000
6	2029/1/10		0		7,100,000	900,000
7	2030/1/10		0		7,100,000	900,000
8	2031/1/10	1,100,000	0			
9	2032/1/10	1,100,000	0			
10	2033/1/10	1,100,000	0			
11	2034/1/10	1,100,000	0			
12	2035/1/10	1,100,000	0			
13	2036/1/10	1,100,000	0			
14	2037/1/10	1,100,000	0			
相続開始	2038/1/9					
合計		7,700,000	0	0	49,700,000	6,300,000

うち7年内贈与	0
3年超100万控除	-1,000,000
生前贈与加算額	0

◆ 相続税の計算

贈与前財産額	300,000,000
精算課税贈与	-7,700,000
暦年課税贈与	-49,700,000
精算課税適用財産	0
生前贈与加算額	0
課税価格合計	242,600,000

課税価格合計	基礎控除	課税遺産総額
242,600,000	-42,000,000	200,600,000
財産取得者	各人ごとの取得額	税額
妻	100,300,000	23,120,000
子	100,300,000	23,120,000
相続税の総額		46,240,000

◆ 贈与税・相続税の合計

贈与税(精算)	0
贈与税(暦年)	6,300,000
相続税	46,240,000
贈与税額控除(暦)	0
贈与税額控除(精)	0
合計	52,540,000

※ 配偶者に対する相続税額の軽減は、考慮しておりません。

（参考）財産額3億円、暦年課税贈与で1,110万円

◆ 生前贈与の状況

回数	贈与日	精算贈与額	精算課税適用財産 （基礎控除後）	贈与税額（精算）	暦年贈与額	贈与税額（暦年）
1	2024/1/10		0		11,100,000	2,100,000
2	2025/1/10		0		11,100,000	2,100,000
3	2026/1/10		0		11,100,000	2,100,000
4	2027/1/10		0		11,100,000	2,100,000
5	2028/1/10		0		11,100,000	2,100,000
6	2029/1/10		0		11,100,000	2,100,000
7	2030/1/10		0		11,100,000	2,100,000
8	2031/1/10		0		11,100,000	2,100,000
9	2032/1/10		0		11,100,000	2,100,000
10	2033/1/10		0		11,100,000	2,100,000
11	2034/1/10		0		11,100,000	2,100,000
12	2035/1/10		0		11,100,000	2,100,000
13	2036/1/10		0		11,100,000	2,100,000
14	2037/1/10		0		11,100,000	2,100,000
相続開始	2038/1/9					
合計		0	0	0	155,400,000	29,400,000

うち7年内贈与	77,700,000
3年超100万控除	-1,000,000
生前贈与加算額	76,700,000

◆ 相続税の計算

贈与前財産額	300,000,000
精算課税贈与	0
暦年課税贈与	-155,400,000
精算課税適用財産	0
生前贈与加算額	76,700,000
課税価格合計	221,300,000

課税価格合計	基礎控除	課税遺産総額
221,300,000	-42,000,000	179,300,000
財産取得者	各人ごとの取得額	税額
妻	89,650,000	19,895,000
子	89,650,000	19,895,000
	相続税の総額	39,790,000

◆ 贈与税・相続税の合計

贈与税(精算)	0
贈与税(暦年)	29,400,000
相続税	39,790,000
贈与税額控除(暦)	-14,700,000
贈与税額控除(精)	0
合計	54,490,000

※ 配偶者に対する相続税額の軽減は、考慮しておりません。

Ⅲ　現有財産及び相続人等の相違による税負担額のシミュレーション

●本節におけるシミュレーションの考え方

　本節では，令和5年度税制改正法に基づき，推定被相続人から推定相続人（孫を含みます。）に対して，毎年一定の金額を贈与し，相続が開始したとする年における税負担額（相続開始時における生前贈与加算計算後の相続税額と生前贈与加算の対象とならない贈与税額の累計額）の推移を表にして，その相違について考察します。

　相続財産に対する税負担額をシミュレーションしようとする場合，推定被相続人の家族構成，贈与する金額，また，暦年課税贈与を行うか，相続時精算課税を選択するかなど税負担額を変える要素は多々あります。

　暦年課税贈与を行う場合は，贈与税の計算に加え，相続開始時の現有財産に相続開始前7年間の贈与を加算するほか，相続開始前3年以内に取得した財産以外の財産からの100万円控除を行うなど面倒な計算を行わなければなりません。そして何より，推定相続人の余命を測ることは困難です。また，シミュレーションを行うためには膨大なデータと的確な分析力が必要です。

　そこで本節では，①家族構成別，②現有財産の多寡，③贈与額，④相続開始の年齢別の税負担額について，どの制度を利用し，いくら贈与した方が有利になるのか，特別な計算を行わず，容易に確認できるようシミュレーションを行いました。

　実際には，現有財産の内訳は現金預金のほか不動産や自社株式など容易に贈与することができない財産の占める割合も小さくはないと思いますが，イメージをつかんでいただけたらと思います。

　なお，相続時精算課税は推定相続人1人当たり110万円を贈与するものとして計算しています。110万円以内であれば，生前贈与加算がないことから，継続して贈与を行うことにより，確実に税負担の軽減につなげることができます。

　また，本節のシミュレーションに基づく連年贈与を行う場合には，税務当局から定期贈与（毎年一定の金額を贈与することが贈与者と受贈者との間で予め約束されている贈与のことをいいます。）と指摘されないよう贈与の都度，贈与契約書を作成するなど措置しましょう（23ページ参照）。

　生前贈与は早目早目の対応が肝要です。本節のシミュレーションが生前贈与を考える際の一助となれば幸いです。

家族構成：推定被相続人・配偶者・子1人

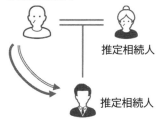

推定被相続人

推定相続人

推定相続人

○精算課税贈与
　子1人に対し各年110万円贈与します
○暦年課税贈与
　子1人に対し現有財産に応じて各年220万円から段階的に贈与します（特例税率適用）
※「配偶者の税額軽減（相続税額の2分の1）」を適用します

基礎控除額：**4,200万円**

※実線の矢印は精算課税贈与、二重線の矢印は暦年贈与を示します（以下同様です。）。

○現有財産別・贈与額別の税負担額の軽減額（60歳から90歳までの間贈与した場合）

単位：万円

表番号	頁	贈与方式⇒ 贈与額⇒	精算課税 0	110	暦年課税 220	330	400	600	800	1,000	1,200	1,500	1,600
No.1-01		10,000	385	★261.90	100.83	22.74	8.63						
No.1-02		15,000	920	★381.90		208.89	126.78	37.67					
No.1-03		20,000	1,670	★512.90			456.90	220.76	33.72				
No.1-04	現有財産	30,000	3,460	682.90			★941.90	833.90	362.85				
No.1-05		40,000	5,460	682.90			1,136.90	★1,268.90		373.82			
No.1-06		50,000	7,605	767.90			1,281.90	★1,413.90	717.90				
No.1-07		60,000	9,855	767.90			1,379.90	★1,631.90		335.79			
No.1-08		80,000	14,750	853.90				★1,993.90	1,930.90	994.90			
No.1-09		100,000	19,750	853.90				1,993.90	★2,017.90		233.90		
No.1-10		200,000	46,645	938.90					★2,500.90		1,143.90	843.90	

〔表の見方〕
・現有財産1億円から20億円それぞれの金額に応じて、60歳から90歳までの間において毎年一定額の精算課税贈与または暦年課税贈与を行う場合、軽減額（整数部分）及び軽減額が得られる年齢（小数点以下2位部分）を示しています。なお、軽減額が最大となる値に★印を付しています。
・最大値が複数年に跨る場合は、若い方の年齢を示しています。
・贈与額0万円の縦の列は、贈与開始前（59歳）の税負担額を示します。
現有財産1億円保有している人の税負担額は385万円、現有財産2億円の人の税負担額は1,670万円というふうに見ます。
・表番号【No.1－01】の横の行は、現有財産1億円保有している人が精算課税贈与を利用し、60歳から毎年110万円贈与を行った場合、最大軽減額は261万円で、その時の年齢は90歳ということを示します。また、暦年課税贈与で220万円贈与を行った場合、最大軽減額は100万円で、その時の年齢は84歳ということを示します。330万円贈与の場合、最大軽減額は22万円で74歳、400万円贈与の場合、最大軽減額は8万円で66歳ということを示します。精算課税または暦年課税のうち軽減額が最大となる値は精算課税の110万円で★印を付しています。

〔表の読み方〕
・この表からは、現有財産が2億円までであれば、精算課税贈与が有利であることが分かります。
・現有財産別・贈与額別・年齢別の税負担額は次頁以後の表で示します。

○現有財産1億円

No.1-01

単位:万円

配偶者・子1人

贈与額⇒	110		220		330		400	
相続開始年齢(歳)↓	現有財産	税負担額	現有財産	税負担額	現有財産	税負担額	現有財産	税負担額
59	10,000	385	10,000	385	10,000	385	10,000	385
60	9,890	★377	9,780	385	9,670	385	9,600	385
61	9,780	★369	9,560	385	9,340	385	9,200	385
62	9,670	★360	9,340	385	9,010	385	8,800	385
63	9,560	★352	9,120	378	8,680	378	8,400	**378**
64	9,450	★344	8,900	378	8,350	378	8,000	**378**
65	9,340	★336	8,680	378	8,020	378	7,600	**378**
66	9,230	★327	8,460	378	7,690	378	7,200	**378**
67	9,120	★319	8,240	372	7,360	376	6,800	381
68	9,010	★311	8,020	367	7,030	374	6,400	385
69	8,900	★303	7,800	361	6,700	372	6,000	388
70	8,790	★294	7,580	356	6,370	371	5,600	392
71	8,680	★286	7,360	350	6,040	369	5,200	402
72	8,570	★278	7,140	345	5,710	367	4,800	436
73	8,460	★270	6,920	339	5,380	365	4,400	469
74	8,350	★261	6,700	334	5,050	**364**	4,150	483
75	8,240	★253	6,480	328	4,720	368	0	483
76	8,130	★245	6,260	323	4,390	391	0	483
77	8,020	★237	6,040	317	4,150	404	0	483
78	7,910	★228	5,820	312	0	404	0	483
79	7,800	★220	5,600	306	0	404	0	483
80	7,690	★212	5,380	293	0	404	0	483
81	7,580	★204	5,160	290	0	404	0	483
82	7,470	★195	4,940	287	0	404	0	483
83	7,360	★187	4,720	**285**	0	404	0	483
84	7,250	★179	4,500	**285**	0	404	0	483
85	7,140	★159	4,280	286	0	404	0	483
86	7,030	★152	4,150	288	0	404	0	483
87	6,920	★145	0	288	0	404	0	483
88	6,810	★138	0	288	0	404	0	483
89	6,700	★131	0	288	0	404	0	483
90	6,590	★124	0	288	0	404	0	483
贈与額累計		3,410		5,850		5,850		5,850
最少税負担額		★124		285		364		378
最大税軽減額		★261		100		22		8

（注）110万円贈与は精算課税贈与を示します。

〔表の見方〕

・推定相続人が配偶者及び子1人である家族構成において現有財産1億円を保有する人の贈与額別、年齢別の現有財産及び税負担額を示します。

・例えば1億円の財産がある方が59歳で死亡し、相続が開始した場合には、年齢59歳の横の行は生前贈与開始前の「現有財産」が1億円、「税負担額」が385万円であることを示します。

　　また、59歳以後、何も生前対策を行わず現有財産に異動がなかった場合は、59歳の欄の税負担額（＝相続税）が納税額となります。

・年齢60歳以後の各欄の「現有財産」は前年の現有財産の額から贈与額を控除した額であり、「税負担額」はその年齢で相続が開始した場合の税負担額を表します。

　　なお、税負担額の計算において、相続税の計算は法定相続分に従って財産を相続した場合とし、配偶者の税額軽減（相続税額の総額の2分の1）を適用して計算し、暦年課税の加算措置及び贈与税額の控除を行ったうえ、贈与税額の控除の対象とならない7年加算以前の贈与税額の累計額を加算しています。

・110万円から400万円贈与それぞれの縦の列の現有財産は、相続開始90歳以前において、各贈与額を連年贈与し現有財産が相続税の基礎控除額を50万円下回る金額を限度としています。

　　例えば、220万円贈与では、86歳の現有財産は基礎控除額4,200万円を50万円下回る4,150万円となっています。

・現有財産が基礎控除額を下回った後に相続が開始した場合であっても、暦年課税の加算措置及び相続税から控除しきれない贈与税額の累計額の計算を行うため、税負担額はゼロにはなりません。

・110万円から400万円贈与の各欄の税負担額の太文字は、各贈与について、相続が開始した場合の税負担額の最少値を示します。

　　例えば、110万円贈与を60歳から毎年行うと90歳で相続が開始した場合の税負担額は124万円で最少です。また、220万円贈与では83歳で相続が開始した場合の税負担額は285万円で最少です。最小値に近いほど表のグラデーションが濃くなっています。

・相続開始年齢の横の行の「★」印は、各年齢において相続が開始した場合の税負担額の最小値を示します。

・「贈与額累計」欄は、基礎控除額を50万円下回る金額までの贈与額の累計額となっています。90歳までの贈与額の累計が基礎控除額まで達しない場合は、贈与額の累計となっています。

・「最少税負担額」欄の横の行は、110万円から400万円贈与それぞれの贈与についての最少税負担額を示し、各最少税負担額のうち、最も少ない税負担額に★印を付しています。

・「最大税軽減額」欄の横の行は59歳における税負担額から「最少税負担額」を控除した金額を示し、各最大税軽減額のうち、最も軽減額が大きい税負担額に★印を付しています。

　　つまり、110万円贈与では、何も生前対策を行わなかった場合の税負担額385万円に対し、261万円の軽減額を得られることを示します。

〔表の読み方〕

　　110万円贈与の税負担額のすべてに★印が付されているので、どの年齢においても110万円贈与（精算課税）が有利であり、長く続けるほど税負担額は減少するといえます。

○現有財産1.5億円

No.1-02　　　　　　　　　　　　　　　　　　　　　　　　　　　　　　　　　　単位：万円

贈与額⇒	110		330		400		600	
相続開始年齢(歳)↓	現有財産	税負担額	現有財産	税負担額	現有財産	税負担額	現有財産	税負担額
59	15,000	920	15,000	920	15,000	920	15,000	920
60	14,890	★904	14,670	920	14,600	920	14,400	920
61	14,780	★887	14,340	920	14,200	920	13,800	920
62	14,670	★871	14,010	920	13,800	920	13,200	920
63	14,560	★854	13,680	905	13,400	905	12,600	905
64	14,450	★838	13,350	905	13,000	905	12,000	905
65	14,340	★821	13,020	905	12,600	905	11,400	905
66	14,230	★805	12,690	905	12,200	905	10,800	905
67	14,120	★792	12,360	879	11,800	879	10,200	**883**
68	14,010	★781	12,030	852	11,400	857	9,600	886
69	13,900	★770	11,700	840	11,000	851	9,000	894
70	13,790	★759	11,370	830	10,600	844	8,400	902
71	13,680	★748	11,040	820	10,200	838	7,800	910
72	13,570	★737	10,710	810	9,800	831	7,200	918
73	13,460	★726	10,380	800	9,400	825	6,600	952
74	13,350	★715	10,050	790	9,000	818	6,000	1,020
75	13,240	★704	9,720	780	8,600	812	5,400	1,088
76	13,130	★693	9,390	770	8,200	805	4,800	1,156
77	13,020	★682	9,060	760	7,800	799	4,200	1,224
78	12,910	★671	8,730	750	7,400	**795**	4,150	1,224
79	12,800	★660	8,400	740	7,000	798	0	1,224
80	12,690	★649	8,070	730	6,600	802	0	1,224
81	12,580	★638	7,740	726	6,200	805	0	1,224
82	12,470	★627	7,410	725	5,800	809	0	1,224
83	12,360	★616	7,080	723	5,400	812	0	1,224
84	12,250	★605	6,750	721	5,000	838	0	1,224
85	12,140	★594	6,420	719	4,600	871	0	1,224
86	12,030	★583	6,090	718	4,200	905	0	1,224
87	11,920	★572	5,760	716	4,150	905	0	1,224
88	11,810	★561	5,430	714	0	905	0	1,224
89	11,700	★550	5,100	**712**	0	905	0	1,224
90	11,590	★539	4,770	713	0	905	0	1,224
贈与額累計		3,410		10,230		10,850		10,850
最少税負担額		★539		712		795		883
最大税軽減額		★381		208		126		37

（注）110万円贈与は精算課税贈与を示します。

〔表の読み方〕

　どの相続開始年齢においても110万円贈与（精算課税）が最も有利であり，長く贈与を続けるほど税負担額は減少するといえます。

○現有財産2億円

No.1-03 単位:万円

贈与額⇒	110		400		600		800	
相続開始年齢(歳)↓	現有財産	税負担額	現有財産	税負担額	現有財産	税負担額	現有財産	税負担額
59	20,000	1,670	20,000	1,670	20,000	1,670	20,000	1,670
60	19,890	★1,654	19,600	1,670	19,400	1,670	19,200	1,670
61	19,780	★1,637	19,200	1,670	18,800	1,670	18,400	1,670
62	19,670	★1,621	18,800	1,670	18,200	1,670	17,600	1,670
63	19,560	★1,604	18,400	1,655	17,600	1,655	16,800	1,655
64	19,450	★1,588	18,000	1,655	17,000	1,655	16,000	1,655
65	19,340	★1,571	17,600	1,655	16,400	1,655	15,200	1,655
66	19,230	★1,555	17,200	1,655	15,800	1,655	14,400	1,655
67	19,120	★1,538	16,800	1,629	15,200	1,633	13,600	1,652
68	19,010	★1,522	16,400	1,602	14,600	1,611	12,800	1,649
69	18,900	★1,505	16,000	1,576	14,000	1,589	12,000	1,646
70	18,790	★1,489	15,600	1,549	13,400	1,567	11,200	1,643
71	18,680	★1,472	15,200	1,523	12,800	1,545	10,400	1,640
72	18,570	★1,456	14,800	1,496	12,200	1,523	9,600	1,637
73	18,460	★1,439	14,400	1,470	11,600	1,501	8,800	1,638
74	18,350	★1,423	14,000	1,443	11,000	1,479	8,000	1,755
75	18,240	★1,406	13,600	1,417	10,400	1,457	7,200	1,872
76	18,130	★1,390	13,200	1,390	9,800	1,450	6,400	1,989
77	18,020	1,373	12,800	★1,364	9,200	1,458	5,600	2,106
78	17,910	1,357	12,400	★1,337	8,600	1,466	4,800	2,223
79	17,800	1,340	12,000	★1,311	8,000	1,474	4,150	2,301
80	17,690	1,324	11,600	★1,284	7,400	1,482	0	2,301
81	17,580	1,307	11,200	★1,273	6,800	1,496	0	2,301
82	17,470	1,291	10,800	★1,266	6,200	1,564	0	2,301
83	17,360	1,274	10,400	★1,260	5,600	1,632	0	2,301
84	17,250	1,258	10,000	★1,253	5,000	1,700	0	2,301
85	17,140	★1,241	9,600	1,247	4,400	1,768	0	2,301
86	17,030	★1,225	9,200	1,240	4,150	1,782	0	2,301
87	16,920	★1,208	8,800	1,234	0	1,782	0	2,301
88	16,810	★1,192	8,400	1,227	0	1,782	0	2,301
89	16,700	★1,175	8,000	1,221	0	1,782	0	2,301
90	16,590	★1,159	7,600	1,214	0	1,782	0	2,301
贈与額累計		3,410		12,400		15,850		15,850
最少税負担額		★1,159		1,214		1,450		1,637
最大税軽減額		★512		456		220		33

（注）110万円贈与は精算課税贈与を示します。

〔表の読み方〕

　76歳までに相続が開始した場合は110万円贈与が有利，77歳から84歳の間に相続が開始した場合は400万円贈与が有利，85歳以後に相続が開始した場合は110万円贈与が有利といえます。

　贈与額の相違により，相続開始年齢における最少税負担額が異なります。

○現有財産 3 億円

No.1-04

配偶者・子1人

単位：万円

贈与額⇒	110		400		600		800	
相続開始年齢(歳)↓	現有財産	税負担額	現有財産	税負担額	現有財産	税負担額	現有財産	税負担額
59	30,000	3,460	30,000	3,460	30,000	3,460	30,000	3,460
60	29,890	★3,438	29,600	3,460	29,400	3,460	29,200	3,460
61	29,780	★3,416	29,200	3,460	28,800	3,460	28,400	3,460
62	29,670	★3,394	28,800	3,460	28,200	3,460	27,600	3,460
63	29,560	★3,372	28,400	3,440	27,600	3,440	26,800	3,440
64	29,450	★3,350	28,000	3,440	27,000	3,440	26,000	3,440
65	29,340	★3,328	27,600	3,440	26,400	3,440	25,200	3,440
66	29,230	★3,306	27,200	3,440	25,800	3,440	24,400	3,440
67	29,120	★3,284	26,800	3,394	25,200	3,388	23,600	3,397
68	29,010	★3,262	26,400	3,347	24,600	3,336	22,800	3,354
69	28,900	★3,240	26,000	3,301	24,000	3,284	22,000	3,311
70	28,790	★3,218	25,600	3,254	23,400	3,232	21,200	3,268
71	28,680	3,196	25,200	3,208	22,800	★3,180	20,400	3,225
72	28,570	3,174	24,800	3,161	22,200	★3,128	19,600	3,182
73	28,460	3,152	24,400	3,115	21,600	★3,076	18,800	3,139
74	28,350	3,130	24,000	3,068	21,000	★3,024	18,000	3,131
75	28,240	3,108	23,600	3,022	20,400	★2,972	17,200	3,128
76	28,130	3,086	23,200	2,975	19,800	★2,935	16,400	3,125
77	28,020	3,064	22,800	2,929	19,200	★2,913	15,600	3,122
78	27,910	3,042	22,400	★2,882	18,600	2,891	14,800	3,119
79	27,800	3,020	22,000	★2,836	18,000	2,869	14,000	3,116
80	27,690	2,998	21,600	★2,789	17,400	2,847	13,200	3,113
81	27,580	2,976	21,200	★2,758	16,800	2,825	12,400	3,110
82	27,470	2,954	20,800	★2,731	16,200	2,803	11,600	3,107
83	27,360	2,932	20,400	★2,705	15,600	2,781	10,800	3,104
84	27,250	2,910	20,000	★2,678	15,000	2,759	10,000	3,101
85	27,140	2,888	19,600	★2,652	14,400	2,737	9,200	3,098
86	27,030	2,866	19,200	★2,625	13,800	2,715	8,400	3,159
87	26,920	2,844	18,800	★2,599	13,200	2,693	7,600	3,276
88	26,810	2,822	18,400	★2,572	12,600	2,671	6,800	3,393
89	26,700	2,800	18,000	★2,546	12,000	2,649	6,000	3,510
90	26,590	2,778	17,600	★2,519	11,400	2,627	5,200	3,627
贈与額累計		3,410		12,400		18,600		24,800
最少税負担額		2,778		★2,519		2,627		3,098
最大税軽減額		682		★941		833		362

（注）110万円贈与は精算課税贈与を示します。

〔表の読み方〕

　70歳までに相続が開始した場合は生前贈与加算の行われない精算課税贈与が有利，71歳から77歳の間に相続が開始した場合は600万円贈与が有利，78歳以後に相続が開始した場合は400万円贈与が有利といえます。

　贈与額の相違により，相続開始年齢における最少税負担額が異なります。

○現有財産4億円

No.1-05
単位：万円

贈与額⇒	110		400		600		1000	
相続開始年齢（歳）↓	現有財産	税負担額	現有財産	税負担額	現有財産	税負担額	現有財産	税負担額
59	40,000	5,460	40,000	5,460	40,000	5,460	40,000	5,460
60	39,890	★5,438	39,600	5,460	39,400	5,460	39,000	5,460
61	39,780	★5,416	39,200	5,460	38,800	5,460	38,000	5,460
62	39,670	★5,394	38,800	5,460	38,200	5,460	37,000	5,460
63	39,560	★5,372	38,400	5,440	37,600	5,440	36,000	5,440
64	39,450	★5,350	38,000	5,440	37,000	5,440	35,000	5,440
65	39,340	★5,328	37,600	5,440	36,400	5,440	34,000	5,440
66	39,230	★5,306	37,200	5,440	35,800	5,440	33,000	5,440
67	39,120	★5,284	36,800	5,394	35,200	5,388	32,000	5,417
68	39,010	★5,262	36,400	5,347	34,600	5,336	31,000	5,394
69	38,900	★5,240	36,000	5,301	34,000	5,284	30,000	5,371
70	38,790	★5,218	35,600	5,254	33,400	5,232	29,000	5,348
71	38,680	5,196	35,200	5,208	32,800	★5,180	28,000	5,325
72	38,570	5,174	34,800	5,161	32,200	★5,128	27,000	5,302
73	38,460	5,152	34,400	5,115	31,600	★5,076	26,000	5,279
74	38,350	5,130	34,000	5,068	31,000	★5,024	25,000	5,256
75	38,240	5,108	33,600	5,022	30,400	★4,972	24,000	5,233
76	38,130	5,086	33,200	4,975	29,800	★4,920	23,000	5,210
77	38,020	5,064	32,800	4,929	29,200	★4,868	22,000	5,187
78	37,910	5,042	32,400	4,882	28,600	★4,816	21,000	5,164
79	37,800	5,020	32,000	4,836	28,000	★4,764	20,000	5,141
80	37,690	4,998	31,600	4,789	27,400	★4,712	19,000	5,118
81	37,580	4,976	31,200	4,743	26,800	★4,660	18,000	5,095
82	37,470	4,954	30,800	4,696	26,200	★4,608	17,000	**5,087**
83	37,360	4,932	30,400	4,650	25,600	★4,556	16,000	5,114
84	37,250	4,910	30,000	4,603	25,000	★4,504	15,000	5,141
85	37,140	4,888	29,600	4,557	24,400	★4,452	14,000	5,168
86	37,030	4,866	29,200	4,510	23,800	★4,400	13,000	5,195
87	36,920	4,844	28,800	4,464	23,200	★4,348	12,000	5,222
88	36,810	4,822	28,400	4,417	22,600	★4,296	11,000	5,249
89	36,700	4,800	28,000	4,371	22,000	★4,244	10,000	5,310
90	36,590	**4,778**	27,600	4,324	21,400	★4,192	9,000	5,487
贈与額累計		3,410		12,400		18,600		31,000
最少税負担額		4,778		4,324		★4,192		5,087
最大税軽減額		682		1,136		★1,268		373

（注）110万円贈与は精算課税贈与を示します。

〔表の読み方〕

　70歳までに相続が開始した場合は生前贈与加算の行われない精算課税贈与が有利、71歳以後に相続が開始した場合は600万円贈与が有利といえます。

○現有財産5億円

No.1-06

単位：万円

配偶者・子1人

贈与額⇒	110		400		600		1000	
相続開始年齢(歳)↓	現有財産	税負担額	現有財産	税負担額	現有財産	税負担額	現有財産	税負担額
59	50,000	7,605	50,000	7,605	50,000	7,605	50,000	7,605
60	49,890	★7,580	49,600	7,605	49,400	7,605	49,000	7,605
61	49,780	★7,556	49,200	7,605	48,800	7,605	48,000	7,605
62	49,670	★7,531	48,800	7,605	48,200	7,605	47,000	7,605
63	49,560	★7,506	48,400	7,583	47,600	7,583	46,000	7,583
64	49,450	★7,481	48,000	7,583	47,000	7,583	45,000	7,583
65	49,340	★7,457	47,600	7,583	46,400	7,583	44,000	7,583
66	49,230	★7,432	47,200	7,583	45,800	7,583	43,000	7,583
67	49,120	★7,407	46,800	7,526	45,200	7,516	42,000	7,535
68	49,010	★7,382	46,400	7,470	44,600	7,449	41,000	7,487
69	48,900	★7,358	46,000	7,413	44,000	7,382	40,000	7,439
70	48,790	7,333	45,600	7,357	43,400	★7,315	39,000	7,391
71	48,680	7,308	45,200	7,300	42,800	★7,248	38,000	7,343
72	48,570	7,283	44,800	7,244	42,200	★7,181	37,000	7,302
73	48,460	7,259	44,400	7,187	41,600	★7,114	36,000	7,279
74	48,350	7,234	44,000	7,131	41,000	★7,047	35,000	7,256
75	48,240	7,209	43,600	7,074	40,400	★6,980	34,000	7,233
76	48,130	7,184	43,200	7,018	39,800	★6,920	33,000	7,210
77	48,020	7,160	42,800	6,961	39,200	★6,868	32,000	7,187
78	47,910	7,135	42,400	6,905	38,600	★6,816	31,000	7,164
79	47,800	7,110	42,000	6,848	38,000	★6,764	30,000	7,141
80	47,690	7,085	41,600	6,792	37,400	★6,712	29,000	7,118
81	47,580	7,061	41,200	6,743	36,800	★6,660	28,000	7,095
82	47,470	7,036	40,800	6,696	36,200	★6,608	27,000	7,072
83	47,360	7,011	40,400	6,650	35,600	★6,556	26,000	7,049
84	47,250	6,986	40,000	6,603	35,000	★6,504	25,000	7,026
85	47,140	6,962	39,600	6,557	34,400	★6,452	24,000	7,003
86	47,030	6,937	39,200	6,510	33,800	★6,400	23,000	6,980
87	46,920	6,912	38,800	6,464	33,200	★6,348	22,000	6,957
88	46,810	6,887	38,400	6,417	32,600	★6,296	21,000	6,934
89	46,700	6,863	38,000	6,371	32,000	★6,244	20,000	6,911
90	46,590	6,838	37,600	6,324	31,400	★6,192	19,000	6,888
贈与額累計		3,410		12,400		18,600		31,000
最少税負担額		6,838		6,324		★6,192		6,888
最大税軽減額		767		1,281		★1,413		717

（注）110万円贈与は精算課税贈与を示します。

〔表の読み方〕

　69歳までに相続が開始した場合は生前贈与加算の行われない精算課税贈与が有利，70歳以後に相続が開始した場合は600万円贈与が有利といえます。

○現有財産 6 億円

No.1-07

単位:万円

贈与額⇒	110		400		600		1200	
相続開始年齢(歳)↓	現有財産	税負担額	現有財産	税負担額	現有財産	税負担額	現有財産	税負担額
59	60,000	9,855	60,000	9,855	60,000	9,855	60,000	9,855
60	59,890	★9,830	59,600	9,855	59,400	9,855	58,800	9,855
61	59,780	★9,806	59,200	9,855	58,800	9,855	57,600	9,855
62	59,670	★9,781	58,800	9,855	58,200	9,855	56,400	9,855
63	59,560	★9,756	58,400	9,833	57,600	9,833	55,200	9,833
64	59,450	★9,731	58,000	9,833	57,000	9,833	54,000	9,833
65	59,340	★9,707	57,600	9,833	56,400	9,833	52,800	9,833
66	59,230	★9,682	57,200	9,833	55,800	9,833	51,600	9,833
67	59,120	★9,657	56,800	9,776	55,200	9,766	50,400	9,809
68	59,010	★9,632	56,400	9,720	54,600	9,699	49,200	9,785
69	58,900	★9,608	56,000	9,663	54,000	9,632	48,000	9,761
70	58,790	9,583	55,600	9,607	53,400	★9,565	46,800	9,737
71	58,680	9,558	55,200	9,550	52,800	★9,498	45,600	9,713
72	58,570	9,533	54,800	9,494	52,200	★9,431	44,400	9,689
73	58,460	9,509	54,400	9,437	51,600	★9,364	43,200	9,665
74	58,350	9,484	54,000	9,381	51,000	★9,297	42,000	9,641
75	58,240	9,459	53,600	9,324	50,400	★9,230	40,800	9,617
76	58,130	9,434	53,200	9,268	49,800	★9,163	39,600	9,593
77	58,020	9,410	52,800	9,211	49,200	★9,096	38,400	9,569
78	57,910	9,385	52,400	9,155	48,600	★9,029	37,200	9,545
79	57,800	9,360	52,000	9,098	48,000	★8,962	36,000	9,521
80	57,690	9,335	51,600	9,042	47,400	★8,895	34,800	9,524
81	57,580	9,311	51,200	8,985	46,800	★8,828	33,600	9,530
82	57,470	9,286	50,800	8,929	46,200	★8,761	32,400	9,536
83	57,360	9,261	50,400	8,872	45,600	★8,694	31,200	9,542
84	57,250	9,236	50,000	8,816	45,000	★8,627	30,000	9,548
85	57,140	9,212	49,600	8,759	44,400	★8,560	28,800	9,554
86	57,030	9,187	49,200	8,703	43,800	★8,493	27,600	9,560
87	56,920	9,162	48,800	8,646	43,200	★8,426	26,400	9,566
88	56,810	9,137	48,400	8,590	42,600	★8,359	25,200	9,572
89	56,700	9,113	48,000	8,533	42,000	★8,292	24,000	9,578
90	56,590	**9,088**	47,600	**8,477**	41,400	★8,225	22,800	9,584
贈与額累計		3,410		12,400		18,600		37,200
最少税負担額		9,088		8,477		★8,225		9,521
最大税軽減額		767		1,379		★1,631		335

(注) 110万円贈与は精算課税贈与を示します。

〔表の読み方〕

　69歳までに相続が開始した場合は生前贈与加算の行われない精算課税贈与が有利，70歳以後に相続が開始した場合は600万円贈与が有利といえます。

○現有財産8億円

No.1-08

単位：万円

贈与額⇒	110		600		800		1200	
相続開始年齢(歳)↓	現有財産	税負担額	現有財産	税負担額	現有財産	税負担額	現有財産	税負担額
59	80,000	14,750	80,000	14,750	80,000	14,750	80,000	14,750
60	79,890	★14,723	79,400	14,750	79,200	14,750	78,800	14,750
61	79,780	★14,695	78,800	14,750	78,400	14,750	77,600	14,750
62	79,670	★14,668	78,200	14,750	77,600	14,750	76,400	14,750
63	79,560	★14,640	77,600	14,725	76,800	14,725	75,200	14,725
64	79,450	★14,613	77,000	14,725	76,000	14,725	74,000	14,725
65	79,340	★14,585	76,400	14,725	75,200	14,725	72,800	14,725
66	79,230	★14,558	75,800	14,725	74,400	14,725	71,600	14,725
67	79,120	★14,530	75,200	14,643	73,600	14,642	70,400	14,671
68	79,010	★14,503	74,600	14,561	72,800	14,559	69,200	14,617
69	78,900	★14,475	74,000	14,479	72,000	14,476	68,000	14,563
70	78,790	14,448	73,400	14,397	71,200	★14,393	66,800	14,509
71	78,680	14,420	72,800	14,315	70,400	★14,310	65,600	14,455
72	78,570	14,393	72,200	14,233	69,600	★14,227	64,400	14,401
73	78,460	14,365	71,600	14,151	68,800	★14,144	63,200	14,347
74	78,350	14,338	71,000	14,069	68,000	★14,061	62,000	14,293
75	78,240	14,310	70,400	13,987	67,200	★13,978	60,800	14,239
76	78,130	14,283	69,800	13,905	66,400	★13,895	59,600	14,185
77	78,020	14,255	69,200	13,823	65,600	★13,812	58,400	14,131
78	77,910	14,228	68,600	13,741	64,800	★13,729	57,200	14,077
79	77,800	14,200	68,000	13,659	64,000	★13,646	56,000	14,023
80	77,690	14,173	67,400	13,577	63,200	★13,563	54,800	13,997
81	77,580	14,145	66,800	13,495	62,400	★13,480	53,600	13,973
82	77,470	14,118	66,200	13,413	61,600	★13,397	52,400	13,949
83	77,360	14,090	65,600	13,331	60,800	★13,314	51,200	13,925
84	77,250	14,063	65,000	13,249	60,000	★13,231	50,000	13,901
85	77,140	14,035	64,400	13,167	59,200	★13,148	48,800	13,877
86	77,030	14,008	63,800	13,085	58,400	★13,073	47,600	13,853
87	76,920	13,980	63,200	★13,003	57,600	13,010	46,400	13,829
88	76,810	13,953	62,600	★12,921	56,800	12,947	45,200	13,805
89	76,700	13,925	62,000	★12,839	56,000	12,884	44,000	13,781
90	76,590	13,898	61,400	★12,757	55,200	12,821	42,800	13,757
贈与額累計	3,410		18,600		24,800		37,200	
最少税負担額	13,898		★12,757		12,821		13,757	
最大税軽減額	853		★1,993		1,930		994	

（注）110万円贈与は精算課税贈与を示します。

〔表の読み方〕

　69歳までに相続が開始した場合は生前贈与加算の行われない精算課税贈与が有利、70歳から86歳の間に相続が開始した場合は800万円贈与が有利、87歳以後に相続が開始した場合は600万円贈与が有利といえます。

　贈与額の相違により、相続開始年齢における最少税負担額が異なります。

○現有財産10億円

No.1-09

単位:万円

贈与額⇒	110		600		800		1500	
相続開始 年齢(歳)↓	現有財産	税負担額	現有財産	税負担額	現有財産	税負担額	現有財産	税負担額
59	100,000	19,750	100,000	19,750	100,000	19,750	100,000	19,750
60	99,890	★19,723	99,400	19,750	99,200	19,750	98,500	19,750
61	99,780	★19,695	98,800	19,750	98,400	19,750	97,000	19,750
62	99,670	★19,668	98,200	19,750	97,600	19,750	95,500	19,750
63	99,560	★19,640	97,600	19,725	96,800	19,725	94,000	19,725
64	99,450	★19,613	97,000	19,725	96,000	19,725	92,500	19,725
65	99,340	★19,585	96,400	19,725	95,200	19,725	91,000	19,725
66	99,230	★19,558	95,800	19,725	94,400	19,725	89,500	19,725
67	99,120	★19,530	95,200	19,643	93,600	19,642	88,000	19,716
68	99,010	★19,503	94,600	19,561	92,800	19,559	86,500	19,707
69	98,900	★19,475	94,000	19,479	92,000	19,476	85,000	19,698
70	98,790	19,448	93,400	19,397	91,200	★19,393	83,500	19,689
71	98,680	19,420	92,800	19,315	90,400	★19,310	82,000	19,680
72	98,570	19,393	92,200	19,233	89,600	★19,227	80,500	19,671
73	98,460	19,365	91,600	19,151	88,800	★19,144	79,000	19,662
74	98,350	19,338	91,000	19,069	88,000	★19,061	77,500	19,653
75	98,240	19,310	90,400	18,987	87,200	★18,978	76,000	19,644
76	98,130	19,283	89,800	18,905	86,400	★18,895	74,500	19,635
77	98,020	19,255	89,200	18,823	85,600	★18,812	73,000	19,626
78	97,910	19,228	88,600	18,741	84,800	★18,729	71,500	19,617
79	97,800	19,200	88,000	18,659	84,000	★18,646	70,000	19,608
80	97,690	19,173	87,400	18,577	83,200	★18,563	68,500	19,599
81	97,580	19,145	86,800	18,495	82,400	★18,480	67,000	19,590
82	97,470	19,118	86,200	18,413	81,600	★18,397	65,500	19,581
83	97,360	19,090	85,600	18,331	80,800	★18,314	64,000	19,572
84	97,250	19,063	85,000	18,249	80,000	★18,231	62,500	19,563
85	97,140	19,035	84,400	18,167	79,200	★18,148	61,000	19,554
86	97,030	19,008	83,800	18,085	78,400	★18,065	59,500	19,545
87	96,920	18,980	83,200	18,003	77,600	★17,982	58,000	19,536
88	96,810	18,953	82,600	17,921	76,800	★17,899	56,500	19,527
89	96,700	18,925	82,000	17,839	76,000	★17,816	55,000	19,518
90	96,590	18,898	81,400	17,757	75,200	★17,733	53,500	19,517
贈与額累計		3,410		18,600		24,800		46,500
最少税負担額		18,898		17,757		★17,733		19,517
最大税軽減額		853		1,993		★2,017		234

(注)110万円贈与は精算課税贈与を示します。

〔表の読み方〕

　69歳までに相続が開始した場合は生前贈与加算の行われない精算課税贈与が有利，70歳以後に相続が開始した場合は800万円贈与が有利といえます。

66

○現有財産20億円

No.1-10　　　　　　　　　　　　　　　　　　　　　　　　　　　　　　　　　　　　単位：万円

贈与額⇒	110		800		1500		1600	
相続開始年齢(歳)↓	現有財産	税負担額	現有財産	税負担額	現有財産	税負担額	現有財産	税負担額
59	200,000	46,645	200,000	46,645	200,000	46,645	200,000	46,645
60	199,890	★46,615	199,200	46,645	198,500	46,645	198,400	46,645
61	199,780	★46,585	198,400	46,645	197,000	46,645	196,800	46,645
62	199,670	★46,554	197,600	46,645	195,500	46,645	195,200	46,645
63	199,560	★46,524	196,800	46,618	194,000	46,618	193,600	46,618
64	199,450	★46,494	196,000	46,618	192,500	46,618	192,000	46,618
65	199,340	★46,464	195,200	46,618	191,000	46,618	190,400	46,618
66	199,230	★46,433	194,400	46,618	189,500	46,618	188,800	46,618
67	199,120	★46,403	193,600	46,515	188,000	46,571	187,200	46,584
68	199,010	★46,373	192,800	46,412	186,500	46,525	185,600	46,550
69	198,900	46,343	192,000	★46,309	185,000	46,478	184,000	46,516
70	198,790	46,312	191,200	★46,206	183,500	46,432	182,400	46,482
71	198,680	46,282	190,400	★46,103	182,000	46,385	180,800	46,448
72	198,570	46,252	189,600	★46,000	180,500	46,339	179,200	46,414
73	198,460	46,222	188,800	★45,897	179,000	46,292	177,600	46,380
74	198,350	46,191	188,000	★45,794	177,500	46,246	176,000	46,346
75	198,240	46,161	187,200	★45,691	176,000	46,199	174,400	46,312
76	198,130	46,131	186,400	★45,588	174,500	46,153	172,800	46,278
77	198,020	46,101	185,600	★45,485	173,000	46,106	171,200	46,244
78	197,910	46,070	184,800	★45,382	171,500	46,060	169,600	46,210
79	197,800	46,040	184,000	★45,279	170,000	46,013	168,000	46,176
80	197,690	46,010	183,200	★45,176	168,500	45,967	166,400	46,142
81	197,580	45,980	182,400	★45,073	167,000	45,920	164,800	46,108
82	197,470	45,949	181,600	★44,970	165,500	45,874	163,200	46,074
83	197,360	45,919	180,800	★44,867	164,000	45,827	161,600	46,040
84	197,250	45,889	180,000	★44,764	162,500	45,781	160,000	46,006
85	197,140	45,859	179,200	★44,661	161,000	45,734	158,400	45,972
86	197,030	45,828	178,400	★44,558	159,500	45,688	156,800	45,938
87	196,920	45,798	177,600	★44,455	158,000	45,641	155,200	45,904
88	196,810	45,768	176,800	★44,352	156,500	45,595	153,600	45,870
89	196,700	45,738	176,000	★44,249	155,000	45,548	152,000	45,836
90	196,590	**45,707**	175,200	★44,146	153,500	**45,502**	150,400	**45,802**
贈与額累計		3,410		24,800		46,500		49,600
最少税負担額		45,707		★44,146		45,502		45,802
最大税軽減額		938		★2,500		1,144		844

（注）110万円贈与は精算課税贈与を示します。

〔表の読み方〕
　68歳までに相続が開始した場合は生前贈与加算の行われない精算課税贈与が有利，69歳以後に相続が開始した場合は800万円贈与が有利といえます。

家族構成：推定被相続人・配偶者・子2人

推定被相続人
推定相続人
推定相続人

○精算課税贈与
　子2人に対し各年220万円贈与します
○暦年課税贈与
　子2人に対し現有財産に応じて各年330万円から段階的に贈与します（特例税率適用）
※「配偶者の税額軽減（相続税額の2分の1）」を適用します
※子1人当たり贈与は上記金額の2分の1とします

基礎控除額：4,800万円

○現有財産別・贈与額別の税負担額の軽減額（60歳から90歳までの間贈与した場合）

単位：万円

表番号	頁	贈与方式⇒ 贈与額⇒	精算課税	暦年課税								
			0	220	330	400	600	800	1,000	1,200	1,500	1,600	1,800
No.2-01		10,000	315	★315.83	142.81	81.77	11.67						
No.2-02		15,000	748	★561.90	372.90	291.90	128.75						
No.2-03		20,000	1,350	★767.90		599.90	423.82	209.76					
No.2-04		30,000	2,860	1,113.90		1,041.90	★1,144.90	880.88					
No.2-05		40,000	4,610	1,194.90			★1,626.90	1,565.90	1,433.90				
No.2-06		50,000	6,555	1,389.90			1,821.90	1,965.90	★2,085.90	1,804.90			
No.2-07		60,000	8,680	1,449.90					★2,460.90	2,364.90	1,947.90		
No.2-08		80,000	13,120	1,535.90			2,351.90			★3,067.90	2,932.90		
No.2-09		100,000	17,810	1,620.90					3,285.90		★3,405.90	3,195.90	
No.2-10		200,000	43,440	1,790.90							★4,580.90	4,490.90	4,310.90

※上表の「現有財産」は表番号欄の左側に「現有財産」と縦書きで記載されています。

〔表の見方〕

・家族構成が推定被相続人・配偶者・子1人の場合と比べ，基礎控除額が600万円多いことから，その分相続税額は軽減されます。

　また，子1人に対する贈与と同額を子2人に対して2分の1ずつ贈与した場合，贈与税の基礎控除額110万円を子それぞれが適用できること，また，贈与額によっては税率が抑えられることから，贈与税額は軽減されます。

〔表の読み方〕

・この表からは，現有財産が2億円までであれば，精算課税贈与が有利であることが分かります。

○現有財産1億円

No.2-01

単位:万円

贈与額⇒	220		330		400		600	
相続開始年齢(歳)↓	現有財産	税負担額	現有財産	税負担額	現有財産	税負担額	現有財産	税負担額
59	10,000	315	10,000	315	10,000	315	10,000	315
60	9,780	★299	9,670	315	9,600	315	9,400	315
61	9,560	★282	9,340	315	9,200	315	8,800	315
62	9,340	★266	9,010	315	8,800	315	8,200	315
63	9,120	★249	8,680	308	8,400	308	7,600	308
64	8,900	★233	8,350	308	8,000	308	7,000	308
65	8,680	★218	8,020	308	7,600	308	6,400	308
66	8,460	★204	7,690	308	7,200	308	5,800	308
67	8,240	★190	7,360	294	6,800	296	5,200	304
68	8,020	★176	7,030	280	6,400	284	4,750	327
69	7,800	★163	6,700	266	6,000	273	0	327
70	7,580	★149	6,370	255	5,600	266	0	327
71	7,360	★135	6,040	246	5,200	259	0	327
72	7,140	★121	5,710	236	4,800	252	0	327
73	6,920	★108	5,380	226	4,750	245	0	327
74	6,700	★95	5,050	217	0	239	0	327
75	6,480	★84	4,750	207	0	237	0	327
76	6,260	★73	0	200	0	235	0	327
77	6,040	★62	0	194	0	234	0	327
78	5,820	★51	0	189	0	234	0	327
79	5,600	★40	0	183	0	234	0	327
80	5,380	★29	0	178	0	234	0	327
81	5,160	★18	0	173	0	234	0	327
82	4,940	★7	0	173	0	234	0	327
83	4,750	★0	0	173	0	234	0	327
84		★0	0	173	0	234	0	327
85		★0	0	173	0	234	0	327
86		★0	0	173	0	234	0	327
87		★0	0	173	0	234	0	327
88		★0	0	173	0	234	0	327
89		★0	0	173	0	234	0	327
90		★0	0	173	0	234	0	327
贈与額累計	5,250		5,250		5,250		5,250	
最少税負担額	★0		173		234		304	
最大税軽減額	★315		142		81		11	

配偶者・子2人

（注）220万円贈与は精算課税贈与を示します。

〔表の読み方〕

　どの相続開始年齢においても220万円贈与が最も有利といえます。220万円贈与は83歳で現有財産が基礎控除額を下回ったところで税負担額がゼロ円になり，相続税は課税されません。

　330万円贈与では81歳以後，400万円贈与では77歳以後，600万円贈与では68歳以後において税負担額が一定となりますが，これは，相続税額から控除しきれなかった生前贈与に係る贈与税額の累計額を示します。以下のページも同様です。

○現有財産1.5億円

単位：万円

贈与額⇒	220		330		400		600	
相続開始年齢(歳)↓	現有財産	税負担額	現有財産	税負担額	現有財産	税負担額	現有財産	税負担額
59	15,000	748	15,000	748	15,000	748	15,000	748
60	14,780	★723	14,670	748	14,600	748	14,400	748
61	14,560	★704	14,340	748	14,200	748	13,800	748
62	14,340	★685	14,010	748	13,800	748	13,200	748
63	14,120	★666	13,680	736	13,400	736	12,600	736
64	13,900	★646	13,350	736	13,000	736	12,000	736
65	13,680	★627	13,020	736	12,600	736	11,400	736
66	13,460	★608	12,690	736	12,200	736	10,800	736
67	13,240	★589	12,360	716	11,800	717	10,200	719
68	13,020	★569	12,030	698	11,400	700	9,600	705
69	12,800	★550	11,700	680	11,000	683	9,000	690
70	12,580	★531	11,370	662	10,600	666	8,400	676
71	12,360	★512	11,040	644	10,200	649	7,800	661
72	12,140	★492	10,710	627	9,800	632	7,200	647
73	11,920	★473	10,380	609	9,400	615	6,600	634
74	11,700	★454	10,050	591	9,000	598	6,000	627
75	11,480	★435	9,720	573	8,600	581	5,400	**620**
76	11,260	★415	9,390	555	8,200	564	4,800	646
77	11,040	★396	9,060	537	7,800	551	4,750	646
78	10,820	★377	8,730	519	7,400	539	0	646
79	10,600	★360	8,400	504	7,000	527	0	646
80	10,380	★324	8,070	472	6,600	508	0	646
81	10,160	★310	7,740	462	6,200	501	0	646
82	9,940	★296	7,410	452	5,800	494	0	646
83	9,720	★283	7,080	443	5,400	487	0	646
84	9,500	★269	6,750	433	5,000	480	0	646
85	9,280	★255	6,420	423	4,750	473	0	646
86	9,060	★241	6,090	414	0	466	0	646
87	8,840	★228	5,760	404	0	463	0	646
88	8,620	★214	5,430	395	0	461	0	646
89	8,400	★200	5,100	385	0	459	0	646
90	8,180	★186	4,750	**375**	0	**457**	0	646
贈与額累計		6,820		10,250		10,250		10,250
最少税負担額		★186		375		457		620
最大税軽減額		★561		372		291		128

（注）220万円贈与は精算課税贈与を示します。

〔表の読み方〕

　どの相続開始年齢においても220万円贈与が最も有利であり，長く贈与を続けるほど税負担額は減少するといえます。

○現有財産2億円

No.2-03　　　　　　　　　　　　　　　　　　　　　　　　　　　　単位：万円

贈与額⇒	220		400		600		800	
相続開始年齢(歳)↓	現有財産	税負担額	現有財産	税負担額	現有財産	税負担額	現有財産	税負担額
59	20,000	1,350	20,000	1,350	20,000	1,350	20,000	1,350
60	19,780	★1,323	19,600	1,350	19,400	1,350	19,200	1,350
61	19,560	★1,295	19,200	1,350	18,800	1,350	18,400	1,350
62	19,340	★1,268	18,800	1,350	18,200	1,350	17,600	1,350
63	19,120	★1,240	18,400	1,338	17,600	1,338	16,800	1,338
64	18,900	★1,213	18,000	1,338	17,000	1,338	16,000	1,338
65	18,680	★1,185	17,600	1,338	16,400	1,338	15,200	1,338
66	18,460	★1,158	17,200	1,338	15,800	1,338	14,400	1,338
67	18,240	★1,130	16,800	1,306	15,200	1,301	13,600	1,305
68	18,020	★1,103	16,400	1,274	14,600	1,264	12,800	1,272
69	17,800	★1,075	16,000	1,242	14,000	1,227	12,000	1,239
70	17,580	★1,048	15,600	1,210	13,400	1,190	11,200	1,207
71	17,360	★1,020	15,200	1,178	12,800	1,153	10,400	1,184
72	17,140	★993	14,800	1,146	12,200	1,122	9,600	1,161
73	16,920	★965	14,400	1,114	11,600	1,092	8,800	1,150
74	16,700	★939	14,000	1,083	11,000	1,063	8,000	1,147
75	16,480	★914	13,600	1,056	10,400	1,041	7,200	1,144
76	16,260	★889	13,200	1,029	9,800	1,026	6,400	1,141
77	16,040	★865	12,800	1,002	9,200	1,012	5,600	1,206
78	15,820	★840	12,400	975	8,600	997	4,800	1,273
79	15,600	★815	12,000	950	8,000	983	4,750	1,273
80	15,380	★790	11,600	933	7,400	968	0	1,273
81	15,160	★766	11,200	916	6,800	954	0	1,273
82	14,940	★741	10,800	899	6,200	927	0	1,273
83	14,720	★718	10,400	882	5,600	927	0	1,273
84	14,500	★699	10,000	865	5,000	950	0	1,273
85	14,280	★680	9,600	848	4,750	953	0	1,273
86	14,060	★660	9,200	831	0	953	0	1,273
87	13,840	★641	8,800	814	0	953	0	1,273
88	13,620	★622	8,400	797	0	953	0	1,273
89	13,400	★603	8,000	758	0	953	0	1,273
90	13,180	★583	7,600	751	0	953	0	1,273
贈与額累計		6,820		12,400		15,250		15,250
最少税負担額		★583		751		927		1,141
最大税軽減額		★767		599		423		209

（注）220万円贈与は精算課税贈与を示します。

〔表の読み方〕

　どの相続開始年齢においても220万円贈与が最も有利であり、長く贈与を続けるほど税負担額は減少するといえます。

配偶者・子2人

71

○現有財産3億円

No.2-04　　　　　　　　　　　　　　　　　　　　　　　　　単位:万円

贈与額⇒	220		400		600		800	
相続開始年齢(歳)↓	現有財産	税負担額	現有財産	税負担額	現有財産	税負担額	現有財産	税負担額
59	30,000	2,860	30,000	2,860	30,000	2,860	30,000	2,860
60	29,780	★2,822	29,600	2,860	29,400	2,860	29,200	2,860
61	29,560	★2,783	29,200	2,860	28,800	2,860	28,400	2,860
62	29,340	★2,745	28,800	2,860	28,200	2,860	27,600	2,860
63	29,120	★2,706	28,400	2,843	27,600	2,843	26,800	2,843
64	28,900	★2,668	28,000	2,843	27,000	2,843	26,000	2,843
65	28,680	★2,629	27,600	2,843	26,400	2,843	25,200	2,843
66	28,460	★2,591	27,200	2,843	25,800	2,843	24,400	2,843
67	28,240	★2,552	26,800	2,791	25,200	2,776	23,600	2,770
68	28,020	★2,514	26,400	2,739	24,600	2,709	22,800	2,697
69	27,800	★2,475	26,000	2,687	24,000	2,642	22,000	2,624
70	27,580	★2,437	25,600	2,635	23,400	2,575	21,200	2,551
71	27,360	★2,398	25,200	2,583	22,800	2,508	20,400	2,478
72	27,140	★2,360	24,800	2,531	22,200	2,441	19,600	2,405
73	26,920	★2,321	24,400	2,479	21,600	2,374	18,800	2,357
74	26,700	★2,283	24,000	2,427	21,000	2,307	18,000	2,324
75	26,480	★2,244	23,600	2,375	20,400	2,255	17,200	2,291
76	26,260	★2,206	23,200	2,323	19,800	2,218	16,400	2,258
77	26,040	★2,167	22,800	2,271	19,200	2,181	15,600	2,225
78	25,820	★2,129	22,400	2,219	18,600	2,144	14,800	2,192
79	25,600	★2,090	22,000	2,172	18,000	2,107	14,000	2,159
80	25,380	★2,052	21,600	2,140	17,400	2,070	13,200	2,126
81	25,160	★2,013	21,200	2,108	16,800	2,033	12,400	2,093
82	24,940	★1,975	20,800	2,076	16,200	1,996	11,600	2,060
83	24,720	★1,940	20,400	2,044	15,600	1,959	10,800	2,033
84	24,500	★1,913	20,000	2,012	15,000	1,922	10,000	2,010
85	24,280	1,885	19,600	1,980	14,400	★1,885	9,200	1,989
86	24,060	1,858	19,200	1,948	13,800	★1,848	8,400	1,986
87	23,840	1,830	18,800	1,916	13,200	★1,811	7,600	1,983
88	23,620	1,803	18,400	1,884	12,600	★1,775	6,800	**1,980**
89	23,400	1,775	18,000	1,852	12,000	★1,745	6,000	2,010
90	23,180	**1,748**	17,600	**1,820**	11,400	★1,716	5,200	2,077
贈与額累計		6,820		12,400		18,600		24,800
最少税負担額		1,748		1,820		★1,716		1,980
最大税軽減額		1,113		1,041		★1,144		880

（注）220万円贈与は精算課税贈与を示します。

〔表の読み方〕

　84歳までに相続が開始した場合は220万円贈与が有利，85歳以後に相続が開始した場合は600万円贈与が有利といえます。

○現有財産4億円

No.2-05　　　　　　　　　　　　　　　　　　　　　　　　　　　　　単位:万円

贈与額⇒	220		600		800		1000	
相続開始 年齢(歳)↓	現有財産	税負担額	現有財産	税負担額	現有財産	税負担額	現有財産	税負担額
59	40,000	4,610	40,000	4,610	40,000	4,610	40,000	4,610
60	39,780	★4,572	39,400	4,610	39,200	4,610	39,000	4,610
61	39,560	★4,533	38,800	4,610	38,400	4,610	38,000	4,610
62	39,340	★4,495	38,200	4,610	37,600	4,610	37,000	4,610
63	39,120	★4,456	37,600	4,593	36,800	4,593	36,000	4,593
64	38,900	★4,418	37,000	4,593	36,000	4,593	35,000	4,593
65	38,680	★4,379	36,400	4,593	35,200	4,593	34,000	4,593
66	38,460	★4,341	35,800	4,593	34,400	4,593	33,000	4,593
67	38,240	★4,302	35,200	4,526	33,600	4,520	32,000	4,515
68	38,020	★4,264	34,600	4,459	32,800	4,447	31,000	4,437
69	37,800	★4,225	34,000	4,392	32,000	4,374	30,000	4,359
70	37,580	★4,187	33,400	4,325	31,200	4,301	29,000	4,281
71	37,360	★4,148	32,800	4,258	30,400	4,228	28,000	4,203
72	37,140	★4,110	32,200	4,191	29,600	4,155	27,000	4,125
73	36,920	4,071	31,600	4,124	28,800	4,082	26,000	★4,047
74	36,700	4,033	31,000	4,057	28,000	4,009	25,000	★3,969
75	36,480	3,994	30,400	3,990	27,200	3,936	24,000	★3,891
76	36,260	3,956	29,800	3,923	26,400	3,863	23,000	★3,813
77	36,040	3,917	29,200	3,856	25,600	3,790	22,000	★3,735
78	35,820	3,879	28,600	3,789	24,800	3,717	21,000	★3,657
79	35,600	3,840	28,000	3,722	24,000	3,644	20,000	★3,579
80	35,380	3,802	27,400	3,655	23,200	3,571	19,000	★3,501
81	35,160	3,763	26,800	3,588	22,400	3,498	18,000	★3,423
82	34,940	3,725	26,200	3,521	21,600	3,425	17,000	★3,390
83	34,720	3,686	25,600	3,454	20,800	★3,352	16,000	3,362
84	34,500	3,648	25,000	3,387	20,000	★3,279	15,000	3,334
85	34,280	3,609	24,400	3,320	19,200	★3,211	14,000	3,306
86	34,060	3,571	23,800	3,253	18,400	★3,178	13,000	3,278
87	33,840	3,532	23,200	3,186	17,600	★3,145	12,000	3,250
88	33,620	3,494	22,600	3,119	16,800	★3,112	11,000	3,222
89	33,400	3,455	22,000	★3,052	16,000	3,079	10,000	3,194
90	33,180	3,417	21,400	★2,985	15,200	3,046	9,000	3,177
贈与額累計		6,820		18,600		24,800		31,000
最少税負担額		3,417		★2,985		3,046		3,177
最大税軽減額		1,194		★1,626		1,565		1,433

（注）220万円贈与は精算課税贈与を示します。

〔表の読み方〕

　72歳までに相続が開始した場合は220万円贈与が有利，73歳から82歳までの間に相続が開始した場合は1,000万円贈与が有利，83歳から88歳までの間に相続が開始した場合は800万円贈与が有利，89歳以後に相続が開始した場合は600万円贈与が有利といえます。

配偶者・子2人

○現有財産5億円

No.2-06

単位：万円

贈与額⇒	220		600		800		1000	
相続開始 年齢(歳)↓	現有財産	税負担額	現有財産	税負担額	現有財産	税負担額	現有財産	税負担額
59	50,000	6,555	50,000	6,555	50,000	6,555	50,000	6,555
60	49,780	★6,508	49,400	6,555	49,200	6,555	49,000	6,555
61	49,560	★6,462	48,800	6,555	48,400	6,555	48,000	6,555
62	49,340	★6,415	48,200	6,555	47,600	6,555	47,000	6,555
63	49,120	★6,368	47,600	6,534	46,800	6,534	46,000	6,534
64	48,900	★6,321	47,000	6,534	46,000	6,534	45,000	6,534
65	48,680	★6,275	46,400	6,534	45,200	6,534	44,000	6,534
66	48,460	★6,228	45,800	6,534	44,400	6,534	43,000	6,534
67	48,240	★6,181	45,200	6,444	43,600	6,431	42,000	6,418
68	48,020	★6,134	44,600	6,355	42,800	6,328	41,000	6,303
69	47,800	★6,088	44,000	6,265	42,000	6,225	40,000	6,187
70	47,580	★6,041	43,400	6,176	41,200	6,122	39,000	6,072
71	47,360	5,994	42,800	6,086	40,400	6,019	38,000	★5,956
72	47,140	5,947	42,200	5,997	39,600	5,916	37,000	★5,875
73	46,920	5,901	41,600	5,907	38,800	5,832	36,000	★5,797
74	46,700	5,854	41,000	5,818	38,000	5,759	35,000	★5,719
75	46,480	5,807	40,400	5,740	37,200	5,686	34,000	★5,641
76	46,260	5,760	39,800	5,673	36,400	5,613	33,000	★5,563
77	46,040	5,714	39,200	5,606	35,600	5,540	32,000	★5,485
78	45,820	5,667	38,600	5,539	34,800	5,467	31,000	★5,407
79	45,600	5,620	38,000	5,472	34,000	5,394	30,000	★5,329
80	45,380	5,573	37,400	5,405	33,200	5,321	29,000	★5,251
81	45,160	5,527	36,800	5,338	32,400	5,248	28,000	★5,173
82	44,940	5,480	36,200	5,271	31,600	5,175	27,000	★5,095
83	44,720	5,436	35,600	5,204	30,800	5,102	26,000	★5,017
84	44,500	5,398	35,000	5,137	30,000	5,029	25,000	★4,939
85	44,280	5,359	34,400	5,070	29,200	4,956	24,000	★4,861
86	44,060	5,321	33,800	5,003	28,400	4,883	23,000	★4,783
87	43,840	5,282	33,200	4,936	27,600	4,810	22,000	★4,705
88	43,620	5,244	32,600	4,869	26,800	4,737	21,000	★4,627
89	43,400	5,205	32,000	4,802	26,000	4,664	20,000	★4,549
90	43,180	**5,167**	31,400	**4,735**	25,200	**4,591**	19,000	★**4,471**
贈与額累計		6,820		18,600		24,800		31,000
最少税負担額		5,167		4,735		4,591		★4,471
最大税軽減額		1,389		1,821		1,965		★2,085

（注）220万円贈与は精算課税贈与を示します。

〔表の読み方〕

　70歳までに相続が開始した場合は220万円贈与が有利，71歳以後に相続が開始した場合は1,000万円贈与が有利といえます。

○現有財産6億円

No.2-07　　　　　　　　　　　　　　　　　　　　　　　　　　　　単位：万円

贈与額⇒	220		1000		1200		1500	
相続開始年齢(歳)↓	現有財産	税負担額	現有財産	税負担額	現有財産	税負担額	現有財産	税負担額
59	60,000	8,680	60,000	8,680	60,000	8,680	60,000	8,680
60	59,780	★8,633	59,000	8,680	58,800	8,680	58,500	8,680
61	59,560	★8,587	58,000	8,680	57,600	8,680	57,000	8,680
62	59,340	★8,540	57,000	8,680	56,400	8,680	55,500	8,680
63	59,120	★8,493	56,000	8,659	55,200	8,659	54,000	8,659
64	58,900	★8,446	55,000	8,659	54,000	8,659	52,500	8,659
65	58,680	★8,400	54,000	8,659	52,800	8,659	51,000	8,659
66	58,460	★8,353	53,000	8,659	51,600	8,659	49,500	8,659
67	58,240	★8,306	52,000	8,543	50,400	8,540	48,000	8,544
68	58,020	★8,259	51,000	8,428	49,200	8,421	46,500	8,429
69	57,800	★8,213	50,000	8,312	48,000	8,302	45,000	8,315
70	57,580	★8,166	49,000	8,197	46,800	8,183	43,500	8,200
71	57,360	8,119	48,000	8,081	45,600	★8,064	42,000	8,085
72	57,140	8,072	47,000	7,966	44,400	★7,945	40,500	7,970
73	56,920	8,026	46,000	7,850	43,200	★7,826	39,000	7,856
74	56,700	7,979	45,000	7,735	42,000	★7,707	37,500	7,741
75	56,480	7,932	44,000	7,619	40,800	★7,588	36,000	7,626
76	56,260	7,885	43,000	7,504	39,600	★7,469	34,500	7,511
77	56,040	7,839	42,000	7,388	38,400	★7,350	33,000	7,449
78	55,820	7,792	41,000	7,273	37,200	★7,231	31,500	7,391
79	55,600	7,745	40,000	7,157	36,000	★7,131	30,000	7,332
80	55,380	7,698	39,000	★7,042	34,800	7,057	28,500	7,274
81	55,160	7,652	38,000	★6,926	33,600	6,983	27,000	7,215
82	54,940	7,605	37,000	★6,845	32,400	6,909	25,500	7,157
83	54,720	7,558	36,000	★6,767	31,200	6,835	24,000	7,098
84	54,500	7,511	35,000	★6,689	30,000	6,761	22,500	7,040
85	54,280	7,465	34,000	★6,611	28,800	6,687	21,000	6,981
86	54,060	7,418	33,000	★6,533	27,600	6,613	19,500	6,923
87	53,840	7,371	32,000	★6,455	26,400	6,539	18,000	6,864
88	53,620	7,324	31,000	★6,377	25,200	6,465	16,500	6,806
89	53,400	7,278	30,000	★6,299	24,000	6,391	15,000	6,747
90	53,180	7,231	29,000	★6,221	22,800	6,317	13,500	6,734
贈与額累計		6,820		31,000		37,200		46,500
最少税負担額		7,231		★6,221		6,317		6,734
最大税軽減額		1,449		★2,460		2,364		1,947

（注）220万円贈与は精算課税贈与を示します。

〔表の読み方〕

　70歳までに相続が開始した場合は220万円贈与が有利，71歳から79歳までの間に相続が開始した場合は1,200万円贈与が有利，80歳以後に相続が開始した場合は1,000万円贈与が有利といえます。

配偶者・子2人

○現有財産 8 億円

No.2-08
単位:万円

贈与額⇒	220		600		1200		1500	
相続開始 年齢(歳)↓	現有財産	税負担額	現有財産	税負担額	現有財産	税負担額	現有財産	税負担額
59	80,000	13,120	80,000	13,120	80,000	13,120	80,000	13,120
60	79,780	★13,071	79,400	13,120	78,800	13,120	78,500	13,120
61	79,560	★13,021	78,800	13,120	77,600	13,120	77,000	13,120
62	79,340	★12,972	78,200	13,120	76,400	13,120	75,500	13,120
63	79,120	★12,922	77,600	13,098	75,200	13,098	74,000	13,098
64	78,900	★12,873	77,000	13,098	74,000	13,098	72,500	13,098
65	78,680	★12,823	76,400	13,098	72,800	13,098	71,000	13,098
66	78,460	★12,774	75,800	13,098	71,600	13,098	69,500	13,098
67	78,240	★12,724	75,200	13,001	70,400	12,964	68,000	12,964
68	78,020	★12,675	74,600	12,904	69,200	12,830	66,500	12,831
69	77,800	★12,625	74,000	12,807	68,000	12,696	65,000	12,697
70	77,580	12,576	73,400	12,710	66,800	★12,562	63,500	12,564
71	77,360	12,526	72,800	12,613	65,600	★12,428	62,000	12,430
72	77,140	12,477	72,200	12,516	64,400	★12,294	60,500	12,297
73	76,920	12,427	71,600	12,419	63,200	★12,160	59,000	12,163
74	76,700	12,378	71,000	12,322	62,000	★12,026	57,500	12,030
75	76,480	12,328	70,400	12,225	60,800	★11,892	56,000	11,896
76	76,260	12,279	69,800	12,128	59,600	★11,758	54,500	11,763
77	76,040	12,229	69,200	12,031	58,400	★11,624	53,000	11,647
78	75,820	12,180	68,600	11,934	57,200	★11,490	51,500	11,532
79	75,600	12,130	68,000	11,837	56,000	★11,362	50,000	11,417
80	75,380	12,081	67,400	11,740	54,800	★11,243	48,500	11,302
81	75,160	12,031	66,800	11,643	53,600	★11,124	47,000	11,188
82	74,940	11,982	66,200	11,546	52,400	★11,005	45,500	11,073
83	74,720	11,932	65,600	11,449	51,200	★10,886	44,000	10,958
84	74,500	11,883	65,000	11,352	50,000	★10,767	42,500	10,843
85	74,280	11,833	64,400	11,255	48,800	★10,648	41,000	10,729
86	74,060	11,784	63,800	11,158	47,600	★10,529	39,500	10,614
87	73,840	11,734	63,200	11,061	46,400	★10,410	38,000	10,499
88	73,620	11,685	62,600	10,964	45,200	★10,291	36,500	10,384
89	73,400	11,635	62,000	10,867	44,000	★10,172	35,000	10,270
90	73,180	**11,586**	61,400	**10,770**	42,800	★**10,053**	33,500	**10,189**
贈与額累計		6,820		18,600		37,200		46,500
最少税負担額		11,586		10,770		★10,053		10,189
最大税軽減額		1,535		2,351		★3,067		2,932

（注）220万円贈与は精算課税贈与を示します。

〔表の読み方〕

　69歳までに相続が開始した場合は220万円贈与が有利，70歳以後に相続が開始した場合は1,200万円贈与が有利といえます。

○現有財産10億円

No.2-09　　　　　　　　　　　　　　　　　　　　　　　　　　　　　　　単位：万円

贈与額⇒	220		1000		1500		1600	
相続開始 年齢（歳）↓	現有財産	税負担額	現有財産	税負担額	現有財産	税負担額	現有財産	税負担額
59	100,000	17,810	100,000	17,810	100,000	17,810	100,000	17,810
60	99,780	★17,758	99,000	17,810	98,500	17,810	98,400	17,810
61	99,560	★17,706	98,000	17,810	97,000	17,810	96,800	17,810
62	99,340	★17,653	97,000	17,810	95,500	17,810	95,200	17,810
63	99,120	★17,601	96,000	17,786	94,000	17,786	93,600	17,786
64	98,900	★17,549	95,000	17,786	92,500	17,786	92,000	17,786
65	98,680	★17,497	94,000	17,786	91,000	17,786	90,400	17,786
66	98,460	★17,444	93,000	17,786	89,500	17,786	88,800	17,786
67	98,240	★17,392	92,000	17,646	88,000	17,634	87,200	17,640
68	98,020	★17,340	91,000	17,505	86,500	17,482	85,600	17,494
69	97,800	★17,288	90,000	17,365	85,000	17,330	84,000	17,348
70	97,580	17,235	89,000	17,224	83,500	★17,177	82,400	17,202
71	97,360	17,183	88,000	17,084	82,000	★17,025	80,800	17,056
72	97,140	17,131	87,000	16,943	80,500	★16,873	79,200	16,910
73	96,920	17,079	86,000	16,803	79,000	★16,721	77,600	16,764
74	96,700	17,026	85,000	16,662	77,500	★16,568	76,000	16,618
75	96,480	16,974	84,000	16,522	76,000	★16,416	74,400	16,472
76	96,260	16,922	83,000	16,381	74,500	★16,264	72,800	16,338
77	96,040	16,870	82,000	16,241	73,000	★16,129	71,200	16,212
78	95,820	16,817	81,000	16,100	71,500	★15,996	69,600	16,086
79	95,600	16,765	80,000	15,960	70,000	★15,862	68,000	15,960
80	95,380	16,713	79,000	15,819	68,500	★15,729	66,400	15,834
81	95,160	16,661	78,000	15,679	67,000	★15,595	64,800	15,708
82	94,940	16,608	77,000	15,550	65,500	★15,462	63,200	15,582
83	94,720	16,556	76,000	15,422	64,000	★15,328	61,600	15,456
84	94,500	16,504	75,000	15,294	62,500	★15,195	60,000	15,330
85	94,280	16,452	74,000	15,166	61,000	★15,061	58,400	15,204
86	94,060	16,399	73,000	15,038	59,500	★14,928	56,800	15,078
87	93,840	16,347	72,000	14,910	58,000	★14,794	55,200	14,952
88	93,620	16,295	71,000	14,782	56,500	★14,661	53,600	14,827
89	93,400	16,243	70,000	14,654	55,000	★14,527	52,000	14,721
90	93,180	16,190	69,000	14,526	53,500	★14,405	50,400	14,615
贈与額累計		6,820		31,000		46,500		49,600
最少税負担額		16,190		14,526		★14,405		14,615
最大税軽減額		1,620		3,285		★3,405		3,195

（注）220万円贈与は精算課税贈与を示します。

〔表の読み方〕
　69歳までに相続が開始した場合は220万円贈与が有利，70歳以後に相続が開始した場合は1,500万円贈与が有利といえます。

○現有財産20億円

No.2-10

単位:万円

贈与額⇒	220		1500		1600		1800	
相続開始 年齢(歳)↓	現有財産	税負担額	現有財産	税負担額	現有財産	税負担額	現有財産	税負担額
59	200,000	43,440	200,000	43,440	200,000	43,440	200,000	43,440
60	199,780	★43,382	198,500	43,440	198,400	43,440	198,200	43,440
61	199,560	★43,325	197,000	43,440	196,800	43,440	196,400	43,440
62	199,340	★43,267	195,500	43,440	195,200	43,440	194,600	43,440
63	199,120	★43,209	194,000	43,414	193,600	43,414	192,800	43,414
64	198,900	★43,151	192,500	43,414	192,000	43,414	191,000	43,414
65	198,680	★43,094	191,000	43,414	190,400	43,414	189,200	43,414
66	198,460	★43,036	189,500	43,414	188,800	43,414	187,400	43,414
67	198,240	★42,978	188,000	43,224	187,200	43,228	185,600	43,235
68	198,020	★42,920	186,500	43,034	185,600	43,042	183,800	43,057
69	197,800	42,863	185,000	★42,845	184,000	42,856	182,000	42,878
70	197,580	42,805	183,500	★42,655	182,400	42,670	180,200	42,700
71	197,360	42,747	182,000	★42,465	180,800	42,484	178,400	42,521
72	197,140	42,689	180,500	★42,275	179,200	42,298	176,600	42,343
73	196,920	42,632	179,000	★42,086	177,600	42,112	174,800	42,164
74	196,700	42,574	177,500	★41,896	176,000	41,926	173,000	41,986
75	196,480	42,516	176,000	★41,706	174,400	41,740	171,200	41,807
76	196,260	42,458	174,500	★41,516	172,800	41,554	169,400	41,629
77	196,040	42,401	173,000	★41,327	171,200	41,368	167,600	41,450
78	195,820	42,343	171,500	★41,137	169,600	41,182	165,800	41,272
79	195,600	42,285	170,000	★40,947	168,000	40,996	164,000	41,093
80	195,380	42,227	168,500	★40,757	166,400	40,810	162,200	40,915
81	195,160	42,170	167,000	★40,568	164,800	40,624	160,400	40,736
82	194,940	42,112	165,500	★40,378	163,200	40,438	158,600	40,558
83	194,720	42,054	164,000	★40,188	161,600	40,252	156,800	40,379
84	194,500	41,996	162,500	★39,998	160,000	40,066	155,000	40,201
85	194,280	41,939	161,000	★39,809	158,400	39,880	153,200	40,022
86	194,060	41,881	159,500	★39,619	156,800	39,694	151,400	39,844
87	193,840	41,823	158,000	★39,429	155,200	39,508	149,600	39,665
88	193,620	41,765	156,500	★39,239	153,600	39,322	147,800	39,487
89	193,400	41,708	155,000	★39,050	152,000	39,136	146,000	39,308
90	193,180	41,650	153,500	★38,860	150,400	38,950	144,200	39,130
贈与額累計		6,820		46,500		49,600		55,800
最少税負担額		41,650		★38,860		38,950		39,130
最大税軽減額		1,790		★4,580		4,490		4,310

（注）220万円贈与は精算課税贈与を示します。

〔表の読み方〕

　68歳までに相続が開始した場合は220万円贈与が有利，69歳以後に相続が開始した場合は1500万円贈与が有利といえます。

家族構成：推定被相続人・子1人

推定被相続人

推定相続人

○精算課税贈与
　子1人に対し各年110万円贈与します
○暦年課税贈与
　子1人に対し現有財産に応じて各年330万円から
段階的に贈与します（特例税率適用）

基礎控除額：**3,600万円**

子1人

○現有財産別・贈与額別の税負担額の軽減額（60歳から90歳までの間贈与した場合）

単位：万円

表番号	頁		贈与方式⇒	精算課税	暦年課税									
			贈与額⇒	0	110	330	400	600	1,000	1,500	2,000	3,000	5,000	8,000
No.3-01		現有財産	10,000	1,220	★822.90	776.85	684.81	499.74	117.67					
No.3-02			15,000	2,860	1,163.90		★1,851.90	1,568.83	872.72	136.67				
No.3-03			20,000	4,860	1,364.90			★2,993.90	1,987.77	854.70	176.67			
No.3-04			30,000	9,180	1,535.90				★4,537.87	2,796.77	1,569.72	360.67		
No.3-05			40,000	14,000	1,705.90					★5,175.84	3,461.77	1,623.70		
No.3-06			50,000	19,000	1,705.90						★5,534.82	3,381.74	555.68	
No.3-07			60,000	24,000	1,705.90						★7,606.87	4,825.77	1,456.70	
No.3-08			80,000	34,820	1,876.90							★8,846.84	4,078.74	1,456.68
No.3-09			100,000	45,820	1,876.90								★6,880.78	2,857.70
No.3-10			200,000	100,820	1,876.90									★11,964.83

〔表の見方〕
・相続人が子のみの場合は，配偶者の税額軽減（相続税額の2分の1）が使えないことから，相続人
　に配偶者がいる場合と比べ税負担額は重くなります。つまり，配偶者の税額軽減では相続税額が2
　分の1されることから，相続税の限界税率も2分の1に抑えられ，税負担額も抑えられるというわ
　けです。相続人が子のみの場合は，2分の1されないため，生前贈与を行った場合の税負担額の軽
　減額は逆に大きくなります。

〔表の読み方〕
・この表からは，現有財産が1億円の場合は精算課税，1億5千万円以上の場合は暦年課税が有利で
　あることが分かります。
※「相続税の限界税率」とは，相続税の速算表で用いられる税率（10〜55％）のことをいいます。

○現有財産1億円

　　　　　　　　　　　　　　　　　　　　　　　　　　　　　　　　単位:万円

贈与額⇒	110		330		400		600		800		1000	
相続開始年齢(歳)↓	現有財産	税負担額	現有財産	税負担額	現有財産	税負担額	現有財産	税負担額	現有財産	税負担額	現有財産	税負担額
59	10,000	1,220	10,000	1,220	10,000	1,220	10,000	1,220	10,000	1,220	10,000	1,220
60	9,890	★1,187	9,670	1,220	9,600	1,220	9,400	1,220	9,200	1,220	9,000	1,220
61	9,780	★1,154	9,340	1,220	9,200	1,220	8,800	1,220	8,400	1,220	8,000	1,220
62	9,670	★1,121	9,010	1,220	8,800	1,220	8,200	1,220	7,600	1,220	7,000	1,220
63	9,560	★1,088	8,680	1,190	8,400	1,190	7,600	1,190	6,800	1,190	6,000	1,190
64	9,450	★1,055	8,350	1,190	8,000	1,190	7,000	1,190	6,000	1,190	5,000	1,190
65	9,340	★1,022	8,020	1,190	7,600	1,190	6,400	1,190	5,200	1,190	4,000	1,190
66	9,230	★989	7,690	1,190	7,200	1,190	5,800	1,190	4,400	1,190	3,550	1,190
67	9,120	★956	7,360	1,114	6,800	1,104	5,200	1,078	3,600	1,067	0	1,103
68	9,010	★923	7,030	1,038	6,400	1,017	4,600	966	3,550	974	0	1,103
69	8,900	★890	6,700	962	6,000	931	4,000	904	0	936	0	1,103
70	8,790	857	6,370	888	5,600	874	3,550	★852	0	936	0	1,103
71	8,680	824	6,040	845	5,200	828	0	★800	0	936	0	1,103
72	8,570	794	5,710	802	4,800	781	0	★763	0	936	0	1,103
73	8,460	772	5,380	759	4,400	★735	0	741	0	936	0	1,103
74	8,350	750	5,050	716	4,000	★688	0	721	0	936	0	1,103
75	8,240	728	4,720	673	3,600	★657	0	721	0	936	0	1,103
76	8,130	706	4,390	★630	3,550	★630	0	721	0	936	0	1,103
77	8,020	684	4,060	★604	0	★604	0	721	0	936	0	1,103
78	7,910	662	3,730	★577	0	★577	0	721	0	936	0	1,103
79	7,800	640	3,550	★551	0	★551	0	721	0	936	0	1,103
80	7,690	618	0	★524	0	539	0	721	0	936	0	1,103
81	7,580	596	0	★480	0	536	0	721	0	936	0	1,103
82	7,470	574	0	★470	0	536	0	721	0	936	0	1,103
83	7,360	552	0	★460	0	536	0	721	0	936	0	1,103
84	7,250	530	0	★450	0	536	0	721	0	936	0	1,103
85	7,140	508	0	★444	0	536	0	721	0	936	0	1,103
86	7,030	486	0	★444	0	536	0	721	0	936	0	1,103
87	6,920	464	0	★444	0	536	0	721	0	936	0	1,103
88	6,810	★442	0	444	0	536	0	721	0	936	0	1,103
89	6,700	★420	0	444	0	536	0	721	0	936	0	1,103
90	6,590	★399	0	444	0	536	0	721	0	936	0	1,103
贈与額累計		3,410		6,450		6,450		6,450		6,450		6,450
最少税負担額		★399		444		536		721		936		1,103
最大税軽減額		★822		776		684		499		284		117

（注）110万円贈与は精算課税贈与を示します。

〔表の読み方〕

　贈与額が多くなるほど，現有財産が基礎控除額3,600万円を下回る相続開始年齢が若くなります。

　表には数値として表れていませんが，現有財産が基礎控除額を下回った以後も，現有財産に生前贈与加算を行った結果，その合計額が基礎控除額を下回るまで税負担額はゼロにはなりません。また，生前贈与加算の期間を経過した場合であっても，相続税額から控除しきれなかった贈与額はそのまま残ります。

　69歳までに相続が開始した場合は110万円贈与が有利，70歳以後に相続が開始した場合は贈与額の相違により，相続開始年齢における最少税負担額は異なります。

○現有財産1.5億円

No.3-02　　　　　　　　　　　　　　　　　　　　　　　　　　　　　　　　　　　　　　　単位:万円

贈与額⇒	110		400		600		800		1000		1500	
相続開始年齢(歳)↓	現有財産	税負担額	現有財産	税負担額	現有財産	税負担額	現有財産	税負担額	現有財産	税負担額	現有財産	税負担額
59	15,000	2,860	15,000	2,860	15,000	2,860	15,000	2,860	15,000	2,860	15,000	2,860
60	14,890	★2,816	14,600	2,860	14,400	2,860	14,200	2,860	14,000	2,860	13,500	2,860
61	14,780	★2,772	14,200	2,860	13,800	2,860	13,400	2,860	13,000	2,860	12,000	2,860
62	14,670	★2,728	13,800	2,860	13,200	2,860	12,600	2,860	12,000	2,860	10,500	2,860
63	14,560	★2,684	13,400	2,820	12,600	2,820	11,800	2,820	11,000	2,820	9,000	2,820
64	14,450	★2,640	13,000	2,820	12,000	2,820	11,000	2,820	10,000	2,820	7,500	2,820
65	14,340	★2,596	12,600	2,820	11,400	2,820	10,200	2,820	9,000	2,820	6,000	2,820
66	14,230	★2,552	12,200	2,820	10,800	2,820	9,400	2,820	8,000	2,820	4,500	2,820
67	14,120	★2,508	11,800	2,694	10,200	2,648	8,600	2,617	7,000	2,597	3,550	2,724
68	14,010	2,464	11,400	2,567	9,600	2,476	7,800	★2,444	6,000	★2,444	0	2,724
69	13,900	2,420	11,000	2,441	9,000	2,354	7,000	★2,321	5,000	★2,321	0	2,724
70	13,790	2,376	10,600	2,344	8,400	2,242	6,200	★2,198	4,000	★2,198	0	2,724
71	13,680	2,332	10,200	2,258	7,800	2,130	5,400	★2,075	3,550	★2,075	0	2,724
72	13,570	2,291	9,800	2,171	7,200	2,018	4,600	★1,952	0	1,988	0	2,724
73	13,460	2,258	9,400	2,085	6,600	1,906	3,800	★1,829	0	1,988	0	2,724
74	13,350	2,225	9,000	1,998	6,000	1,794	3,550	★1,716	0	1,988	0	2,724
75	13,240	2,192	8,600	1,912	5,400	1,682	0	★1,673	0	1,988	0	2,724
76	13,130	2,159	8,200	1,825	4,800	★1,570	0	1,652	0	1,988	0	2,724
77	13,020	2,126	7,800	1,739	4,200	★1,488	0	1,652	0	1,988	0	2,724
78	12,910	2,093	7,400	1,652	3,600	★1,436	0	1,652	0	1,988	0	2,724
79	12,800	2,060	7,000	1,566	3,550	★1,384	0	1,652	0	1,988	0	2,724
80	12,690	2,027	6,600	1,479	0	★1,337	0	1,652	0	1,988	0	2,724
81	12,580	1,994	6,200	1,393	0	★1,315	0	1,652	0	1,988	0	2,724
82	12,470	1,961	5,800	1,316	0	★1,293	0	1,652	0	1,988	0	2,724
83	12,360	1,928	5,400	★1,270	0	1,292	0	1,652	0	1,988	0	2,724
84	12,250	1,895	5,000	★1,223	0	1,292	0	1,652	0	1,988	0	2,724
85	12,140	1,862	4,600	★1,177	0	1,292	0	1,652	0	1,988	0	2,724
86	12,030	1,829	4,200	★1,130	0	1,292	0	1,652	0	1,988	0	2,724
87	11,920	1,796	3,800	★1,089	0	1,292	0	1,652	0	1,988	0	2,724
88	11,810	1,763	3,550	★1,062	0	1,292	0	1,652	0	1,988	0	2,724
89	11,700	1,730	0	★1,036	0	1,292	0	1,652	0	1,988	0	2,724
90	11,590	1,697	0	★1,009	0	1,292	0	1,652	0	1,988	0	2,724
贈与額累計	3,410		11,450		11,450		11,450		11,450		11,450	
最少税負担額	1,697		★1,009		1,292		1,652		1,988		2,724	
最大税軽減額	1,163		★1,851		1,568		1,208		872		136	

（注）110万円贈与は精算課税贈与を示します。

〔表の読み方〕
　67歳までに相続が開始した場合は110万円贈与が有利，68歳以後に相続が開始した場合は贈与額の相違により，相続開始年齢における最少税負担額は異なります。

子1人

○現有財産2億円

No.3-03
単位:万円

贈与額⇒	110		600		800		1000		1500		2000	
相続開始年齢(歳)↓	現有財産	税負担額	現有財産	税負担額	現有財産	税負担額	現有財産	税負担額	現有財産	税負担額	現有財産	税負担額
59	20,000	4,860	20,000	4,860	20,000	4,860	20,000	4,860	20,000	4,860	20,000	4,860
60	19,890	★4,816	19,400	4,860	19,200	4,860	19,000	4,860	18,500	4,860	18,000	4,860
61	19,780	★4,772	18,800	4,860	18,400	4,860	18,000	4,860	17,000	4,860	16,000	4,860
62	19,670	★4,728	18,200	4,860	17,600	4,860	17,000	4,860	15,500	4,860	14,000	4,860
63	19,560	★4,684	17,600	4,820	16,800	4,820	16,000	4,820	14,000	4,820	12,000	4,820
64	19,450	★4,640	17,000	4,820	16,000	4,820	15,000	4,820	12,500	4,820	10,000	4,820
65	19,340	★4,596	16,400	4,820	15,200	4,820	14,000	4,820	11,000	4,820	8,000	4,820
66	19,230	★4,552	15,800	4,820	14,400	4,820	13,000	4,820	9,500	4,820	6,000	4,820
67	19,120	★4,508	15,200	4,648	13,600	4,617	12,000	4,597	8,000	4,586	4,000	**4,684**
68	19,010	4,464	14,600	4,476	12,800	4,414	11,000	4,374	6,500	★4,352	3,550	4,725
69	18,900	4,420	14,000	4,304	12,000	4,211	10,000	4,151	5,000	★4,118	0	4,725
70	18,790	4,376	13,400	4,132	11,200	4,008	9,000	★3,928	3,550	4,006	0	4,725
71	18,680	4,332	12,800	3,960	10,400	3,805	8,000	★3,705	0	4,006	0	4,725
72	18,570	4,288	12,200	3,788	9,600	3,602	7,000	★3,482	0	4,006	0	4,725
73	18,460	4,244	11,600	3,616	8,800	3,399	6,000	★3,329	0	4,006	0	4,725
74	18,350	4,200	11,000	3,444	8,000	★3,206	5,000	★3,206	0	4,006	0	4,725
75	18,240	4,156	10,400	3,272	7,200	★3,083	4,000	★3,083	0	4,006	0	4,725
76	18,130	4,112	9,800	3,100	6,400	★2,960	3,550	★2,960	0	4,006	0	4,725
77	18,020	4,068	9,200	2,958	5,600	★2,837	0	2,873	0	4,006	0	4,725
78	17,910	4,024	8,600	2,846	4,800	★2,714	0	2,873	0	4,006	0	4,725
79	17,800	3,980	8,000	2,734	4,000	★2,591	0	2,873	0	4,006	0	4,725
80	17,690	3,936	7,400	2,622	3,550	★2,468	0	2,873	0	4,006	0	4,725
81	17,580	3,892	6,800	2,510	0	★2,415	0	2,873	0	4,006	0	4,725
82	17,470	3,848	6,200	2,398	0	★2,381	0	2,873	0	4,006	0	4,725
83	17,360	3,804	5,600	★2,286	0	2,381	0	2,873	0	4,006	0	4,725
84	17,250	3,760	5,000	★2,174	0	2,381	0	2,873	0	4,006	0	4,725
85	17,140	3,716	4,400	★2,072	0	2,381	0	2,873	0	4,006	0	4,725
86	17,030	3,672	3,800	★2,020	0	2,381	0	2,873	0	4,006	0	4,725
87	16,920	3,628	3,550	★1,968	0	2,381	0	2,873	0	4,006	0	4,725
88	16,810	3,584	0	★1,916	0	2,381	0	2,873	0	4,006	0	4,725
89	16,700	3,540	0	★1,889	0	2,381	0	2,873	0	4,006	0	4,725
90	16,590	3,496	0	★1,867	0	2,381	0	2,873	0	4,006	0	4,725
贈与額累計		3,410		16,450		16,450		16,450		16,450		16,450
最少税負担額		3,496		★1,867		2,381		2,873		4,006		4,684
最大税軽減額		1,364		★2,993		2,479		1,987		854		176

〔注〕110万円贈与は精算課税贈与を示します。

〔表の読み方〕
　67歳までに相続が開始した場合は110万円贈与が有利，68歳以後に相続が開始した場合は贈与額の相違により，相続開始年齢における最少税負担額は異なります。

○現有財産3億円

No.3-04　　　　　　　　　　　　　　　　　　　　　　　　　　　　　　　　単位:万円

贈与額⇒	110		1000		1500		2000		3000	
相続開始年齢(歳)↓	現有財産	税負担額	現有財産	税負担額	現有財産	税負担額	現有財産	税負担額	現有財産	税負担額
59	30,000	9,180	30,000	9,180	30,000	9,180	30,000	9,180	30,000	9,180
60	29,890	★9,131	29,000	9,180	28,500	9,180	28,000	9,180	27,000	9,180
61	29,780	★9,081	28,000	9,180	27,000	9,180	26,000	9,180	24,000	9,180
62	29,670	★9,032	27,000	9,180	25,500	9,180	24,000	9,180	21,000	9,180
63	29,560	★8,982	26,000	9,135	24,000	9,135	22,000	9,135	18,000	9,135
64	29,450	★8,933	25,000	9,135	22,500	9,135	20,000	9,135	15,000	9,135
65	29,340	★8,883	24,000	9,135	21,000	9,135	18,000	9,135	12,000	9,135
66	29,230	★8,834	23,000	9,135	19,500	9,135	16,000	9,135	9,000	9,135
67	29,120	★8,784	22,000	8,862	18,000	8,826	14,000	8,821	6,000	8,821
68	29,010	8,735	21,000	8,589	16,500	8,517	12,000	★8,506	3,550	9,072
69	28,900	8,685	20,000	8,316	15,000	8,208	10,000	★8,192	0	9,072
70	28,790	8,636	19,000	8,043	13,500	★7,899	8,000	7,962	0	9,072
71	28,680	8,586	18,000	7,770	12,000	★7,650	6,000	7,748	0	9,072
72	28,570	8,537	17,000	7,497	10,500	★7,416	4,000	7,612	0	9,072
73	28,460	8,487	16,000	7,259	9,000	★7,182	3,550	7,653	0	9,072
74	28,350	8,438	15,000	7,036	7,500	★6,948	0	7,653	0	9,072
75	28,240	8,388	14,000	6,813	6,000	★6,714	0	7,653	0	9,072
76	28,130	8,339	13,000	6,590	4,500	★6,480	0	7,653	0	9,072
77	28,020	8,289	12,000	★6,367	3,550	6,384	0	7,653	0	9,072
78	27,910	8,240	11,000	★6,144	0	6,384	0	7,653	0	9,072
79	27,800	8,190	10,000	★5,921	0	6,384	0	7,653	0	9,072
80	27,690	8,141	9,000	★5,698	0	6,384	0	7,653	0	9,072
81	27,580	8,091	8,000	★5,475	0	6,384	0	7,653	0	9,072
82	27,470	8,042	7,000	★5,252	0	6,384	0	7,653	0	9,072
83	27,360	7,992	6,000	★5,099	0	6,384	0	7,653	0	9,072
84	27,250	7,943	5,000	★4,976	0	6,384	0	7,653	0	9,072
85	27,140	7,893	4,000	★4,853	0	6,384	0	7,653	0	9,072
86	27,030	7,844	3,550	★4,730	0	6,384	0	7,653	0	9,072
87	26,920	7,794	0	★4,643	0	6,384	0	7,653	0	9,072
88	26,810	7,745	0	★4,643	0	6,384	0	7,653	0	9,072
89	26,700	7,695	0	★4,643	0	6,384	0	7,653	0	9,072
90	26,590	7,646	0	★4,643	0	6,384	0	7,653	0	9,072
贈与額累計		3,410		26,450		26,450		26,450		26,450
最少税負担額		7,646		★4,643		6,384		7,612		8,821
最大税軽減額		1,535		★4,537		2,796		1,569		360

（注）110万円贈与は精算課税贈与を示します。

〔表の読み方〕
　67歳までに相続が開始した場合は110万円贈与が有利，68歳以後に相続が開始した場合は贈与額の相違により，相続開始年齢における最少税負担額は異なります。

子1人

83

○現有財産4億円

No.3-05　　　　　　　　　　　　　　　　　　　　　　　　単位:万円

贈与額⇒	110		1500		2000		3000		4000	
相続開始年齢(歳)↓	現有財産	税負担額	現有財産	税負担額	現有財産	税負担額	現有財産	税負担額	現有財産	税負担額
59	40,000	14,000	40,000	14,000	40,000	14,000	40,000	14,000	40,000	14,000
60	39,890	★13,945	38,500	14,000	38,000	14,000	37,000	14,000	36,000	14,000
61	39,780	★13,890	37,000	14,000	36,000	14,000	34,000	14,000	32,000	14,000
62	39,670	★13,835	35,500	14,000	34,000	14,000	31,000	14,000	28,000	14,000
63	39,560	★13,780	34,000	13,950	32,000	13,950	28,000	13,950	24,000	13,950
64	39,450	★13,725	32,500	13,950	30,000	13,950	25,000	13,950	20,000	13,950
65	39,340	★13,670	31,000	13,950	28,000	13,950	22,000	13,950	16,000	13,950
66	39,230	★13,615	29,500	13,950	26,000	13,950	19,000	13,950	12,000	13,950
67	39,120	13,560	28,000	13,566	24,000	13,536	16,000	13,486	8,000	★13,480
68	39,010	13,505	26,500	13,182	22,000	13,121	13,000	★13,021	4,000	13,770
69	38,900	13,450	25,000	12,798	20,000	12,707	10,000	★12,692	3,550	13,811
70	38,790	13,395	23,500	12,414	18,000	★12,377	7,000	★12,377	0	13,811
71	38,680	13,340	22,000	12,090	16,000	★12,063	4,000	12,426	0	13,811
72	38,570	13,285	20,500	11,781	14,000	★11,748	3,550	12,467	0	13,811
73	38,460	13,230	19,000	11,472	12,000	★11,434	0	12,467	0	13,811
74	38,350	13,175	17,500	11,163	10,000	★11,119	0	12,467	0	13,811
75	38,240	13,120	16,000	★10,854	8,000	10,890	0	12,467	0	13,811
76	38,130	13,065	14,500	★10,545	6,000	10,675	0	12,467	0	13,811
77	38,020	13,010	13,000	★10,246	4,000	10,539	0	12,467	0	13,811
78	37,910	12,955	11,500	★10,012	3,550	10,580	0	12,467	0	13,811
79	37,800	12,900	10,000	★9,778	0	10,580	0	12,467	0	13,811
80	37,690	12,845	8,500	★9,544	0	10,580	0	12,467	0	13,811
81	37,580	12,790	7,000	★9,310	0	10,580	0	12,467	0	13,811
82	37,470	12,735	5,500	★9,076	0	10,580	0	12,467	0	13,811
83	37,360	12,680	4,000	★8,842	0	10,580	0	12,467	0	13,811
84	37,250	12,625	3,550	★8,825	0	10,580	0	12,467	0	13,811
85	37,140	12,570	0	★8,825	0	10,580	0	12,467	0	13,811
86	37,030	12,515	0	★8,825	0	10,580	0	12,467	0	13,811
87	36,920	12,460	0	★8,825	0	10,580	0	12,467	0	13,811
88	36,810	12,405	0	★8,825	0	10,580	0	12,467	0	13,811
89	36,700	12,350	0	★8,825	0	10,580	0	12,467	0	13,811
90	36,590	12,295	0	★8,825	0	10,580	0	12,467	0	13,811
贈与額累計		3,410		36,450		36,450		36,450		36,450
最少税負担額		12,295		★8,825		10,539		12,377		13,480
最大税軽減額		1,705		★5,175		3,461		1,623		520

〔注〕110万円贈与は精算課税贈与を示します。

〔表の読み方〕

　66歳までに相続が開始した場合は110万円贈与が有利，67歳以後に相続が開始した場合は贈与額の相違により，相続開始年齢における最少税負担額は異なります。精算課税では生前贈与加算がないため，贈与開始7年間は暦年課税より有利といえます。75歳以後に相続が開始した場合1,500万円贈与が最も有利で，84歳以後は相続税額から控除しきれなかった贈与税の累計額8,825万円が残ります。

○現有財産5億円

No.3-06　　　　　　　　　　　　　　　　　　　　　　　　　　　　　　　　　　　　　　単位:万円

贈与額⇒	110		2000		3000		4000		5000	
相続開始年齢(歳)↓	現有財産	税負担額	現有財産	税負担額	現有財産	税負担額	現有財産	税負担額	現有財産	税負担額
59	50,000	19,000	50,000	19,000	50,000	19,000	50,000	19,000	50,000	19,000
60	49,890	★18,945	48,000	19,000	47,000	19,000	46,000	19,000	45,000	19,000
61	49,780	★18,890	46,000	19,000	44,000	19,000	42,000	19,000	40,000	19,000
62	49,670	★18,835	44,000	19,000	41,000	19,000	38,000	19,000	35,000	19,000
63	49,560	★18,780	42,000	18,950	38,000	18,950	34,000	18,950	30,000	18,950
64	49,450	★18,725	40,000	18,950	35,000	18,950	30,000	18,950	25,000	18,950
65	49,340	★18,670	38,000	18,950	32,000	18,950	26,000	18,950	20,000	18,950
66	49,230	★18,615	36,000	18,950	29,000	18,950	22,000	18,950	15,000	18,950
67	49,120	18,560	34,000	18,536	26,000	18,486	18,000	★18,480	10,000	18,500
68	49,010	18,505	32,000	18,121	23,000	18,021	14,000	★18,010	5,000	18,446
69	48,900	18,450	30,000	17,707	20,000	17,557	10,000	★17,540	3,550	18,792
70	48,790	18,395	28,000	17,292	17,000	17,092	6,000	★17,070	0	18,792
71	48,680	18,340	26,000	16,878	14,000	★16,628	3,550	17,618	0	18,792
72	48,570	18,285	24,000	16,463	11,000	★16,248	0	17,618	0	18,792
73	48,460	18,230	22,000	16,049	8,000	★15,934	0	17,618	0	18,792
74	48,350	18,175	20,000	15,634	5,000	★15,619	0	17,618	0	18,792
75	48,240	18,120	18,000	★15,305	3,550	15,879	0	17,618	0	18,792
76	48,130	18,065	16,000	★14,990	0	15,879	0	17,618	0	18,792
77	48,020	18,010	14,000	★14,676	0	15,879	0	17,618	0	18,792
78	47,910	17,955	12,000	★14,361	0	15,879	0	17,618	0	18,792
79	47,800	17,900	10,000	★14,047	0	15,879	0	17,618	0	18,792
80	47,690	17,845	8,000	★13,817	0	15,879	0	17,618	0	18,792
81	47,580	17,790	6,000	★13,603	0	15,879	0	17,618	0	18,792
82	47,470	17,735	4,000	★13,467	0	15,879	0	17,618	0	18,792
83	47,360	17,680	3,550	★13,508	0	15,879	0	17,618	0	18,792
84	47,250	17,625	0	★13,508	0	15,879	0	17,618	0	18,792
85	47,140	17,570	0	★13,508	0	15,879	0	17,618	0	18,792
86	47,030	17,515	0	★13,508	0	15,879	0	17,618	0	18,792
87	46,920	17,460	0	★13,508	0	15,879	0	17,618	0	18,792
88	46,810	17,405	0	★13,508	0	15,879	0	17,618	0	18,792
89	46,700	17,350	0	★13,508	0	15,879	0	17,618	0	18,792
90	46,590	17,295	0	★13,508	0	15,879	0	17,618	0	18,792
贈与額累計		3,410		46,450		46,450		46,450		46,450
最少税負担額		17,295		★13,467		15,619		17,070		18,446
最大税軽減額		1,705		★5,534		3,381		1,930		555

（注）110万円贈与は精算課税贈与を示します。

〔表の読み方〕

　66歳までに相続が開始した場合は110万円贈与が有利，67歳以後に相続が開始した場合は贈与額の相違により，相続開始年齢における最少税負担額は異なります。

子1人

85

○現有財産6億円

No.3-07
単位:万円

贈与額⇒	110		2000		3000		4000		5000		6000	
相続開始年齢(歳)↓	現有財産	税負担額	現有財産	税負担額	現有財産	税負担額	現有財産	税負担額	現有財産	税負担額	現有財産	税負担額
59	60,000	24,000	60,000	24,000	60,000	24,000	60,000	24,000	60,000	24,000	60,000	24,000
60	59,890	★23,945	58,000	24,000	57,000	24,000	56,000	24,000	55,000	24,000	54,000	24,000
61	59,780	★23,890	56,000	24,000	54,000	24,000	52,000	24,000	50,000	24,000	48,000	24,000
62	59,670	★23,835	54,000	24,000	51,000	24,000	48,000	24,000	45,000	24,000	42,000	24,000
63	59,560	★23,780	52,000	23,950	48,000	23,950	44,000	23,950	40,000	23,950	36,000	23,950
64	59,450	★23,725	50,000	23,950	45,000	23,950	40,000	23,950	35,000	23,950	30,000	23,950
65	59,340	★23,670	48,000	23,950	42,000	23,950	36,000	23,950	30,000	23,950	24,000	23,950
66	59,230	★23,615	46,000	23,950	39,000	23,950	32,000	23,950	25,000	23,950	18,000	23,950
67	59,120	23,560	44,000	23,536	36,000	23,486	28,000	★23,480	20,000	23,500	12,000	23,550
68	59,010	23,505	42,000	23,121	33,000	23,021	24,000	★23,010	15,000	23,049	6,000	23,396
69	58,900	23,450	40,000	22,707	30,000	22,557	20,000	★22,540	10,000	22,599	3,550	24,184
70	58,790	23,395	38,000	22,292	27,000	22,092	16,000	★22,070	5,000	22,545	0	24,184
71	58,680	23,340	36,000	21,878	24,000	21,628	12,000	★21,600	3,550	22,891	0	24,184
72	58,570	23,285	34,000	21,463	21,000	21,163	8,000	★21,130	0	22,891	0	24,184
73	58,460	23,230	32,000	21,049	18,000	★20,699	4,000	21,420	0	22,891	0	24,184
74	58,350	23,175	30,000	20,634	15,000	★20,234	3,550	21,461	0	22,891	0	24,184
75	58,240	23,120	28,000	20,220	12,000	★19,805	0	21,461	0	22,891	0	24,184
76	58,130	23,065	26,000	19,805	9,000	★19,490	0	21,461	0	22,891	0	24,184
77	58,020	23,010	24,000	19,391	6,000	★19,176	0	21,461	0	22,891	0	24,184
78	57,910	22,955	22,000	★18,976	3,550	19,427	0	21,461	0	22,891	0	24,184
79	57,800	22,900	20,000	★18,562	0	19,427	0	21,461	0	22,891	0	24,184
80	57,690	22,845	18,000	★18,232	0	19,427	0	21,461	0	22,891	0	24,184
81	57,580	22,790	16,000	★17,918	0	19,427	0	21,461	0	22,891	0	24,184
82	57,470	22,735	14,000	★17,603	0	19,427	0	21,461	0	22,891	0	24,184
83	57,360	22,680	12,000	★17,289	0	19,427	0	21,461	0	22,891	0	24,184
84	57,250	22,625	10,000	★16,974	0	19,427	0	21,461	0	22,891	0	24,184
85	57,140	22,570	8,000	★16,745	0	19,427	0	21,461	0	22,891	0	24,184
86	57,030	22,515	6,000	★16,530	0	19,427	0	21,461	0	22,891	0	24,184
87	56,920	22,460	4,000	★16,394	0	19,427	0	21,461	0	22,891	0	24,184
88	56,810	22,405	3,550	★16,435	0	19,427	0	21,461	0	22,891	0	24,184
89	56,700	22,350	0	★16,435	0	19,427	0	21,461	0	22,891	0	24,184
90	56,590	22,295	0	★16,435	0	19,427	0	21,461	0	22,891	0	24,184
贈与額累計		3,410		56,450		56,450		56,450		56,450		56,450
最少税負担額		22,295		★16,394		19,176		21,130		22,545		23,396
最大税軽減額		1,705		★7,606		4,825		2,870		1,456		604

〔注〕110万円贈与は精算課税贈与を示します。

〔表の読み方〕
　66歳までに相続が開始した場合は110万円贈与が有利，67歳以後に相続が開始した場合は贈与額の相違により，相続開始年齢における最少税負担額は異なります。

○現有財産8億円

No.3-08　　　　　　　　　　　　　　　　　　　　　　　　　　　　　　　　　　　　　　　単位:万円

贈与額⇒	110		3000		4000		5000		6000		8000	
相続開始年齢(歳)↓	現有財産	税負担額	現有財産	税負担額	現有財産	税負担額	現有財産	税負担額	現有財産	税負担額	現有財産	税負担額
59	80,000	34,820	80,000	34,820	80,000	34,820	80,000	34,820	80,000	34,820	80,000	34,820
60	79,890	★34,760	77,000	34,820	76,000	34,820	75,000	34,820	74,000	34,820	72,000	34,820
61	79,780	★34,699	74,000	34,820	72,000	34,820	70,000	34,820	68,000	34,820	64,000	34,820
62	79,670	★34,639	71,000	34,820	68,000	34,820	65,000	34,820	62,000	34,820	56,000	34,820
63	79,560	★34,578	68,000	34,765	64,000	34,765	60,000	34,765	56,000	34,765	48,000	34,765
64	79,450	★34,518	65,000	34,765	60,000	34,765	55,000	34,765	50,000	34,765	40,000	34,765
65	79,340	★34,457	62,000	34,765	56,000	34,765	50,000	34,765	44,000	34,765	32,000	34,765
66	79,230	★34,397	59,000	34,765	52,000	34,765	45,000	34,765	38,000	34,765	24,000	34,765
67	79,120	34,336	56,000	34,151	48,000	34,095	40,000	★34,065	32,000	★34,065	16,000	★34,065
68	79,010	34,276	53,000	33,536	44,000	33,425	35,000	★33,364	26,000	★33,364	8,000	★33,364
69	78,900	34,215	50,000	32,922	40,000	32,755	30,000	★32,664	20,000	32,749	3,550	35,051
70	78,790	34,155	47,000	32,307	36,000	★32,085	25,000	32,148	14,000	32,348	0	35,051
71	78,680	34,094	44,000	31,693	32,000	★31,600	20,000	31,698	8,000	31,948	0	35,051
72	78,570	34,034	41,000	31,163	28,000	★31,130	15,000	31,247	3,550	32,949	0	35,051
73	78,460	33,973	38,000	30,699	24,000	★30,660	10,000	30,797	0	32,949	0	35,051
74	78,350	33,913	35,000	30,234	20,000	★30,190	5,000	30,743	0	32,949	0	35,051
75	78,240	33,852	32,000	29,770	16,000	★29,720	3,550	31,089	0	32,949	0	35,051
76	78,130	33,792	29,000	29,305	12,000	★29,250	0	31,089	0	32,949	0	35,051
77	78,020	33,731	26,000	28,841	8,000	★28,780	0	31,089	0	32,949	0	35,051
78	77,910	33,671	23,000	★28,376	4,000	29,070	0	31,089	0	32,949	0	35,051
79	77,800	33,610	20,000	★27,912	3,550	29,111	0	31,089	0	32,949	0	35,051
80	77,690	33,550	17,000	★27,447	0	29,111	0	31,089	0	32,949	0	35,051
81	77,580	33,489	14,000	★26,983	0	29,111	0	31,089	0	32,949	0	35,051
82	77,470	33,429	11,000	★26,603	0	29,111	0	31,089	0	32,949	0	35,051
83	77,360	33,368	8,000	★26,289	0	29,111	0	31,089	0	32,949	0	35,051
84	77,250	33,308	5,000	★25,974	0	29,111	0	31,089	0	32,949	0	35,051
85	77,140	33,247	3,550	★26,234	0	29,111	0	31,089	0	32,949	0	35,051
86	77,030	33,187	0	★26,234	0	29,111	0	31,089	0	32,949	0	35,051
87	76,920	33,126	0	★26,234	0	29,111	0	31,089	0	32,949	0	35,051
88	76,810	33,066	0	★26,234	0	29,111	0	31,089	0	32,949	0	35,051
89	76,700	33,005	0	★26,234	0	29,111	0	31,089	0	32,949	0	35,051
90	76,590	32,945	0	★26,234	0	29,111	0	31,089	0	32,949	0	35,051
贈与額累計		3,410		76,450		76,450		76,450		76,450		76,450
最少税負担額		32,945		★25,974		28,780		30,743		31,948		33,364
最大税軽減額		1,876		★8,846		6,040		4,078		2,873		1,456

（注）110万円贈与は精算課税贈与を示します。

〔表の読み方〕

　66歳までに相続が開始した場合は110万円贈与が有利，67歳以後に相続が開始した場合は贈与額の相違により，相続開始年齢における最少税負担額は異なります。

子1人

○現有財産10億円

贈与額⇒	110		5000		6000		8000		10000	
相続開始年齢（歳）↓	現有財産	税負担額	現有財産	税負担額	現有財産	税負担額	現有財産	税負担額	現有財産	税負担額
59	100,000	45,820	100,000	45,820	100,000	45,820	100,000	45,820	100,000	45,820
60	99,890	★45,760	95,000	45,820	94,000	45,820	92,000	45,820	90,000	45,820
61	99,780	★45,699	90,000	45,820	88,000	45,820	84,000	45,820	80,000	45,820
62	99,670	★45,639	85,000	45,820	82,000	45,820	76,000	45,820	70,000	45,820
63	99,560	★45,578	80,000	45,765	76,000	45,765	68,000	45,765	60,000	45,765
64	99,450	★45,518	75,000	45,765	70,000	45,765	60,000	45,765	50,000	45,765
65	99,340	★45,457	70,000	45,765	64,000	45,765	52,000	45,765	40,000	45,765
66	99,230	★45,397	65,000	45,765	58,000	45,765	44,000	45,765	30,000	45,765
67	99,120	45,336	60,000	★45,065	52,000	★45,065	36,000	★45,065	20,000	★45,065
68	99,010	45,276	55,000	★44,364	46,000	★44,364	28,000	★44,364	10,000	★44,364
69	98,900	45,215	50,000	★43,664	40,000	★43,664	20,000	★43,664	3,550	46,043
70	98,790	45,155	45,000	★42,963	34,000	★42,963	12,000	★42,963	0	46,043
71	98,680	45,094	40,000	★42,263	28,000	★42,263	4,000	44,394	0	46,043
72	98,570	45,034	35,000	★41,562	22,000	★41,562	3,550	44,435	0	46,043
73	98,460	44,973	30,000	★40,862	16,000	41,147	0	44,435	0	46,043
74	98,350	44,913	25,000	★40,346	10,000	40,746	0	44,435	0	46,043
75	98,240	44,852	20,000	★39,896	4,000	41,592	0	44,435	0	46,043
76	98,130	44,792	15,000	★39,445	3,550	41,633	0	44,435	0	46,043
77	98,020	44,731	10,000	★38,995	0	41,633	0	44,435	0	46,043
78	97,910	44,671	5,000	★38,941	0	41,633	0	44,435	0	46,043
79	97,800	44,610	3,550	★39,287	0	41,633	0	44,435	0	46,043
80	97,690	44,550	0	★39,287	0	41,633	0	44,435	0	46,043
81	97,580	44,489	0	★39,287	0	41,633	0	44,435	0	46,043
82	97,470	44,429	0	★39,287	0	41,633	0	44,435	0	46,043
83	97,360	44,368	0	★39,287	0	41,633	0	44,435	0	46,043
84	97,250	44,308	0	★39,287	0	41,633	0	44,435	0	46,043
85	97,140	44,247	0	★39,287	0	41,633	0	44,435	0	46,043
86	97,030	44,187	0	★39,287	0	41,633	0	44,435	0	46,043
87	96,920	44,126	0	★39,287	0	41,633	0	44,435	0	46,043
88	96,810	44,066	0	★39,287	0	41,633	0	44,435	0	46,043
89	96,700	44,005	0	★39,287	0	41,633	0	44,435	0	46,043
90	96,590	43,945	0	★39,287	0	41,633	0	44,435	0	46,043
贈与額累計		3,410		96,450		96,450		96,450		96,450
最少税負担額		43,945		★38,941		40,746		42,963		44,364
最大税減軽額		1,876		★6,880		5,074		2,857		1,456

（注）110万円贈与は精算課税贈与を示します。

〔表の読み方〕

　66歳までに相続が開始した場合は110万円贈与が有利，67歳以後に相続が開始した場合，少ない贈与額で最大の税負担額の軽減を図ろうとするなら，5,000万円贈与が有利といえます。

○現有財産20億円

No.3-10　　単位:万円

贈与額⇒	110		8000		10000		15000		20000	
相続開始 年齢(歳)↓	現有財産	税負担額	現有財産	税負担額	現有財産	税負担額	現有財産	税負担額	現有財産	税負担額
59	200,000	100,820	200,000	100,820	200,000	100,820	200,000	100,820	200,000	100,820
60	199,890	★100,760	192,000	100,820	190,000	100,820	185,000	100,820	180,000	100,820
61	199,780	★100,699	184,000	100,820	180,000	100,820	170,000	100,820	160,000	100,820
62	199,670	★100,639	176,000	100,820	170,000	100,820	155,000	100,820	140,000	100,820
63	199,560	★100,578	168,000	100,765	160,000	100,765	140,000	100,765	120,000	100,765
64	199,450	★100,518	160,000	100,765	150,000	100,765	125,000	100,765	100,000	100,765
65	199,340	★100,457	152,000	100,765	140,000	100,765	110,000	100,765	80,000	100,765
66	199,230	★100,397	144,000	100,765	130,000	100,765	95,000	100,765	60,000	100,765
67	199,120	100,336	136,000	★100,065	120,000	★100,065	80,000	★100,065	40,000	★100,065
68	199,010	100,276	128,000	★99,364	110,000	★99,364	65,000	★99,364	20,000	★99,364
69	198,900	100,215	120,000	★98,664	100,000	★98,664	50,000	★98,664	3,550	101,043
70	198,790	100,155	112,000	★97,963	90,000	★97,963	35,000	★97,963	0	101,043
71	198,680	100,094	104,000	★97,263	80,000	★97,263	20,000	★97,263	0	101,043
72	198,570	100,034	96,000	★96,562	70,000	★96,562	5,000	98,144	0	101,043
73	198,460	99,973	88,000	★95,862	60,000	★95,862	3,550	98,490	0	101,043
74	198,350	99,913	80,000	★95,161	50,000	★95,161	0	98,490	0	101,043
75	198,240	99,852	72,000	★94,461	40,000	★94,461	0	98,490	0	101,043
76	198,130	99,792	64,000	★93,760	30,000	★93,760	0	98,490	0	101,043
77	198,020	99,731	56,000	★93,060	20,000	★93,060	0	98,490	0	101,043
78	197,910	99,671	48,000	★92,359	10,000	★92,359	0	98,490	0	101,043
79	197,800	99,610	40,000	★91,659	3,550	94,038	0	98,490	0	101,043
80	197,690	99,550	32,000	★90,958	0	94,038	0	98,490	0	101,043
81	197,580	99,489	24,000	★90,258	0	94,038	0	98,490	0	101,043
82	197,470	99,429	16,000	★89,557	0	94,038	0	98,490	0	101,043
83	197,360	99,368	8,000	★88,857	0	94,038	0	98,490	0	101,043
84	197,250	99,308	3,550	★90,543	0	94,038	0	98,490	0	101,043
85	197,140	99,247	0	★90,543	0	94,038	0	98,490	0	101,043
86	197,030	99,187	0	★90,543	0	94,038	0	98,490	0	101,043
87	196,920	99,126	0	★90,543	0	94,038	0	98,490	0	101,043
88	196,810	99,066	0	★90,543	0	94,038	0	98,490	0	101,043
89	196,700	99,005	0	★90,543	0	94,038	0	98,490	0	101,043
90	196,590	98,945	0	★90,543	0	94,038	0	98,490	0	101,043
贈与額累計		3,410		196,450		196,450		196,450		196,450
最少税負担額		98,945		★88,857		92,359		97,263		99,364
最大税軽減額		1,876		★11,964		8,461		3,558		1,456

〔注〕110万円贈与は精算課税贈与を示します。

〔表の読み方〕
　66歳までに相続が開始した場合は110万円贈与が有利，67歳以後に相続が開始した場合，少ない贈与額で最大の税負担額の軽減を図ろうとするなら，8,000万円贈与が有利といえます。

子1人

家族構成：推定被相続人・子2人

推定被相続人

推定相続人

○精算課税贈与
　子2人に対し各年220万円贈与します
○暦年課税贈与
　子2人に対し現有財産に応じて各年330万円から
段階的に贈与します（特例税率適用）
※子1人当たり贈与額は上記金額の2分の1とします

基礎控除額：**4,200万円**

○現有財産別・贈与額別の税負担額の軽減額（60歳から90歳までの間贈与した場合）

単位：万円

表番号	頁	贈与方式⇒	精算課税	暦年課税									
		贈与額⇒	0	220	330	400	600	1,000	1,500	2,000	3,000	5,000	8,000
No.4-01		10,000	770	★770.86	581.84	515.81	405.76	211.70					
No.4-02		15,000	1,840	★1,343.90		1,298.90	1,156.84	796.75	399.70				
No.4-03		20,000	3,340	1,944.90			★2,298.90	1,811.80	1,226.73	553.69			
No.4-04		30,000	6,920	2,626.90				★4,421.90	3,439.80	2,363.74	755.68		
No.4-05		40,000	10,920	2,728.90					★6,062.86	4,593.79	2,196.71		
No.4-06		50,000	15,210	3,018.90						★7,113.84	4,156.75	674.67	
No.4-07		60,000	19,710	3,069.90						★9,843.89	6,225.78	1,932.69	
No.4-08		80,000	29,500	3,410.90							★11,126.85	5,238.73	1,915.68
No.4-09		100,000	39,500	3,410.90								★8,754.77	3,810.70
No.4-10		200,000	93,290	3,751.90									★19,805.83

（表番号欄の現有財産別の左側には「現有財産」と縦書きで記載）

〔表の見方〕
・家族構成が推定被相続人・子1人の場合と比べ，相続税の基礎控除額が600万円多いことから，その分相続税額は軽減されます。
　また，子1人に対する贈与と同額を子2人に対して2分の1ずつ贈与した場合，贈与税の基礎控除額110万円を子それぞれが適用できること，また，贈与額によっては税率が抑えられることから，贈与税額は軽減されます。

〔表の読み方〕
・この表からは，現有財産が1.5億円までであれば，精算課税贈与が有利であることが分かります。

○現有財産1億円

No.4-01　　　　　　　　　　　　　　　　　　　　　　　　　　　　　　　　　　　　　　単位：万円

贈与額⇒	220		330		400		600		800		1000	
相続開始年齢(歳)↓	現有財産	税負担額	現有財産	税負担額	現有財産	税負担額	現有財産	税負担額	現有財産	税負担額	現有財産	税負担額
59	10,000	770	10,000	770	10,000	770	10,000	770	10,000	770	10,000	770
60	9,780	★737	9,670	770	9,600	770	9,400	770	9,200	770	9,000	770
61	9,560	★704	9,340	770	9,200	770	8,800	770	8,400	770	8,000	770
62	9,340	★671	9,010	770	8,800	770	8,200	770	7,600	770	7,000	770
63	9,120	★638	8,680	755	8,400	755	7,600	755	6,800	755	6,000	755
64	8,900	★605	8,350	755	8,000	755	7,000	755	6,000	755	5,000	755
65	8,680	★572	8,020	755	7,600	755	6,400	755	5,200	755	4,150	755
66	8,460	★539	7,690	755	7,200	755	5,800	755	4,400	755	0	755
67	8,240	★506	7,360	717	6,800	713	5,200	703	4,150	702	0	702
68	8,020	★473	7,030	678	6,400	671	4,600	651	0	649	0	649
69	7,800	★440	6,700	640	6,000	629	4,150	599	0	596	0	596
70	7,580	★407	6,370	601	5,600	587	0	547	0	543	0	560
71	7,360	★374	6,040	563	5,200	545	0	495	0	505	0	560
72	7,140	★341	5,710	524	4,800	503	0	443	0	492	0	560
73	6,920	★308	5,380	486	4,400	461	0	416	0	479	0	560
74	6,700	★275	5,050	447	4,150	419	0	394	0	472	0	560
75	6,480	★242	4,720	409	0	377	0	372	0	472	0	560
76	6,260	★209	4,390	370	0	350	0	365	0	472	0	560
77	6,040	★184	4,150	332	0	328	0	365	0	472	0	560
78	5,820	★162	0	306	0	306	0	365	0	472	0	560
79	5,600	★140	0	284	0	284	0	365	0	472	0	560
80	5,380	★118	0	262	0	262	0	365	0	472	0	560
81	5,160	★96	0	240	0	255	0	365	0	472	0	560
82	4,940	★74	0	218	0	255	0	365	0	472	0	560
83	4,720	★52	0	196	0	255	0	365	0	472	0	560
84	4,500	★30	0	189	0	255	0	365	0	472	0	560
85	4,280	★8	0	189	0	255	0	365	0	472	0	560
86	4,150	★0	0	189	0	255	0	365	0	472	0	560
87		★0	0	189	0	255	0	365	0	472	0	560
88		★0	0	189	0	255	0	365	0	472	0	560
89		★0	0	189	0	255	0	365	0	472	0	560
90		★0	0	189	0	255	0	365	0	472	0	560
贈与額累計		5,850		5,850		5,850		5,850		5,850		5,850
最少税負担額		★0		189		255		365		472		560
最大税軽減額		★770		581		515		405		298		211

（注）220万円贈与は精算課税贈与を示します。

〔表の読み方〕

　220万円贈与（精算課税）は85歳で相続が開始した場合の税負担額は8万円で，86歳以後に相続が開始した場合の税負担額はゼロ円になります。つまり，59歳で相続が開始したとした場合の税負担額770万円は，子2人に毎年110万円ずつ贈与することにより，86歳でゼロ円になるわけです。

子2人

91

○現有財産1.5億円

単位:万円

贈与額⇒ 相続開始年齢(歳)↓	220 現有財産	税負担額	400 現有財産	税負担額	600 現有財産	税負担額	800 現有財産	税負担額	1000 現有財産	税負担額	1500 現有財産	税負担額
59	15,000	1,840	15,000	1,840	15,000	1,840	15,000	1,840	15,000	1,840	15,000	1,840
60	14,780	★1,774	14,600	1,840	14,400	1,840	14,200	1,840	14,000	1,840	13,500	1,840
61	14,560	★1,708	14,200	1,840	13,800	1,840	13,400	1,840	13,000	1,840	12,000	1,840
62	14,340	★1,642	13,800	1,840	13,200	1,840	12,600	1,840	12,000	1,840	10,500	1,840
63	14,120	★1,584	13,400	1,810	12,600	1,810	11,800	1,810	11,000	1,810	9,000	1,810
64	13,900	★1,540	13,000	1,810	12,000	1,810	11,000	1,810	10,000	1,810	7,500	1,810
65	13,680	★1,496	12,600	1,810	11,400	1,810	10,200	1,810	9,000	1,810	6,000	1,810
66	13,460	★1,452	12,200	1,810	10,800	1,810	9,400	1,810	8,000	1,810	4,500	1,810
67	13,240	★1,408	11,800	1,708	10,200	1,668	8,600	1,647	7,000	1,637	4,150	1,644
68	13,020	★1,364	11,400	1,616	9,600	1,576	7,800	1,554	6,000	1,534	0	1,548
69	12,800	★1,320	11,000	1,554	9,000	1,494	7,000	1,461	5,000	1,431	0	1,452
70	12,580	★1,276	10,600	1,492	8,400	1,412	6,200	1,368	4,150	1,328	0	1,441
71	12,360	★1,232	10,200	1,430	7,800	1,330	5,400	1,275	0	1,240	0	1,441
72	12,140	1,188	9,800	1,368	7,200	1,248	4,600	★1,187	0	★1,187	0	1,441
73	11,920	1,144	9,400	1,306	6,600	1,166	4,150	★1,134	0	★1,134	0	1,448
74	11,700	1,100	9,000	1,244	6,000	1,089	0	★1,081	0	★1,081	0	1,441
75	11,480	1,056	8,600	1,182	5,400	1,037	0	★1,028	0	1,045	0	1,441
76	11,260	1,012	8,200	1,120	4,800	985	0	★975	0	1,045	0	1,441
77	11,040	968	7,800	1,058	4,200	933	0	★927	0	1,045	0	1,441
78	10,820	924	7,400	1,001	4,150	★881	0	914	0	1,045	0	1,441
79	10,600	880	7,000	959	0	★829	0	901	0	1,045	0	1,441
80	10,380	836	6,600	917	0	★762	0	894	0	1,045	0	1,441
81	10,160	794	6,200	875	0	★740	0	894	0	1,045	0	1,441
82	9,940	761	5,800	833	0	★718	0	894	0	1,045	0	1,441
83	9,720	728	5,400	791	0	★696	0	894	0	1,045	0	1,441
84	9,500	695	5,000	749	0	★684	0	894	0	1,045	0	1,441
85	9,280	★662	4,600	707	0	684	0	894	0	1,045	0	1,441
86	9,060	★629	4,200	630	0	684	0	894	0	1,045	0	1,441
87	8,840	★596	4,150	608	0	684	0	894	0	1,045	0	1,441
88	8,620	★563	0	586	0	684	0	894	0	1,045	0	1,441
89	8,400	★530	0	564	0	684	0	894	0	1,045	0	1,441
90	8,180	★497	0	542	0	684	0	894	0	1,045	0	1,441
贈与額累計	6,820		10,850		10,850		10,850		10,850		10,850	
最少税負担額	★497		542		684		894		1,045		1,441	
最大税軽減額	★1,343		1,298		1,156		946		796		399	

（注）220万円贈与は精算課税贈与を示します。

〔表の読み方〕

　71歳までに相続が開始した場合は220万円贈与が有利，72歳から84歳までの間に相続が開始した場合は，贈与額の相違により，相続開始年齢における最少税負担額は異なります。なお，85歳以後に相続が開始した場合は再び220万円贈与が有利となります。

○現有財産2億円

No.4-03　　　　　　　　　　　　　　　　　　　　　　　　　　　　　　　　　　　　単位:万円

贈与額⇒	220		600		800		1000		1500		2000	
相続開始年齢(歳)↓	現有財産	税負担額	現有財産	税負担額	現有財産	税負担額	現有財産	税負担額	現有財産	税負担額	現有財産	税負担額
59	20,000	3,340	20,000	3,340	20,000	3,340	20,000	3,340	20,000	3,340	20,000	3,340
60	19,780	★3,274	19,400	3,340	19,200	3,340	19,000	3,340	18,500	3,340	18,000	3,340
61	19,560	★3,208	18,800	3,340	18,400	3,340	18,000	3,340	17,000	3,340	16,000	3,340
62	19,340	★3,142	18,200	3,340	17,600	3,340	17,000	3,340	15,500	3,340	14,000	3,340
63	19,120	★3,076	17,600	3,310	16,800	3,310	16,000	3,310	14,000	3,310	12,000	3,310
64	18,900	★3,010	17,000	3,310	16,000	3,310	15,000	3,310	12,500	3,310	10,000	3,310
65	18,680	★2,944	16,400	3,310	15,200	3,310	14,000	3,310	11,000	3,310	8,000	3,310
66	18,460	★2,878	15,800	3,310	14,400	3,310	13,000	3,310	9,500	3,310	6,000	3,310
67	18,240	★2,812	15,200	3,168	13,600	3,137	12,000	3,107	8,000	3,064	4,150	3,064
68	18,020	★2,746	14,600	3,026	12,800	2,964	11,000	2,904	6,500	2,818	0	2,818
69	17,800	2,680	14,000	2,884	12,000	2,791	10,000	2,701	5,000	★2,572	0	2,787
70	17,580	2,614	13,400	2,742	11,200	2,618	9,000	2,498	4,150	★2,356	0	2,787
71	17,360	2,548	12,800	2,600	10,400	2,445	8,000	2,295	0	★2,260	0	2,787
72	17,140	2,482	12,200	2,458	9,600	2,272	7,000	★2,122	0	2,164	0	2,787
73	16,920	2,416	11,600	2,316	8,800	2,099	6,000	★2,019	0	2,115	0	2,787
74	16,700	2,350	11,000	2,174	8,000	1,996	5,000	★1,916	0	2,115	0	2,787
75	16,480	2,284	10,400	2,032	7,200	1,903	4,150	★1,813	0	2,115	0	2,787
76	16,260	2,218	9,800	1,920	6,400	1,810	0	★1,725	0	2,115	0	2,787
77	16,040	2,152	9,200	1,838	5,600	1,717	0	★1,672	0	2,115	0	2,787
78	15,820	2,086	8,600	1,756	4,800	1,624	0	★1,619	0	2,115	0	2,787
79	15,600	2,020	8,000	1,674	4,150	★1,566	0	★1,566	0	2,115	0	2,787
80	15,380	1,954	7,400	1,592	0	★1,513	0	1,530	0	2,115	0	2,787
81	15,160	1,888	6,800	1,510	0	★1,460	0	1,530	0	2,115	0	2,787
82	14,940	1,822	6,200	1,428	0	★1,362	0	1,530	0	2,115	0	2,787
83	14,720	1,756	5,600	1,371	0	★1,349	0	1,530	0	2,115	0	2,787
84	14,500	1,690	5,000	★1,319	0	1,336	0	1,530	0	2,115	0	2,787
85	14,280	1,624	4,400	★1,267	0	1,323	0	1,530	0	2,115	0	2,787
86	14,060	1,572	4,150	★1,215	0	1,318	0	1,530	0	2,115	0	2,787
87	13,840	1,528	0	★1,163	0	1,318	0	1,530	0	2,115	0	2,787
88	13,620	1,484	0	★1,086	0	1,318	0	1,530	0	2,115	0	2,787
89	13,400	1,440	0	★1,064	0	1,318	0	1,530	0	2,115	0	2,787
90	13,180	1,396	0	★1,042	0	1,318	0	1,530	0	2,115	0	2,787
贈与額累計		6,820		15,850		15,850		15,850		15,850		15,850
最少税負担額		1,396		★1,042		1,318		1,530		2,115		2,787
最大税軽減額		1,944		★2,298		2,023		1,811		1,226		553

（注）220万円贈与は精算課税贈与を示します。

〔表の読み方〕

　68歳までに相続が開始した場合は220万円贈与が有利，69歳以後に相続が開始した場合は，贈与額の相違により，相続開始年齢における最少税負担額は異なります。

子2人

○現有財産3億円

No.4-04　　　　　　　　　　　　　　　　　　　　　　　　　　　　　　　単位:万円

贈与額⇒	220		1000		1500		2000		3000	
相続開始年齢(歳)↓	現有財産	税負担額	現有財産	税負担額	現有財産	税負担額	現有財産	税負担額	現有財産	税負担額
59	30,000	6,920	30,000	6,920	30,000	6,920	30,000	6,920	30,000	6,920
60	29,780	★6,832	29,000	6,920	28,500	6,920	28,000	6,920	27,000	6,920
61	29,560	★6,744	28,000	6,920	27,000	6,920	26,000	6,920	24,000	6,920
62	29,340	★6,656	27,000	6,920	25,500	6,920	24,000	6,920	21,000	6,920
63	29,120	★6,568	26,000	6,880	24,000	6,880	22,000	6,880	18,000	6,880
64	28,900	★6,480	25,000	6,880	22,500	6,880	20,000	6,880	15,000	6,880
65	28,680	★6,392	24,000	6,880	21,000	6,880	18,000	6,880	12,000	6,880
66	28,460	★6,304	23,000	6,880	19,500	6,880	16,000	6,880	9,000	6,880
67	28,240	★6,216	22,000	6,577	18,000	6,484	14,000	6,434	6,000	6,412
68	28,020	6,128	21,000	6,274	16,500	6,088	12,000	★5,988	4,150	6,165
69	27,800	6,040	20,000	5,971	15,000	5,692	10,000	★5,572	0	6,165
70	27,580	5,952	19,000	5,668	13,500	★5,326	8,000	★5,326	0	6,165
71	27,360	5,864	18,000	5,365	12,000	★5,080	6,000	★5,080	0	6,165
72	27,140	5,776	17,000	5,092	10,500	★4,834	4,150	★4,834	0	6,165
73	26,920	5,688	16,000	4,889	9,000	★4,588	0	★4,588	0	6,165
74	26,700	5,600	15,000	4,686	7,500	★4,342	0	4,557	0	6,165
75	26,480	5,512	14,000	4,483	6,000	★4,096	0	4,557	0	6,165
76	26,260	5,424	13,000	4,280	4,500	★3,850	0	4,557	0	6,165
77	26,040	5,336	12,000	4,077	4,150	★3,684	0	4,557	0	6,165
78	25,820	5,248	11,000	3,874	0	★3,588	0	4,557	0	6,165
79	25,600	5,160	10,000	3,671	0	★3,492	0	4,557	0	6,165
80	25,380	5,072	9,000	★3,468	0	3,481	0	4,557	0	6,165
81	25,160	4,984	8,000	★3,265	0	3,481	0	4,557	0	6,165
82	24,940	4,896	7,000	★3,092	0	3,481	0	4,557	0	6,165
83	24,720	4,808	6,000	★2,989	0	3,488	0	4,557	0	6,165
84	24,500	4,720	5,000	★2,886	0	3,481	0	4,557	0	6,165
85	24,280	4,632	4,150	★2,783	0	3,481	0	4,557	0	6,165
86	24,060	4,558	0	★2,695	0	3,481	0	4,557	0	6,165
87	23,840	4,492	0	★2,642	0	3,481	0	4,557	0	6,165
88	23,620	4,426	0	★2,589	0	3,481	0	4,557	0	6,165
89	23,400	4,360	0	★2,501	0	3,481	0	4,557	0	6,165
90	23,180	4,294	0	★2,500	0	3,481	0	4,557	0	6,165
贈与額累計		6,820		25,850		25,850		25,850		25,850
最少税負担額		4,294		★2,500		3,481		4,557		6,165
最大税軽減額		2,626		★4,421		3,439		2,363		755

（注）220万円贈与は精算課税贈与を示します。

〔表の読み方〕

　67歳までに相続が開始した場合は220万円贈与が有利，68歳以後に相続が開始した場合は，贈与額の相違により，相続開始年齢における最少税負担額は異なります。

　80歳以後に相続が開始した場合は1,000万円贈与が有利といえます。

○現有財産4億円

No.4-05　　　　　　　　　　　　　　　　　　　　　　　　　　　　　　　　　　　　　単位:万円

贈与額⇒	220		1500		2000		3000		4000	
相続開始年齢(歳)↓	現有財産	税負担額	現有財産	税負担額	現有財産	税負担額	現有財産	税負担額	現有財産	税負担額
59	40,000	10,920	40,000	10,920	40,000	10,920	40,000	10,920	40,000	10,920
60	39,780	★10,832	38,500	10,920	38,000	10,920	37,000	10,920	36,000	10,920
61	39,560	★10,744	37,000	10,920	36,000	10,920	34,000	10,920	32,000	10,920
62	39,340	★10,656	35,500	10,920	34,000	10,920	31,000	10,920	28,000	10,920
63	39,120	★10,568	34,000	10,880	32,000	10,880	28,000	10,880	24,000	10,880
64	38,900	★10,480	32,500	10,880	30,000	10,880	25,000	10,880	20,000	10,880
65	38,680	★10,392	31,000	10,880	28,000	10,880	22,000	10,880	16,000	10,880
66	38,460	★10,304	29,500	10,880	26,000	10,880	19,000	10,880	12,000	10,880
67	38,240	★10,216	28,000	10,484	24,000	10,434	16,000	10,412	8,000	10,451
68	38,020	10,128	26,500	10,088	22,000	9,988	13,000	★9,944	4,150	10,472
69	37,800	10,040	25,000	9,692	20,000	9,542	10,000	★9,476	0	10,472
70	37,580	9,952	23,500	9,296	18,000	9,096	7,000	★9,008	0	10,472
71	37,360	9,864	22,000	8,900	16,000	★8,650	4,150	8,724	0	10,472
72	37,140	9,776	20,500	8,504	14,000	★8,204	0	8,724	0	10,472
73	36,920	9,688	19,000	8,108	12,000	★7,758	0	8,724	0	10,472
74	36,700	9,600	17,500	7,712	10,000	★7,342	0	8,724	0	10,472
75	36,480	9,512	16,000	7,316	8,000	★7,096	0	8,724	0	10,472
76	36,260	9,424	14,500	6,920	6,000	★6,850	0	8,724	0	10,472
77	36,040	9,336	13,000	★6,604	4,150	★6,604	0	8,724	0	10,472
78	35,820	9,248	11,500	★6,358	0	★6,358	0	8,724	0	10,472
79	35,600	9,160	10,000	★6,112	0	6,327	0	8,724	0	10,472
80	35,380	9,072	8,500	★5,866	0	6,327	0	8,724	0	10,472
81	35,160	8,984	7,000	★5,620	0	6,327	0	8,724	0	10,472
82	34,940	8,896	5,500	★5,374	0	6,327	0	8,724	0	10,472
83	34,720	8,808	4,150	★5,128	0	6,327	0	8,724	0	10,472
84	34,500	8,720	0	★5,012	0	6,327	0	8,724	0	10,472
85	34,280	8,632	0	★4,916	0	6,327	0	8,724	0	10,472
86	34,060	8,544	0	★4,858	0	6,327	0	8,724	0	10,472
87	33,840	8,456	0	★4,858	0	6,327	0	8,724	0	10,472
88	33,620	8,368	0	★4,858	0	6,327	0	8,724	0	10,472
89	33,400	8,280	0	★4,858	0	6,327	0	8,724	0	10,472
90	33,180	8,192	0	★4,858	0	6,327	0	8,724	0	10,472
贈与額累計		6,820		35,850		35,850		35,850		35,850
最少税負担額		8,192		★4,858		6,327		8,724		10,451
最大税軽減額		2,728		★6,062		4,593		2,196		469

（注）220万円贈与は精算課税贈与を示します。

〔表の読み方〕

　67歳までに相続が開始した場合は220万円贈与が有利，68歳以後に相続が開始した場合は，贈与額の相違により，相続開始年齢における最少税負担額は異なります。

　77歳以後に相続が開始した場合は1,500万円贈与が有利といえます。

子2人

○現有財産５億円

No.4-06

贈与額⇒	220		2000		3000		4000		5000	
相続開始年齢(歳)↓	現有財産	税負担額	現有財産	税負担額	現有財産	税負担額	現有財産	税負担額	現有財産	税負担額
59	50,000	15,210	50,000	15,210	50,000	15,210	50,000	15,210	50,000	15,210
60	49,780	★15,111	48,000	15,210	47,000	15,210	46,000	15,210	45,000	15,210
61	49,560	★15,012	46,000	15,210	44,000	15,210	42,000	15,210	40,000	15,210
62	49,340	★14,913	44,000	15,210	41,000	15,210	38,000	15,210	35,000	15,210
63	49,120	★14,814	42,000	15,165	38,000	15,165	34,000	15,165	30,000	15,165
64	48,900	★14,715	40,000	15,165	35,000	15,165	30,000	15,165	25,000	15,165
65	48,680	★14,616	38,000	15,165	32,000	15,165	26,000	15,165	20,000	15,165
66	48,460	★14,517	36,000	15,165	29,000	15,165	22,000	15,165	15,000	15,165
67	48,240	★14,418	34,000	14,619	26,000	14,547	18,000	14,536	10,000	14,536
68	48,020	14,319	32,000	14,073	23,000	★13,944	14,000	14,022	5,000	14,589
69	47,800	14,220	30,000	13,542	20,000	★13,476	10,000	13,593	4,150	14,664
70	47,580	14,121	28,000	13,096	17,000	★13,008	6,000	13,164	0	14,664
71	47,360	14,022	26,000	12,650	14,000	★12,540	4,150	13,190	0	14,664
72	47,140	13,923	24,000	12,204	11,000	★12,072	0	13,190	0	14,664
73	46,920	13,824	22,000	11,758	8,000	★11,604	0	13,190	0	14,664
74	46,700	13,725	20,000	11,312	5,000	★11,136	0	13,190	0	14,664
75	46,480	13,626	18,000	★10,866	4,150	11,055	0	13,190	0	14,664
76	46,260	13,527	16,000	★10,420	0	11,055	0	13,190	0	14,664
77	46,040	13,428	14,000	★9,974	0	11,055	0	13,190	0	14,664
78	45,820	13,329	12,000	★9,528	0	11,055	0	13,190	0	14,664
79	45,600	13,230	10,000	★9,112	0	11,055	0	13,190	0	14,664
80	45,380	13,131	8,000	★8,866	0	11,055	0	13,190	0	14,664
81	45,160	13,032	6,000	★8,620	0	11,055	0	13,190	0	14,664
82	44,940	12,933	4,150	★8,374	0	11,055	0	13,190	0	14,664
83	44,720	12,834	0	★8,128	0	11,055	0	13,190	0	14,664
84	44,500	12,735	0	★8,097	0	11,055	0	13,190	0	14,664
85	44,280	12,636	0	★8,097	0	11,055	0	13,190	0	14,664
86	44,060	12,544	0	★8,097	0	11,055	0	13,190	0	14,664
87	43,840	12,456	0	★8,097	0	11,055	0	13,190	0	14,664
88	43,620	12,368	0	★8,097	0	11,055	0	13,190	0	14,664
89	43,400	12,280	0	★8,097	0	11,055	0	13,190	0	14,664
90	43,180	12,192	0	★8,097	0	11,055	0	13,190	0	14,664
贈与額累計		6,820		45,850		45,850		45,850		45,850
最少税負担額		12,192		★8,097		11,055		13,164		14,536
最大税軽減額		3,018		★7,113		4,156		2,046		674

（注）220万円贈与は精算課税贈与を示します。

〔表の読み方〕

67歳までに相続が開始した場合は220万円贈与が有利，68歳以後に相続が開始した場合は，贈与額の相違により，相続開始年齢における最少税負担額は異なります。

75歳以後に相続が開始した場合は2,000万円贈与が有利といえます。

○現有財産6億円

No.4-07

単位：万円

贈与額⇒	220		2000		3000		4000		5000		6000	
相続開始年齢(歳)↓	現有財産	税負担額	現有財産	税負担額	現有財産	税負担額	現有財産	税負担額	現有財産	税負担額	現有財産	税負担額
59	60,000	19,710	60,000	19,710	60,000	19,710	60,000	19,710	60,000	19,710	60,000	19,710
60	59,780	★19,611	58,000	19,710	57,000	19,710	56,000	19,710	55,000	19,710	54,000	19,710
61	59,560	★19,512	56,000	19,710	54,000	19,710	52,000	19,710	50,000	19,710	48,000	19,710
62	59,340	★19,413	54,000	19,710	51,000	19,710	48,000	19,710	45,000	19,710	42,000	19,710
63	59,120	★19,314	52,000	19,665	48,000	19,665	44,000	19,665	40,000	19,665	36,000	19,665
64	58,900	★19,215	50,000	19,665	45,000	19,665	40,000	19,665	35,000	19,665	30,000	19,665
65	58,680	★19,116	48,000	19,665	42,000	19,665	36,000	19,665	30,000	19,665	24,000	19,665
66	58,460	★19,017	46,000	19,665	39,000	19,665	32,000	19,665	25,000	19,665	18,000	19,665
67	58,240	★18,918	44,000	19,119	36,000	19,047	28,000	19,036	20,000	19,036	12,000	19,036
68	58,020	18,819	42,000	18,573	33,000	18,429	24,000	★18,407	15,000	★18,407	6,000	18,639
69	57,800	18,720	40,000	18,027	30,000	17,811	20,000	★17,778	10,000	★17,778	4,150	18,948
70	57,580	18,621	38,000	17,481	27,000	17,193	16,000	★17,164	5,000	17,831	0	18,948
71	57,360	18,522	36,000	16,935	24,000	★16,575	12,000	16,735	4,150	17,906	0	18,948
72	57,140	18,423	34,000	16,389	21,000	★16,072	8,000	16,306	0	17,906	0	18,948
73	56,920	18,324	32,000	15,843	18,000	★15,604	4,150	16,327	0	17,906	0	18,948
74	56,700	18,225	30,000	15,312	15,000	★15,136	0	16,327	0	17,906	0	18,948
75	56,480	18,126	28,000	14,866	12,000	★14,668	0	16,327	0	17,906	0	18,948
76	56,260	18,027	26,000	14,420	9,000	★14,200	0	16,327	0	17,906	0	18,948
77	56,040	17,928	24,000	13,974	6,000	★13,732	0	16,327	0	17,906	0	18,948
78	55,820	17,829	22,000	13,528	4,150	★13,485	0	16,327	0	17,906	0	18,948
79	55,600	17,730	20,000	★13,082	0	13,485	0	16,327	0	17,906	0	18,948
80	55,380	17,631	18,000	★12,636	0	13,485	0	16,327	0	17,906	0	18,948
81	55,160	17,532	16,000	★12,190	0	13,485	0	16,327	0	17,906	0	18,948
82	54,940	17,433	14,000	★11,744	0	13,485	0	16,327	0	17,906	0	18,948
83	54,720	17,334	12,000	★11,298	0	13,485	0	16,327	0	17,906	0	18,948
84	54,500	17,235	10,000	★10,882	0	13,485	0	16,327	0	17,906	0	18,948
85	54,280	17,136	8,000	★10,636	0	13,485	0	16,327	0	17,906	0	18,948
86	54,060	17,037	6,000	★10,390	0	13,485	0	16,327	0	17,906	0	18,948
87	53,840	16,938	4,150	★10,144	0	13,485	0	16,327	0	17,906	0	18,948
88	53,620	16,839	0	★9,898	0	13,485	0	16,327	0	17,906	0	18,948
89	53,400	16,740	0	★9,867	0	13,485	0	16,327	0	17,906	0	18,948
90	53,180	16,641	0	★9,867	0	13,485	0	16,327	0	17,906	0	18,948
贈与額累計		6,820		55,850		55,850		55,850		55,850		55,850
最少税負担額		16,641		★9,867		13,485		16,306		17,778		18,639
最大税軽減額		3,069		★9,843		6,225		3,404		1,932		1,071

〔注〕220万円贈与は精算課税贈与を示します。

〔表の読み方〕

　67歳までに相続が開始した場合は220万円贈与が有利，68歳以後に相続が開始した場合は，贈与額の相違により，相続開始年齢における最少税負担額は異なります。

　79歳以後に相続が開始した場合は2,000万円贈与が有利といえます。

○現有財産 8 億円

単位：万円

贈与額⇒	220		3000		4000		5000		6000		8000	
相続開始 年齢(歳)↓	現有財産	税負担額	現有財産	税負担額	現有財産	税負担額	現有財産	税負担額	現有財産	税負担額	現有財産	税負担額
59	80,000	29,500	80,000	29,500	80,000	29,500	80,000	29,500	80,000	29,500	80,000	29,500
60	79,780	★29,390	77,000	29,500	76,000	29,500	75,000	29,500	74,000	29,500	72,000	29,500
61	79,560	★29,280	74,000	29,500	72,000	29,500	70,000	29,500	68,000	29,500	64,000	29,500
62	79,340	★29,170	71,000	29,500	68,000	29,500	65,000	29,500	62,000	29,500	56,000	29,500
63	79,120	★29,060	68,000	29,450	64,000	29,450	60,000	29,450	56,000	29,450	48,000	29,450
64	78,900	★28,950	65,000	29,450	60,000	29,450	55,000	29,450	50,000	29,450	40,000	29,450
65	78,680	★28,840	62,000	29,450	56,000	29,450	50,000	29,450	44,000	29,450	32,000	29,450
66	78,460	★28,730	59,000	29,450	52,000	29,450	45,000	29,450	38,000	29,450	24,000	29,450
67	78,240	28,620	56,000	28,682	48,000	28,621	40,000	28,571	32,000	28,521	16,000	★28,510
68	78,020	28,510	53,000	27,914	44,000	27,792	35,000	27,692	26,000	27,592	8,000	★27,585
69	77,800	28,400	50,000	27,146	40,000	26,963	30,000	26,813	20,000	★26,778	4,150	28,644
70	77,580	28,290	47,000	26,378	36,000	★26,149	25,000	★26,149	14,000	★26,149	0	28,644
71	77,360	28,180	44,000	25,610	32,000	★25,520	20,000	★25,520	8,000	★25,520	0	28,644
72	77,140	28,070	41,000	24,957	28,000	★24,891	15,000	★24,891	4,150	25,956	0	28,644
73	76,920	27,960	38,000	24,339	24,000	★24,262	10,000	★24,262	0	25,956	0	28,644
74	76,700	27,850	35,000	23,721	20,000	★23,633	5,000	24,315	0	25,956	0	28,644
75	76,480	27,740	32,000	23,103	16,000	★23,019	4,150	24,390	0	25,956	0	28,644
76	76,260	27,630	29,000	★22,485	12,000	22,590	0	24,390	0	25,956	0	28,644
77	76,040	27,520	26,000	★21,867	8,000	22,161	0	24,390	0	25,956	0	28,644
78	75,820	27,410	23,000	★21,264	4,150	22,182	0	24,390	0	25,956	0	28,644
79	75,600	27,300	20,000	★20,796	0	22,182	0	24,390	0	25,956	0	28,644
80	75,380	27,190	17,000	★20,328	0	22,182	0	24,390	0	25,956	0	28,644
81	75,160	27,080	14,000	★19,860	0	22,182	0	24,390	0	25,956	0	28,644
82	74,940	26,970	11,000	★19,392	0	22,182	0	24,390	0	25,956	0	28,644
83	74,720	26,860	8,000	★18,924	0	22,182	0	24,390	0	25,956	0	28,644
84	74,500	26,750	5,000	★18,456	0	22,182	0	24,390	0	25,956	0	28,644
85	74,280	26,640	4,150	★18,375	0	22,182	0	24,390	0	25,956	0	28,644
86	74,060	26,530	0	★18,375	0	22,182	0	24,390	0	25,956	0	28,644
87	73,840	26,420	0	★18,375	0	22,182	0	24,390	0	25,956	0	28,644
88	73,620	26,310	0	★18,375	0	22,182	0	24,390	0	25,956	0	28,644
89	73,400	26,200	0	★18,375	0	22,182	0	24,390	0	25,956	0	28,644
90	73,180	26,090	0	★18,375	0	22,182	0	24,390	0	25,956	0	28,644
贈与額累計		6,820		75,850		75,850		75,850		75,850		75,850
最少税負担額		26,090		★18,375		22,161		24,262		25,520		27,585
最大税軽減額		3,410		★11,126		7,339		5,238		3,980		1,915

（注）220万円贈与は精算課税贈与を示します。

〔表の読み方〕

　66歳までに相続が開始した場合は220万円贈与が有利，67歳以後に相続が開始した場合は，贈与額の相違により，相続開始年齢における最少税負担額は異なります。

　76歳以後に相続が開始した場合は3,000万円贈与が有利といえます。

○現有財産10億円

No.4-09　　　単位:万円

贈与額⇒	220		5000		6000		8000		10000	
相続開始年齢(歳)↓	現有財産	税負担額	現有財産	税負担額	現有財産	税負担額	現有財産	税負担額	現有財産	税負担額
59	100,000	39,500	100,000	39,500	100,000	39,500	100,000	39,500	100,000	39,500
60	99,780	★39,390	95,000	39,500	94,000	39,500	92,000	39,500	90,000	39,500
61	99,560	★39,280	90,000	39,500	88,000	39,500	84,000	39,500	80,000	39,500
62	99,340	★39,170	85,000	39,500	82,000	39,500	76,000	39,500	70,000	39,500
63	99,120	★39,060	80,000	39,450	76,000	39,450	68,000	39,450	60,000	39,450
64	98,900	★38,950	75,000	39,450	70,000	39,450	60,000	39,450	50,000	39,450
65	98,680	★38,840	70,000	39,450	64,000	39,450	52,000	39,450	40,000	39,450
66	98,460	★38,730	65,000	39,450	58,000	39,450	44,000	39,450	30,000	39,450
67	98,240	38,620	60,000	38,571	52,000	38,521	36,000	★38,510	20,000	38,549
68	98,020	38,510	55,000	37,692	46,000	37,592	28,000	★37,570	10,000	37,648
69	97,800	38,400	50,000	36,813	40,000	36,663	20,000	★36,630	4,150	38,895
70	97,580	38,290	45,000	35,934	34,000	35,734	12,000	★35,690	0	38,895
71	97,360	38,180	40,000	35,055	28,000	★34,805	4,150	36,645	0	38,895
72	97,140	38,070	35,000	34,176	22,000	★33,891	0	36,645	0	38,895
73	96,920	37,960	30,000	33,297	16,000	★33,262	0	36,645	0	38,895
74	96,700	37,850	25,000	★32,633	10,000	★32,633	0	36,645	0	38,895
75	96,480	37,740	20,000	★32,004	4,150	33,069	0	36,645	0	38,895
76	96,260	37,630	15,000	★31,375	0	33,069	0	36,645	0	38,895
77	96,040	37,520	10,000	★30,746	0	33,069	0	36,645	0	38,895
78	95,820	37,410	5,000	★30,799	0	33,069	0	36,645	0	38,895
79	95,600	37,300	4,150	★30,874	0	33,069	0	36,645	0	38,895
80	95,380	37,190	0	★30,874	0	33,069	0	36,645	0	38,895
81	95,160	37,080	0	★30,874	0	33,069	0	36,645	0	38,895
82	94,940	36,970	0	★30,874	0	33,069	0	36,645	0	38,895
83	94,720	36,860	0	★30,874	0	33,069	0	36,645	0	38,895
84	94,500	36,750	0	★30,874	0	33,069	0	36,645	0	38,895
85	94,280	36,640	0	★30,874	0	33,069	0	36,645	0	38,895
86	94,060	36,530	0	★30,874	0	33,069	0	36,645	0	38,895
87	93,840	36,420	0	★30,874	0	33,069	0	36,645	0	38,895
88	93,620	36,310	0	★30,874	0	33,069	0	36,645	0	38,895
89	93,400	36,200	0	★30,874	0	33,069	0	36,645	0	38,895
90	93,180	36,090	0	★30,874	0	33,069	0	36,645	0	38,895
贈与額累計		6,820		95,850		95,850		95,850		95,850
最少税負担額		36,090		★30,746		32,633		35,690		37,648
最大税軽減額		3,410		★8,754		6,867		3,810		1,852

（注）220万円贈与は精算課税贈与を示します。

〔表の読み方〕

　66歳までに相続が開始した場合は220万円贈与が有利，67歳以後に相続が開始した場合は，贈与額の相違により，相続開始年齢における最少税負担額は異なります。

　74歳以後に相続が開始した場合は3,000万円贈与が有利といえます。

子2人

○現有財産20億円

No.4-10 　　　　　　　　　　　　　　　　　　　　　　　　　　　　　　単位：万円

贈与額⇒	220		8000		10000		15000		20000	
相続開始年齢(歳)↓	現有財産	税負担額	現有財産	税負担額	現有財産	税負担額	現有財産	税負担額	現有財産	税負担額
59	200,000	93,290	200,000	93,290	200,000	93,290	200,000	93,290	200,000	93,290
60	199,780	★93,169	192,000	93,290	190,000	93,290	185,000	93,290	180,000	93,290
61	199,560	★93,048	184,000	93,290	180,000	93,290	170,000	93,290	160,000	93,290
62	199,340	★92,927	176,000	93,290	170,000	93,290	155,000	93,290	140,000	93,290
63	199,120	★92,806	168,000	93,235	160,000	93,235	140,000	93,235	120,000	93,235
64	198,900	★92,685	160,000	93,235	150,000	93,235	125,000	93,235	100,000	93,235
65	198,680	★92,564	152,000	93,235	140,000	93,235	110,000	93,235	80,000	93,235
66	198,460	★92,443	144,000	93,235	130,000	93,235	95,000	93,235	60,000	93,235
67	198,240	92,322	136,000	91,895	120,000	★91,834	80,000	★91,834	40,000	★91,834
68	198,020	92,201	128,000	90,555	110,000	90,433	65,000	90,433	20,000	★90,433
69	197,800	92,080	120,000	89,215	100,000	89,032	50,000	★89,032	4,150	93,708
70	197,580	91,959	112,000	87,875	90,000	★87,631	35,000	★87,631	0	93,708
71	197,360	91,838	104,000	86,535	80,000	★86,230	20,000	★86,230	0	93,708
72	197,140	91,717	96,000	85,195	70,000	★84,829	5,000	89,037	0	93,708
73	196,920	91,596	88,000	83,855	60,000	★83,428	4,150	89,112	0	93,708
74	196,700	91,475	80,000	82,515	50,000	★82,242	0	89,112	0	93,708
75	196,480	91,354	72,000	★81,175	40,000	81,341	0	89,112	0	93,708
76	196,260	91,233	64,000	★80,050	30,000	80,440	0	89,112	0	93,708
77	196,040	91,112	56,000	★79,110	20,000	79,539	0	89,112	0	93,708
78	195,820	90,991	48,000	★78,170	10,000	78,638	0	89,112	0	93,708
79	195,600	90,870	40,000	★77,230	4,150	79,885	0	89,112	0	93,708
80	195,380	90,749	32,000	★76,290	0	79,885	0	89,112	0	93,708
81	195,160	90,628	24,000	★75,350	0	79,885	0	89,112	0	93,708
82	194,940	90,507	16,000	★74,410	0	79,885	0	89,112	0	93,708
83	194,720	90,386	8,000	★73,485	0	79,885	0	89,112	0	93,708
84	194,500	90,265	4,150	★74,544	0	79,885	0	89,112	0	93,708
85	194,280	90,144	0	★74,544	0	79,885	0	89,112	0	93,708
86	194,060	90,023	0	★74,544	0	79,885	0	89,112	0	93,708
87	193,840	89,902	0	★74,544	0	79,885	0	89,112	0	93,708
88	193,620	89,781	0	★74,544	0	79,885	0	89,112	0	93,708
89	193,400	89,660	0	★74,544	0	79,885	0	89,112	0	93,708
90	193,180	89,539	0	★74,544	0	79,885	0	89,112	0	93,708
贈与額累計		6,820		195,850		195,850		195,850		195,850
最少税負担額		89,539		★73,485		78,638		86,230		90,433
最大税軽減額		3,751		★19,805		14,652		7,060		2,857

（注）220万円贈与は精算課税贈与を示します。

〔表の読み方〕

　66歳までに相続が開始した場合は220万円贈与が有利，67歳以後に相続が開始した場合は，贈与額の相違により，相続開始年齢における最少税負担額は異なります。

　75歳以後に相続が開始した場合は8,000万円贈与が有利といえます。

家族構成：推定被相続人・子3人

推定被相続人

推定相続人：子3人

基礎控除額：**4,800万円**

○精算課税贈与
　子3人に対し各年330万円贈与します
○暦年課税贈与
　子3人に対し現有財産に応じて各年400万円から段階的に贈与します（特例税率適用）
※子1人当たり贈与額は上記金額の3分の1とします

○現有財産別・贈与額別の税負担額の軽減額（60歳から90歳までの間贈与した場合）

単位：万円

表番号	頁	贈与方式⇒ 贈与額⇒	精算課税	暦年課税									
			0	330	400	600	1,000	1,500	2,000	3,000	5,000	8,000	10,000
No.5-01		現有財産 10,000	630	★630.75	540.79	402.75	278.72						
No.5-02		15,000	1,440	★1,440.90	1,224.90	981.83	737.77	459.73					
No.5-03		20,000	2,460	★1,865.90		1,742.90	1,405.82	1,005.77	642.72				
No.5-04		30,000	5,460	3,066.90			★3,662.90	3,024.83	2,421.77	1,104.69			
No.5-05		40,000	8,980	3,589.90				★5,592.90	4,720.82	2,833.73			
No.5-06		50,000	12,980	4,092.90					★7,499.87	5,015.76	1,217.68		
No.5-07		60,000	16,980	4,092.90					★10,204.90	7,314.79	2,604.70		
No.5-08		80,000	25,740	4,604.90						★12,465.86	6,136.74	1,827.68	
No.5-09		100,000	35,000	4,864.90							★10,168.78	4,077.70	2,126.68
No.5-10		200,000	85,760	5,627.90								★21,993.83	16,991.78

〔表の見方〕
・家族構成が推定被相続人・子1人の場合と比べ，相続税の基礎控除額が1,200万円多いことから，その分相続税額は軽減されます。
　また，子1人に対する贈与と同額を3分の1ずつ子3人に対して贈与した場合，贈与税の基礎控除額110万円を子それぞれが適用できること，また，贈与額によっては税率が抑えられることから，贈与税額は軽減されます。

〔表の読み方〕
・この表からは，現有財産が2億円までであれば，精算課税贈与が有利であることが分かります。

子3人

○現有財産1億円

No.5-01　　　　　　　　　　　　　　　　　　　　　　　　　　　単位:万円

贈与額⇒	330		400		600		800		1000	
相続開始年齢(歳)↓	現有財産	税負担額	現有財産	税負担額	現有財産	税負担額	現有財産	税負担額	現有財産	税負担額
59	10,000	630	10,000	630	10,000	630	10,000	630	10,000	630
60	9,670	★581	9,600	630	9,400	630	9,200	630	9,000	630
61	9,340	★531	9,200	630	8,800	630	8,400	630	8,000	630
62	9,010	★482	8,800	630	8,200	630	7,600	630	7,000	630
63	8,680	★432	8,400	615	7,600	615	6,800	615	6,000	615
64	8,350	★383	8,000	615	7,000	615	6,000	615	5,000	615
65	8,020	★333	7,600	615	6,400	615	5,200	615	4,750	615
66	7,690	★289	7,200	615	5,800	615	4,750	615	0	615
67	7,360	★256	6,800	562	5,200	552	0	542	0	535
68	7,030	★223	6,400	509	4,750	489	0	469	0	456
69	6,700	★190	6,000	456	0	426	0	411	0	421
70	6,370	★157	5,600	403	0	378	0	378	0	391
71	6,040	★124	5,200	350	0	345	0	346	0	362
72	5,710	★91	4,800	311	0	312	0	313	0	352
73	5,380	★58	4,750	278	0	279	0	295	0	352
74	5,050	★25	0	245	0	246	0	295	0	352
75	4,750	★0	0	212	0	228	0	295	0	352
76		★0	0	179	0	228	0	295	0	352
77		★0	0	146	0	228	0	295	0	352
78		★0	0	113	0	228	0	295	0	352
79		★0	0	90	0	228	0	295	0	352
80		★0	0	90	0	228	0	295	0	352
81		★0	0	90	0	228	0	295	0	352
82		★0	0	90	0	228	0	295	0	352
83		★0	0	90	0	228	0	295	0	352
84		★0	0	90	0	228	0	295	0	352
85		★0	0	90	0	228	0	295	0	352
86		★0	0	90	0	228	0	295	0	352
87		★0	0	90	0	228	0	295	0	352
88		★0	0	90	0	228	0	295	0	352
89		★0	0	90	0	228	0	295	0	352
90		★0	0	90	0	228	0	295	0	352
贈与額累計	5,250		5,250		5,250		5,250		5,250	
最少税負担額	★0		90		228		295		352	
最大税軽減額	★630		540		402		335		278	

（注）330万円贈与は精算課税贈与を示します。

〔表の読み方〕
　精算課税贈与（330万円）は，75歳以後に相続が開始した場合の税負担額はゼロ円になります。子2人に贈与する場合の税負担額ゼロ円の相続開始年齢86歳（表番号【No.4－01】参照）と比べ，精算課税の基礎控除額を110万円多く使えるので，贈与開始から税額がゼロになるまでの期間を短くすることができます。
　どの相続開始年齢においても330万円贈与が最も有利といえます。

○現有財産1.5億円

No.5-02　　　　　　　　　　　　　　　　　　　　　　　　　　　　　　　　　　　　　　単位：万円

贈与額⇒	330		400		600		800		1000		1500	
相続開始年齢(歳)↓	現有財産	税負担額	現有財産	税負担額	現有財産	税負担額	現有財産	税負担額	現有財産	税負担額	現有財産	税負担額
59	15,000	1,440	15,000	1,440	15,000	1,440	15,000	1,440	15,000	1,440	15,000	1,440
60	14,670	★1,374	14,600	1,440	14,400	1,440	14,200	1,440	14,000	1,440	13,500	1,440
61	14,340	★1,308	14,200	1,440	13,800	1,440	13,400	1,440	13,000	1,440	12,000	1,440
62	14,010	★1,242	13,800	1,440	13,200	1,440	12,600	1,440	12,000	1,440	10,500	1,440
63	13,680	★1,182	13,400	1,420	12,600	1,420	11,800	1,420	11,000	1,420	9,000	1,420
64	13,350	★1,133	13,000	1,420	12,000	1,420	11,000	1,420	10,000	1,420	7,500	1,420
65	13,020	★1,083	12,600	1,420	11,400	1,420	10,200	1,420	9,000	1,420	6,000	1,420
66	12,690	★1,034	12,200	1,420	10,800	1,420	9,400	1,420	8,000	1,420	4,750	1,420
67	12,360	★984	11,800	1,347	10,200	1,327	8,600	1,307	7,000	1,290	0	1,286
68	12,030	★935	11,400	1,274	9,600	1,239	7,800	1,219	6,000	1,206	0	1,206
69	11,700	★885	11,000	1,206	9,000	1,176	7,000	1,146	5,000	1,126	0	1,127
70	11,370	★836	10,600	1,153	8,400	1,113	6,200	1,073	4,750	1,046	0	1,047
71	11,040	★786	10,200	1,100	7,800	1,050	5,400	1,001	0	967	0	988
72	10,710	★737	9,800	1,046	7,200	987	4,750	928	0	887	0	983
73	10,380	★687	9,400	993	6,600	924	0	855	0	807	0	981
74	10,050	★638	9,000	940	6,000	861	0	782	0	773	0	981
75	9,720	★588	8,600	887	5,400	798	0	714	0	743	0	981
76	9,390	★539	8,200	834	4,800	735	0	681	0	714	0	981
77	9,060	★489	7,800	781	4,750	672	0	648	0	704	0	981
78	8,730	★440	7,400	728	0	614	0	615	0	704	0	981
79	8,400	★390	7,000	675	0	581	0	597	0	704	0	981
80	8,070	★327	6,600	547	0	548	0	597	0	704	0	981
81	7,740	★294	6,200	514	0	515	0	597	0	704	0	981
82	7,410	★261	5,800	480	0	482	0	597	0	704	0	981
83	7,080	★228	5,400	447	0	459	0	597	0	704	0	981
84	6,750	★195	5,000	414	0	459	0	597	0	704	0	981
85	6,420	★162	4,750	381	0	459	0	597	0	704	0	981
86	6,090	★129	0	348	0	459	0	597	0	704	0	981
87	5,760	★96	0	315	0	459	0	597	0	704	0	981
88	5,430	★63	0	282	0	459	0	597	0	704	0	981
89	5,100	★30	0	249	0	459	0	597	0	704	0	981
90	4,750	★0	0	216	0	459	0	597	0	704	0	981
贈与額累計		10,250		10,250		10,250		10,250		10,250		10,250
最少税負担額		★0		216		459		597		704		981
最大税軽減額		★1,440		1,224		981		843		737		459

〔注〕330万円贈与は精算課税贈与を示します。

〔表の読み方〕

　330万円贈与は89歳で相続が開始した場合の税負担額は30万円で，90歳で相続が開始した場合の税負担額はゼロになります。

　どの相続開始年齢においても330万円贈与が最も有利といえます。

子3人

○現有財産2億円

単位:万円

贈与額⇒	330		600		800		1000		1500		2000	
相続開始年齢(歳)↓	現有財産	税負担額	現有財産	税負担額	現有財産	税負担額	現有財産	税負担額	現有財産	税負担額	現有財産	税負担額
59	20,000	2,460	20,000	2,460	20,000	2,460	20,000	2,460	20,000	2,460	20,000	2,460
60	19,670	★2,374	19,400	2,460	19,200	2,460	19,000	2,460	18,500	2,460	18,000	2,460
61	19,340	★2,308	18,800	2,460	18,400	2,460	18,000	2,460	17,000	2,460	16,000	2,460
62	19,010	★2,242	18,200	2,460	17,600	2,460	17,000	2,460	15,500	2,460	14,000	2,460
63	18,680	★2,176	17,600	2,430	16,800	2,430	16,000	2,430	14,000	2,430	12,000	2,430
64	18,350	★2,110	17,000	2,430	16,000	2,430	15,000	2,430	12,500	2,430	10,000	2,430
65	18,020	★2,044	16,400	2,430	15,200	2,430	14,000	2,430	11,000	2,430	8,000	2,430
66	17,690	★1,978	15,800	2,430	14,400	2,430	13,000	2,430	9,500	2,430	6,000	2,430
67	17,360	★1,912	15,200	2,327	13,600	2,307	12,000	2,290	8,000	2,266	4,750	2,264
68	17,030	★1,846	14,600	2,234	12,800	2,194	11,000	2,161	6,500	2,111	0	2,108
69	16,700	★1,780	14,000	2,141	12,000	2,081	10,000	2,031	5,000	1,957	0	1,953
70	16,370	★1,714	13,400	2,048	11,200	1,968	9,000	1,901	4,750	1,802	0	1,892
71	16,040	★1,648	12,800	1,955	10,400	1,856	8,000	1,772	0	1,718	0	1,836
72	15,710	★1,582	12,200	1,862	9,600	1,743	7,000	1,642	0	1,638	0	1,818
73	15,380	★1,516	11,600	1,769	8,800	1,630	6,000	1,557	0	1,559	0	1,819
74	15,050	★1,450	11,000	1,676	8,000	1,532	5,000	1,478	0	1,479	0	1,818
75	14,720	★1,384	10,400	1,583	7,200	1,459	4,750	1,398	0	1,470	0	1,818
76	14,390	★1,318	9,800	1,490	6,400	1,386	0	1,319	0	1,465	0	1,818
77	14,060	1,252	9,200	1,422	5,600	1,313	0	★1,239	0	1,455	0	1,818
78	13,730	1,190	8,600	1,359	4,800	1,240	0	★1,159	0	1,455	0	1,818
79	13,400	1,140	8,000	1,296	4,750	1,167	0	★1,125	0	1,455	0	1,818
80	13,070	1,091	7,400	1,233	0	★1,049	0	1,095	0	1,455	0	1,818
81	12,740	1,041	6,800	1,170	0	★1,017	0	1,065	0	1,455	0	1,818
82	12,410	992	6,200	1,107	0	★984	0	1,055	0	1,455	0	1,818
83	12,080	★942	5,600	1,044	0	951	0	1,055	0	1,455	0	1,818
84	11,750	★893	5,000	916	0	918	0	1,055	0	1,455	0	1,818
85	11,420	★843	4,750	883	0	895	0	1,055	0	1,455	0	1,818
86	11,090	★794	0	850	0	895	0	1,055	0	1,455	0	1,818
87	10,760	★744	0	817	0	895	0	1,055	0	1,455	0	1,818
88	10,430	★695	0	784	0	895	0	1,055	0	1,455	0	1,818
89	10,100	★645	0	751	0	895	0	1,055	0	1,455	0	1,818
90	9,770	★596	0	718	0	895	0	1,055	0	1,455	0	1,818
贈与額累計		10,230		15,250		15,250		15,250		15,250		15,250
最少税負担額		★596		718		895		1,055		1,455		1,818
最大税軽減額		★1,865		1,742		1,565		1,405		1,005		642

（注）330万円贈与は精算課税贈与を示します。

〔表の読み方〕

　76歳までに相続が開始した場合は330万円贈与が有利，77歳から82歳の間に相続が開始した場合は800万円贈与または1,000万円贈与が有利，83歳からは再び330万円贈与が有利といえます。

104

○現有財産3億円

No.5-04　　　　　　　　　　　　　　　　　　　　　　　　　　　　　　　　　　　　　単位:万円

贈与額⇒	330		1000		1500		2000		3000	
相続開始年齢(歳)↓	現有財産	税負担額	現有財産	税負担額	現有財産	税負担額	現有財産	税負担額	現有財産	税負担額
59	30,000	5,460	30,000	5,460	30,000	5,460	30,000	5,460	30,000	5,460
60	29,670	★5,361	29,000	5,460	28,500	5,460	28,000	5,460	27,000	5,460
61	29,340	★5,262	28,000	5,460	27,000	5,460	26,000	5,460	24,000	5,460
62	29,010	★5,163	27,000	5,460	25,500	5,460	24,000	5,460	21,000	5,460
63	28,680	★5,064	26,000	5,430	24,000	5,430	22,000	5,430	18,000	5,430
64	28,350	★4,965	25,000	5,430	22,500	5,430	20,000	5,430	15,000	5,430
65	28,020	★4,866	24,000	5,430	21,000	5,430	18,000	5,430	12,000	5,430
66	27,690	★4,767	23,000	5,430	19,500	5,430	16,000	5,430	9,000	5,430
67	27,360	★4,668	22,000	5,200	18,000	5,126	14,000	5,074	6,000	5,061
68	27,030	★4,569	21,000	4,971	16,500	4,821	12,000	4,718	4,750	4,692
69	26,700	4,470	20,000	4,741	15,000	4,517	10,000	4,363	0	★4,356
70	26,370	4,371	19,000	4,511	13,500	4,212	8,000	★4,007	0	4,356
71	26,040	4,272	18,000	4,282	12,000	3,908	6,000	★3,651	0	4,356
72	25,710	4,173	17,000	4,052	10,500	3,603	4,750	★3,485	0	4,356
73	25,380	4,074	16,000	3,822	9,000	3,339	0	★3,329	0	4,356
74	25,050	3,975	15,000	3,593	7,500	3,184	0	★3,174	0	4,358
75	24,720	3,876	14,000	3,363	6,000	★3,030	0	3,113	0	4,356
76	24,390	3,777	13,000	3,134	4,750	★2,875	0	3,057	0	4,356
77	24,060	3,678	12,000	2,994	0	★2,741	0	3,039	0	4,356
78	23,730	3,579	11,000	2,864	0	★2,661	0	3,040	0	4,356
79	23,400	3,480	10,000	2,735	0	★2,582	0	3,039	0	4,356
80	23,070	3,381	9,000	2,605	0	★2,447	0	3,039	0	4,356
81	22,740	3,282	8,000	2,475	0	★2,443	0	3,039	0	4,356
82	22,410	3,183	7,000	★2,346	0	2,438	0	3,039	0	4,356
83	22,080	3,084	6,000	★2,261	0	2,436	0	3,039	0	4,356
84	21,750	2,985	5,000	★2,181	0	2,436	0	3,039	0	4,356
85	21,420	2,886	4,750	★2,102	0	2,436	0	3,039	0	4,356
86	21,090	2,787	0	★2,022	0	2,436	0	3,039	0	4,356
87	20,760	2,688	0	★1,887	0	2,436	0	3,039	0	4,356
88	20,430	2,589	0	★1,858	0	2,436	0	3,039	0	4,356
89	20,100	2,490	0	★1,828	0	2,436	0	3,039	0	4,356
90	19,770	2,394	0	★1,798	0	2,436	0	3,039	0	4,356
贈与額累計		10,230		25,250		25,250		25,250		25,250
最少税負担額		2,394		★1,798		2,436		3,039		4,356
最大税減額		3,066		★3,662		3,024		2,421		1,104

〔注〕330万円贈与は精算課税贈与を示します。

〔表の読み方〕
　68歳までに相続が開始した場合は330万円贈与が有利，69歳以後に相続が開始した場合は，贈与額の相違により，相続開始年齢における最少税負担額は異なります。

○現有財産4億円

No.5-05　　　　　　　　　　　　　　　　　　　　　　　　　　　　単位:万円

贈与額⇒	330		1500		2000		3000		4000	
相続開始年齢(歳)↓	現有財産	税負担額	現有財産	税負担額	現有財産	税負担額	現有財産	税負担額	現有財産	税負担額
59	40,000	8,980	40,000	8,980	40,000	8,980	40,000	8,980	40,000	8,980
60	39,670	★8,848	38,500	8,980	38,000	8,980	37,000	8,980	36,000	8,980
61	39,340	★8,716	37,000	8,980	36,000	8,980	34,000	8,980	32,000	8,980
62	39,010	★8,584	35,500	8,980	34,000	8,980	31,000	8,980	28,000	8,980
63	38,680	★8,452	34,000	8,940	32,000	8,940	28,000	8,940	24,000	8,940
64	38,350	★8,320	32,500	8,940	30,000	8,940	25,000	8,940	20,000	8,940
65	38,020	★8,188	31,000	8,940	28,000	8,940	22,000	8,940	16,000	8,940
66	37,690	★8,056	29,500	8,940	26,000	8,940	19,000	8,940	12,000	8,940
67	37,360	★7,924	28,000	8,486	24,000	8,384	16,000	8,271	8,000	8,238
68	37,030	7,792	26,500	8,031	22,000	7,828	13,000	★7,692	4,750	7,825
69	36,700	7,660	25,000	7,577	20,000	7,363	10,000	★7,323	0	7,787
70	36,370	7,528	23,500	7,212	18,000	7,007	7,000	★6,954	0	7,787
71	36,040	7,396	22,000	6,908	16,000	6,651	4,750	★6,585	0	7,787
72	35,710	7,264	20,500	6,603	14,000	6,295	0	★6,216	0	7,787
73	35,380	7,132	19,000	6,299	12,000	★5,939	0	6,147	0	7,787
74	35,050	7,000	17,500	5,994	10,000	★5,584	0	6,147	0	7,787
75	34,720	6,876	16,000	5,690	8,000	★5,228	0	6,147	0	7,787
76	34,390	6,777	14,500	5,385	6,000	★4,872	0	6,147	0	7,787
77	34,060	6,678	13,000	5,081	4,750	★4,706	0	6,147	0	7,787
78	33,730	6,579	11,500	4,776	0	★4,550	0	6,147	0	7,787
79	33,400	6,480	10,000	4,472	0	★4,395	0	6,147	0	7,787
80	33,070	6,381	8,500	★4,257	0	4,334	0	6,147	0	7,787
81	32,740	6,282	7,000	★4,103	0	4,278	0	6,147	0	7,787
82	32,410	6,183	5,500	★3,948	0	4,260	0	6,147	0	7,787
83	32,080	6,084	4,750	★3,794	0	4,261	0	6,147	0	7,787
84	31,750	5,985	0	★3,684	0	4,260	0	6,147	0	7,787
85	31,420	5,886	0	★3,605	0	4,260	0	6,147	0	7,787
86	31,090	5,787	0	★3,525	0	4,260	0	6,147	0	7,787
87	30,760	5,688	0	★3,416	0	4,260	0	6,147	0	7,787
88	30,430	5,589	0	★3,411	0	4,260	0	6,147	0	7,787
89	30,100	5,490	0	★3,407	0	4,260	0	6,147	0	7,787
90	29,770	5,391	0	★3,389	0	4,260	0	6,147	0	7,787
贈与額累計		10,230		35,250		35,250		35,250		35,250
最少税負担額		5,391		★3,389		4,260		6,147		7,787
最大税軽減額		3,589		★5,592		4,720		2,833		1,194

〔注〕330万円贈与は精算課税贈与を示します。

〔表の読み方〕
　67歳までに相続が開始した場合は330万円贈与が有利，68歳以後に相続が開始した場合は，贈与額の相違により，相続開始年齢における最少税負担額は異なります。

○現有財産5億円

No.5-06　　　　　　　　　　　　　　　　　　　　　　　　　　　　　　　　単位：万円

贈与額⇒	330		2000		3000		4000		5000	
相続開始年齢(歳)↓	現有財産	税負担額	現有財産	税負担額	現有財産	税負担額	現有財産	税負担額	現有財産	税負担額
59	50,000	12,980	50,000	12,980	50,000	12,980	50,000	12,980	50,000	12,980
60	49,670	★12,848	48,000	12,980	47,000	12,980	46,000	12,980	45,000	12,980
61	49,340	★12,716	46,000	12,980	44,000	12,980	42,000	12,980	40,000	12,980
62	49,010	★12,584	44,000	12,980	41,000	12,980	38,000	12,980	35,000	12,980
63	48,680	★12,452	42,000	12,940	38,000	12,940	34,000	12,940	30,000	12,940
64	48,350	★12,320	40,000	12,940	35,000	12,940	30,000	12,940	25,000	12,940
65	48,020	★12,188	38,000	12,940	32,000	12,940	26,000	12,940	20,000	12,940
66	47,690	★12,056	36,000	12,940	29,000	12,940	22,000	12,940	15,000	12,940
67	47,360	★11,924	34,000	12,384	26,000	12,271	18,000	12,238	10,000	12,247
68	47,030	11,792	32,000	11,828	23,000	11,602	14,000	★11,535	5,000	11,763
69	46,700	11,660	30,000	11,273	20,000	10,933	10,000	★10,833	4,750	11,763
70	46,370	11,528	28,000	10,717	17,000	10,264	6,000	★10,220	0	11,763
71	46,040	11,396	26,000	10,161	14,000	★9,595	4,750	9,982	0	11,763
72	45,710	11,264	24,000	9,605	11,000	★9,216	0	9,982	0	11,763
73	45,380	11,132	22,000	9,049	8,000	★8,847	0	9,982	0	11,763
74	45,050	11,000	20,000	8,584	5,000	★8,478	0	9,982	0	11,763
75	44,720	10,868	18,000	8,228	4,750	★8,109	0	9,982	0	11,773
76	44,390	10,736	16,000	★7,872	0	7,965	0	9,982	0	11,763
77	44,060	10,604	14,000	★7,516	0	7,965	0	9,984	0	11,763
78	43,730	10,472	12,000	★7,160	0	7,965	0	9,982	0	11,763
79	43,400	10,340	10,000	★6,805	0	7,965	0	9,982	0	11,763
80	43,070	10,208	8,000	★6,449	0	7,965	0	9,982	0	11,763
81	42,740	10,076	6,000	★6,093	0	7,975	0	9,982	0	11,763
82	42,410	9,944	4,750	★5,927	0	7,965	0	9,982	0	11,763
83	42,080	9,812	0	★5,771	0	7,965	0	9,982	0	11,763
84	41,750	9,680	0	★5,616	0	7,965	0	9,982	0	11,763
85	41,420	9,548	0	★5,555	0	7,965	0	9,982	0	11,763
86	41,090	9,416	0	★5,499	0	7,965	0	9,982	0	11,763
87	40,760	9,284	0	★5,481	0	7,965	0	9,982	0	11,763
88	40,430	9,152	0	★5,482	0	7,965	0	9,982	0	11,763
89	40,100	9,020	0	★5,481	0	7,965	0	9,982	0	11,763
90	39,770	8,888	0	★5,481	0	7,965	0	9,982	0	11,763
贈与額累計		10,230		45,250		45,250		45,250		45,250
最少税負担額		8,888		★5,481		7,965		9,982		11,763
最大税軽減額		4,092		★7,499		5,015		2,998		1,217

（注）330万円贈与は精算課税贈与を示します。

〔表の読み方〕

　67歳までに相続が開始した場合は330万円贈与が有利，68歳以後に相続が開始した場合は，贈与額の相違により，相続開始年齢における最少税負担額は異なります。

　76歳以後に相続が開始した場合は2,000万円贈与が有利といえます。

子3人

○現有財産6億円

No.5-07
単位:万円

贈与額⇒	330		2000		3000		4000		5000		6000	
相続開始年齢(歳)↓	現有財産	税負担額	現有財産	税負担額	現有財産	税負担額	現有財産	税負担額	現有財産	税負担額	現有財産	税負担額
59	60,000	16,980	60,000	16,980	60,000	16,980	60,000	16,980	60,000	16,980	60,000	16,980
60	59,670	★16,848	58,000	16,980	57,000	16,980	56,000	16,980	55,000	16,980	54,000	16,980
61	59,340	★16,716	56,000	16,980	54,000	16,980	52,000	16,980	50,000	16,980	48,000	16,980
62	59,010	★16,584	54,000	16,980	51,000	16,980	48,000	16,980	45,000	16,980	42,000	16,980
63	58,680	★16,452	52,000	16,940	48,000	16,940	44,000	16,940	40,000	16,940	36,000	16,940
64	58,350	★16,320	50,000	16,940	45,000	16,940	40,000	16,940	35,000	16,940	30,000	16,940
65	58,020	★16,188	48,000	16,940	42,000	16,940	36,000	16,940	30,000	16,940	24,000	16,940
66	57,690	★16,056	46,000	16,940	39,000	16,940	32,000	16,940	25,000	16,940	18,000	16,940
67	57,360	★15,924	44,000	16,384	36,000	16,271	28,000	16,238	20,000	16,247	12,000	16,297
68	57,030	15,792	42,000	15,828	33,000	15,602	24,000	★15,535	15,000	15,554	6,000	**15,809**
69	56,700	15,660	40,000	15,273	30,000	14,933	20,000	★14,833	10,000	14,861	4,750	15,917
70	56,370	15,528	38,000	14,717	27,000	14,264	16,000	★14,130	5,000	14,376	0	15,917
71	56,040	15,396	36,000	14,161	24,000	13,595	12,000	★13,428	4,750	14,376	0	15,917
72	55,710	15,264	34,000	13,605	21,000	12,926	8,000	★12,726	0	14,376	0	15,917
73	55,380	15,132	32,000	13,049	18,000	★12,257	4,750	12,313	0	14,376	0	15,917
74	55,050	15,000	30,000	12,494	15,000	★11,588	0	12,275	0	14,376	0	15,917
75	54,720	14,868	28,000	11,938	12,000	★11,109	0	12,275	0	14,376	0	15,919
76	54,390	14,736	26,000	11,382	9,000	★10,740	0	12,275	0	14,376	0	15,917
77	54,060	14,604	24,000	10,826	6,000	★10,371	0	12,275	0	14,386	0	15,917
78	53,730	14,472	22,000	10,270	4,750	★10,002	0	12,275	0	14,376	0	15,917
79	53,400	14,340	20,000	9,805	0	★9,666	0	12,275	0	14,376	0	15,917
80	53,070	14,208	18,000	★9,449	0	9,666	0	12,275	0	14,376	0	15,917
81	52,740	14,076	16,000	★9,093	0	9,666	0	12,275	0	14,376	0	15,917
82	52,410	13,944	14,000	★8,737	0	9,666	0	12,275	0	14,376	0	15,917
83	52,080	13,812	12,000	★8,381	0	9,666	0	12,275	0	14,376	0	15,917
84	51,750	13,680	10,000	★8,026	0	9,668	0	12,275	0	14,376	0	15,917
85	51,420	13,548	8,000	★7,670	0	9,666	0	12,275	0	14,376	0	15,917
86	51,090	13,416	6,000	★7,314	0	9,666	0	12,275	0	14,376	0	15,917
87	50,760	13,284	4,750	★7,148	0	9,666	0	12,275	0	14,376	0	15,917
88	50,430	13,152	0	★6,992	0	9,666	0	12,275	0	14,376	0	15,917
89	50,100	13,020	0	★6,837	0	9,666	0	12,275	0	14,376	0	15,917
90	49,770	12,888	0	★6,776	0	9,666	0	12,275	0	14,376	0	15,917
贈与額累計		10,230		55,250		55,250		55,250		55,250		55,250
最少税負担額		12,888		★6,776		9,666		12,275		14,376		15,809
最大税軽減額		4,092		★10,204		7,314		4,706		2,604		1,172

(注) 330万円贈与は精算課税贈与を示します。

〔表の読み方〕

　67歳までに相続が開始した場合は330万円贈与が有利，68歳以後に相続が開始した場合は，贈与額の相違により，相続開始年齢における最少税負担額は異なります。

○現有財産8億円

No.5-08　　　　　　　　　　　　　　　　　　　　　　　　　　　　　　　　　　　　　　　単位：万円

贈与額⇒ 相続開始 年齢(歳)↓	330		3000		4000		5000		6000		8000	
	現有財産	税負担額	現有財産	税負担額	現有財産	税負担額	現有財産	税負担額	現有財産	税負担額	現有財産	税負担額
59	80,000	25,740	80,000	25,740	80,000	25,740	80,000	25,740	80,000	25,740	80,000	25,740
60	79,670	★25,592	77,000	25,740	76,000	25,740	75,000	25,740	74,000	25,740	72,000	25,740
61	79,340	★25,443	74,000	25,740	72,000	25,740	70,000	25,740	68,000	25,740	64,000	25,740
62	79,010	★25,295	71,000	25,740	68,000	25,740	65,000	25,740	62,000	25,740	56,000	25,740
63	78,680	★25,146	68,000	25,695	64,000	25,695	60,000	25,695	56,000	25,695	48,000	25,695
64	78,350	★24,998	65,000	25,695	60,000	25,695	55,000	25,695	50,000	25,695	40,000	25,695
65	78,020	★24,849	62,000	25,695	56,000	25,695	50,000	25,695	44,000	25,695	32,000	25,695
66	77,690	★24,701	59,000	25,695	52,000	25,695	45,000	25,695	38,000	25,695	24,000	25,695
67	77,360	★24,552	56,000	24,876	48,000	24,793	40,000	24,752	32,000	24,752	16,000	24,752
68	77,030	24,404	53,000	24,057	44,000	23,890	35,000	23,809	26,000	★23,808	8,000	23,913
69	76,700	24,255	50,000	23,238	40,000	22,988	30,000	★22,866	20,000	23,010	4,750	24,518
70	76,370	24,107	47,000	22,419	36,000	★22,130	25,000	22,168	14,000	22,366	0	24,518
71	76,040	23,958	44,000	21,600	32,000	★21,428	20,000	21,475	8,000	21,723	0	24,518
72	75,710	23,810	41,000	20,926	28,000	★20,726	15,000	20,782	4,750	21,684	0	24,518
73	75,380	23,661	38,000	20,257	24,000	★20,023	10,000	20,089	0	21,684	0	24,518
74	75,050	23,513	35,000	19,588	20,000	★19,321	5,000	19,604	0	21,684	0	24,518
75	74,720	23,364	32,000	18,919	16,000	★18,618	4,750	19,604	0	21,684	0	24,518
76	74,390	23,216	29,000	18,250	12,000	★17,916	0	19,604	0	21,684	0	24,518
77	74,060	23,067	26,000	17,581	8,000	★17,214	0	19,604	0	21,684	0	24,518
78	73,730	22,919	23,000	16,912	4,750	★16,801	0	19,604	0	21,684	0	24,518
79	73,400	22,770	20,000	★16,243	0	16,763	0	19,604	0	21,684	0	24,518
80	73,070	22,622	17,000	★15,574	0	16,763	0	19,604	0	21,684	0	24,518
81	72,740	22,473	14,000	★14,905	0	16,763	0	19,614	0	21,684	0	24,518
82	72,410	22,325	11,000	★14,526	0	16,763	0	19,604	0	21,684	0	24,518
83	72,080	22,176	8,000	★14,157	0	16,763	0	19,604	0	21,684	0	24,518
84	71,750	22,028	5,000	★13,788	0	16,763	0	19,604	0	21,684	0	24,518
85	71,420	21,879	4,750	★13,419	0	16,763	0	19,604	0	21,684	0	24,518
86	71,090	21,731	0	★13,275	0	16,763	0	19,604	0	21,684	0	24,518
87	70,760	21,582	0	★13,275	0	16,763	0	19,604	0	21,684	0	24,518
88	70,430	21,434	0	★13,275	0	16,763	0	19,604	0	21,684	0	24,518
89	70,100	21,285	0	★13,275	0	16,763	0	19,604	0	21,684	0	24,518
90	69,770	21,137	0	★13,275	0	16,763	0	19,604	0	21,684	0	24,518
贈与額累計		10,230		75,250		75,250		75,250		75,250		75,250
最少税負担額		21,137		★13,275		16,763		19,604		21,684		23,913
最大税軽減額		4,604		★12,465		8,978		6,136		4,056		1,827

（注）330万円贈与は精算課税贈与を示します。

〔表の読み方〕

　67歳までに相続が開始した場合は330万円贈与が有利，68歳以後に相続が開始した場合は，贈与額の相違により，相続開始年齢における最少税負担額は異なります。

　79歳以後に相続が開始した場合は3,000万円贈与が有利といえます。

子3人

○現有財産10億円

No.5-09　　　　　　　　　　　　　　　　　　　　　　　　　　単位：万円

贈与額⇒	330		5000		6000		8000		10000	
相続開始 年齢（歳）↓	現有財産	税負担額	現有財産	税負担額	現有財産	税負担額	現有財産	税負担額	現有財産	税負担額
59	100,000	35,000	100,000	35,000	100,000	35,000	100,000	35,000	100,000	35,000
60	99,670	★34,835	95,000	35,000	94,000	35,000	92,000	35,000	90,000	35,000
61	99,340	★34,670	90,000	35,000	88,000	35,000	84,000	35,000	80,000	35,000
62	99,010	★34,505	85,000	35,000	82,000	35,000	76,000	35,000	70,000	35,000
63	98,680	★34,340	80,000	34,950	76,000	34,950	68,000	34,950	60,000	34,950
64	98,350	★34,175	75,000	34,950	70,000	34,950	60,000	34,950	50,000	34,950
65	98,020	★34,010	70,000	34,950	64,000	34,950	52,000	34,950	40,000	34,950
66	97,690	★33,845	65,000	34,950	58,000	34,950	44,000	34,950	30,000	34,950
67	97,360	★33,680	60,000	33,757	52,000	33,752	36,000	33,752	20,000	33,785
68	97,030	33,515	55,000	32,809	46,000	★32,808	28,000	32,809	10,000	32,874
69	96,700	33,350	50,000	31,866	40,000	★31,865	20,000	31,866	4,750	33,725
70	96,370	33,185	45,000	30,923	34,000	★30,921	12,000	30,923	0	33,725
71	96,040	33,020	40,000	29,980	28,000	★29,978	4,750	31,546	0	33,725
72	95,710	32,855	35,000	★29,037	22,000	29,079	0	31,546	0	33,725
73	95,380	32,690	30,000	★28,094	16,000	28,436	0	31,546	0	33,725
74	95,050	32,525	25,000	★27,396	10,000	27,792	0	31,546	0	33,725
75	94,720	32,364	20,000	★26,703	4,750	27,767	0	31,546	0	33,725
76	94,390	32,216	15,000	★26,010	0	27,767	0	31,546	0	33,725
77	94,060	32,067	10,000	★25,316	0	27,767	0	31,546	0	33,725
78	93,730	31,919	5,000	★24,832	0	27,767	0	31,546	0	33,725
79	93,400	31,770	4,750	★24,832	0	27,767	0	31,546	0	33,725
80	93,070	31,622	0	★24,832	0	27,767	0	31,546	0	33,725
81	92,740	31,473	0	★24,832	0	27,767	0	31,546	0	33,725
82	92,410	31,325	0	★24,832	0	27,767	0	31,546	0	33,725
83	92,080	31,176	0	★24,832	0	27,767	0	31,546	0	33,725
84	91,750	31,028	0	★24,832	0	27,767	0	31,546	0	33,725
85	91,420	30,879	0	★24,842	0	27,767	0	31,546	0	33,725
86	91,090	30,731	0	★24,832	0	27,767	0	31,546	0	33,725
87	90,760	30,582	0	★24,832	0	27,767	0	31,546	0	33,725
88	90,430	30,434	0	★24,832	0	27,767	0	31,546	0	33,725
89	90,100	30,285	0	★24,832	0	27,767	0	31,546	0	33,725
90	89,770	30,137	0	★24,832	0	27,767	0	31,546	0	33,725
贈与額累計		10,230		95,250		95,250		95,250		95,250
最少税負担額		30,137		★24,832		27,767		30,923		32,874
最大税軽減額		4,864		★10,168		7,234		4,077		2,126

（注）330万円贈与は精算課税贈与を示します。

〔表の読み方〕
　67歳までに相続が開始した場合は220万円贈与が有利，68歳以後に相続が開始した場合は，贈与額の相違により，相続開始年齢における最少税負担額は異なります。
　72歳以後に相続が開始した場合は5,000万円贈与が有利といえます。

○現有財産20億円

No.5-10　　　　　　　　　　　　　　　　　　　　　　　　　　　　　　　　単位:万円

贈与額⇒	330		8000		10000		15000		20000	
相続開始年齢(歳)↓	現有財産	税負担額	現有財産	税負担額	現有財産	税負担額	現有財産	税負担額	現有財産	税負担額
59	200,000	85,760	200,000	85,760	200,000	85,760	200,000	85,760	200,000	85,760
60	199,670	★85,579	192,000	85,760	190,000	85,760	185,000	85,760	180,000	85,760
61	199,340	★85,397	184,000	85,760	180,000	85,760	170,000	85,760	160,000	85,760
62	199,010	★85,216	176,000	85,760	170,000	85,760	155,000	85,760	140,000	85,760
63	198,680	★85,034	168,000	85,705	160,000	85,705	140,000	85,705	120,000	85,705
64	198,350	★84,853	160,000	85,705	150,000	85,705	125,000	85,705	100,000	85,705
65	198,020	★84,671	152,000	85,705	140,000	85,705	110,000	85,705	80,000	85,705
66	197,690	★84,490	144,000	85,705	130,000	85,705	95,000	85,705	60,000	85,705
67	197,360	84,308	136,000	83,962	120,000	83,795	80,000	★83,604	40,000	83,849
68	197,030	84,127	128,000	82,264	110,000	★82,129	65,000	82,247	20,000	82,748
69	196,700	83,945	120,000	80,921	100,000	★80,719	50,000	80,896	4,750	86,377
70	196,370	83,764	112,000	79,578	90,000	★79,308	35,000	79,544	0	86,377
71	196,040	83,582	104,000	78,235	80,000	★77,898	20,000	78,193	0	86,377
72	195,710	83,401	96,000	76,892	70,000	★76,487	5,000	79,931	0	86,377
73	195,380	83,219	88,000	75,549	60,000	★75,077	4,750	79,931	0	86,377
74	195,050	83,038	80,000	74,206	50,000	★73,666	0	79,931	0	86,377
75	194,720	82,856	72,000	72,863	40,000	★72,256	0	79,931	0	86,377
76	194,390	82,675	64,000	71,520	30,000	★70,845	0	79,931	0	86,377
77	194,060	82,493	56,000	70,176	20,000	★69,680	0	79,931	0	86,377
78	193,730	82,312	48,000	68,833	10,000	★68,769	0	79,931	0	86,377
79	193,400	82,130	40,000	★67,490	4,750	69,620	0	79,941	0	86,377
80	193,070	81,949	32,000	★66,492	0	69,620	0	79,931	0	86,377
81	192,740	81,767	24,000	★65,549	0	69,620	0	79,931	0	86,377
82	192,410	81,586	16,000	★64,606	0	69,620	0	79,931	0	86,377
83	192,080	81,404	8,000	★63,767	0	69,620	0	79,931	0	86,377
84	191,750	81,223	4,750	★64,373	0	69,620	0	79,931	0	86,377
85	191,420	81,041	0	★64,373	0	69,620	0	79,931	0	86,377
86	191,090	80,860	0	★64,373	0	69,620	0	79,931	0	86,377
87	190,760	80,678	0	★64,373	0	69,620	0	79,931	0	86,377
88	190,430	80,497	0	★64,373	0	69,620	0	79,931	0	86,377
89	190,100	80,315	0	★64,373	0	69,620	0	79,931	0	86,377
90	189,770	80,134	0	★64,373	0	69,620	0	79,931	0	86,377
贈与額累計		10,230		195,250		195,250		195,250		195,250
最少税負担額		80,134		★63,767		68,769		78,193		82,748
最大税軽減額		5,627		★21,993		16,991		7,568		3,012

（注）330万円贈与は精算課税贈与を示します。

〔表の読み方〕
　66歳までに相続が開始した場合は330万円贈与が有利，67歳以後に相続が開始した場合は，贈与額の相違により，相続開始年齢における最少税負担額は異なります。
　79歳以後に相続が開始した場合は8,000万円贈与が有利といえます。

子3人

家族構成：推定被相続人・子夫婦・孫1人

推定被相続人

推定相続人

（18歳以上）

基礎控除額：**3,600万円**

○暦年課税贈与
　孫1人に対し現有財産に応じて各年220万円から段階的に贈与します（特例税率適用）

推定被相続人

推定相続人

（一般税率が適用される）

○現有財産別・贈与額別の税負担額の軽減額（60歳から90歳までの間贈与した場合）

単位：万円

表番号	頁	贈与方式⇒		暦年課税									
		贈与額⇒	0	220	330	400	600	800	1,000	1,500	2,000	4,000	6,000
No.6-01		10,000	1,220	★901.89	776.79	684.75	508.68	328.65	209.62				
No.6-02		15,000	2,860		★2,030.90	1,908.88	1,576.77	1,239.72	964.67	476.63			
No.6-03		20,000	4,860			★3,222.90	3,020.84	2,507.78	2,079.72	1,252.67	713.64		
No.6-04		30,000	9,180					★5,363.90	4,629.82	3,136.73	2,105.69		
No.6-05	現有財産	40,000	14,000						★7,593.90	5,534.80	3,998.74	1,560.65	
No.6-06		50,000	19,000							★8,072.87	6,070.79	2,770.68	
No.6-07		60,000	24,000							★10,384.90	8,143.84	3,910.70	1,923.65
No.6-08		80,000	34,820								★12,610.90	7,080.75	4,045.68
No.6-09		100,000	45,820									★10,430.80	6,367.72
No.6-10		200,000	100,820										★18,055.88

〔表の見方〕
・推定相続人である子に贈与せずに推定相続人でない孫に贈与を行った場合，生前贈与加算がされないことから，贈与初年度から税負担を軽減することが可能です。子に贈与するより孫に贈与したほうが税負担額は軽減されます。孫に贈与せずに推定相続人の配偶者に贈与を行った場合，生前贈与加算はありませんが，特例税率ではなく一般税率が適用されます（枠内の図）。なお，相続税額の計算の際には生前贈与加算はありませんが，贈与税額の控除もありません。
・推定相続人でない孫に生前贈与を行う場合，生命保険金の受取人に指定したり，相続財産を遺贈したりするなどして孫が相続人になった場合，生前贈与加算の対象となるほか相続税額の2割加算の適用も受けるので注意しましょう。

〔表の読み方〕
　この表からは現有財産の額により暦年贈与の額を変えることが有利であることが分かります。

○現有財産1億円

No.6-01　　　　　　　　　　　　　　　　　　　　　　　　　　　　　　　　　　単位:万円

贈与額⇒	220		330		400		600		800		1000	
相続開始年齢(歳)↓	現有財産	税負担額	現有財産	税負担額	現有財産	税負担額	現有財産	税負担額	現有財産	税負担額	現有財産	税負担額
59	10,000	1,220	10,000	1,220	10,000	1,220	10,000	1,220	10,000	1,220	10,000	1,220
60	9,780	1,165	9,670	1,144	9,600	1,134	9,400	1,108	9,200	★1,097	9,000	★1,097
61	9,560	1,110	9,340	1,068	9,200	1,047	8,800	996	8,400	★994	8,000	1,034
62	9,340	1,055	9,010	992	8,800	961	8,200	★924	7,600	951	7,000	1,011
63	9,120	1,000	8,680	916	8,400	894	7,600	★872	6,800	908	6,000	1,018
64	8,900	945	8,350	865	8,000	848	7,000	★820	6,000	895	5,000	1,045
65	8,680	890	8,020	822	7,600	801	6,400	★778	5,200	892	4,000	1,102
66	8,460	849	7,690	779	7,200	★755	5,800	756	4,400	899	3,550	1,103
67	8,240	816	7,360	736	6,800	★708	5,200	734	3,600	936	0	1,103
68	8,020	783	7,030	693	6,400	★672	4,600	712	3,550	936	0	1,103
69	7,800	750	6,700	650	6,000	★645	4,000	720	0	936	0	1,103
70	7,580	717	6,370	★619	5,600	★619	3,550	721	0	936	0	1,103
71	7,360	684	6,040	★592	5,200	★592	0	721	0	936	0	1,103
72	7,140	651	5,710	★566	4,800	★566	0	721	0	936	0	1,103
73	6,920	618	5,380	★539	4,400	549	0	721	0	936	0	1,103
74	6,700	585	5,050	★513	4,000	543	0	721	0	936	0	1,103
75	6,480	558	4,720	★486	3,600	536	0	721	0	936	0	1,103
76	6,260	536	4,390	★470	3,550	536	0	721	0	936	0	1,103
77	6,040	514	4,060	★460	0	536	0	721	0	936	0	1,103
78	5,820	492	3,730	★450	0	536	0	721	0	936	0	1,103
79	5,600	470	3,550	★444	0	536	0	721	0	936	0	1,103
80	5,380	448	0	★444	0	536	0	721	0	936	0	1,103
81	5,160	★426	0	444	0	536	0	721	0	936	0	1,103
82	4,940	★387	0	444	0	536	0	721	0	936	0	1,103
83	4,720	★376	0	444	0	536	0	721	0	936	0	1,103
84	4,500	★365	0	444	0	536	0	721	0	936	0	1,103
85	4,280	★354	0	444	0	536	0	721	0	936	0	1,103
86	4,060	★343	0	444	0	536	0	721	0	936	0	1,103
87	3,840	★332	0	444	0	536	0	721	0	936	0	1,103
88	3,620	★321	0	444	0	536	0	721	0	936	0	1,103
89	3,550	★319	0	444	0	536	0	721	0	936	0	1,103
90	0	★319	0	444	0	536	0	721	0	936	0	1,103
贈与額累計		6,450		6,450		6,450		6,450		6,450		6,450
最少税負担額		★319		444		536		712		892		1,011
最大税軽減額		★901		776		684		508		328		209

子夫婦・孫1人

〔表の読み方〕

　生前贈与加算がないため，贈与初年度から800万円贈与など一定額の金額を贈与することにより税負担額を軽減することができます。一方，220万円贈与であっても長く続けるほど大きな軽減効果を得ることができます。

○現有財産1.5億円

No.6-02   単位:万円

贈与額⇒	330		400		600		800		1000		1500	
相続開始 年齢(歳)↓	現有財産	税負担額	現有財産	税負担額	現有財産	税負担額	現有財産	税負担額	現有財産	税負担額	現有財産	税負担額
59	15,000	2,860	15,000	2,860	15,000	2,860	15,000	2,860	15,000	2,860	15,000	2,860
60	14,670	2,751	14,600	2,734	14,400	2,688	14,200	2,657	14,000	2,637	13,500	★2,636
61	14,340	2,642	14,200	2,607	13,800	2,516	13,400	★2,474	13,000	★2,474	12,000	2,552
62	14,010	2,533	13,800	2,481	13,200	2,384	12,600	★2,351	12,000	★2,351	10,500	2,468
63	13,680	2,424	13,400	2,374	12,600	2,272	11,800	★2,228	11,000	★2,228	9,000	2,384
64	13,350	2,340	13,000	2,288	12,000	2,160	11,000	★2,105	10,000	★2,105	7,500	2,410
65	13,020	2,264	12,600	2,201	11,400	2,048	10,200	★1,982	9,000	★1,982	6,000	2,506
66	12,690	2,188	12,200	2,115	10,800	1,936	9,400	★1,859	8,000	1,919	4,500	2,652
67	12,360	2,112	11,800	2,028	10,200	1,824	8,600	★1,736	7,000	1,896	3,550	2,724
68	12,030	2,036	11,400	1,942	9,600	1,712	7,800	★1,693	6,000	1,903	0	2,724
69	11,700	1,960	11,000	1,855	9,000	★1,600	7,000	1,650	5,000	1,930	0	2,724
70	11,370	1,884	10,600	1,769	8,400	★1,508	6,200	1,627	4,000	1,987	0	2,724
71	11,040	1,808	10,200	1,682	7,800	★1,456	5,400	1,624	3,550	1,988	0	2,724
72	10,710	1,732	9,800	1,596	7,200	★1,404	4,600	1,621	0	1,988	0	2,724
73	10,380	1,656	9,400	1,509	6,600	★1,352	3,800	1,658	0	1,988	0	2,724
74	10,050	1,580	9,000	1,423	6,000	★1,330	3,550	1,652	0	1,988	0	2,724
75	9,720	1,504	8,600	1,336	5,400	★1,308	0	1,652	0	1,988	0	2,724
76	9,390	1,428	8,200	1,290	4,800	★1,286	0	1,652	0	1,988	0	2,724
77	9,060	1,352	7,800	★1,243	4,200	1,284	0	1,652	0	1,988	0	2,724
78	8,730	1,276	7,400	★1,197	3,600	1,292	0	1,652	0	1,988	0	2,724
79	8,400	1,220	7,000	★1,150	3,550	1,292	0	1,652	0	1,988	0	2,724
80	8,070	1,177	6,600	★1,104	0	1,292	0	1,652	0	1,988	0	2,724
81	7,740	1,134	6,200	★1,077	0	1,292	0	1,652	0	1,988	0	2,724
82	7,410	1,091	5,800	★1,051	0	1,292	0	1,652	0	1,988	0	2,724
83	7,080	1,048	5,400	★1,024	0	1,292	0	1,652	0	1,988	0	2,724
84	6,750	1,005	5,000	★978	0	1,292	0	1,652	0	1,988	0	2,724
85	6,420	★971	4,600	★971	0	1,292	0	1,652	0	1,988	0	2,724
86	6,090	★945	4,200	965	0	1,292	0	1,652	0	1,988	0	2,724
87	5,760	★918	3,800	958	0	1,292	0	1,652	0	1,988	0	2,724
88	5,430	★892	3,550	952	0	1,292	0	1,652	0	1,988	0	2,724
89	5,100	★840	0	952	0	1,292	0	1,652	0	1,988	0	2,724
90	4,770	★830	0	952	0	1,292	0	1,652	0	1,988	0	2,724
贈与額累計		10,230		11,450		11,450		11,450		11,450		11,450
最少税負担額		★830		952		1,284		1,621		1,896		2,384
最大税軽減額		★2,030		1,908		1,576		1,239		964		476

〔表の読み方〕
　贈与初年度から800万円贈与など一定額の金額を贈与することにより税負担額を軽減することができます。1,500万円贈与は，67歳で基礎控除額を下回りますので，さほどの軽減効果を得ることはできません。

○現有財産2億円

No.6-03　　　　　　　　　　　　　　　　　　　　　　　　　　　　　　　　　　　単位:万円

贈与額⇒	400		600		800		1000		1500		2000	
相続開始年齢(歳)↓	現有財産	税負担額	現有財産	税負担額	現有財産	税負担額	現有財産	税負担額	現有財産	税負担額	現有財産	税負担額
59	20,000	4,860	20,000	4,860	20,000	4,860	20,000	4,860	20,000	4,860	20,000	4,860
60	19,600	4,734	19,400	4,688	19,200	4,657	19,000	4,637	18,500	★4,626	18,000	4,646
61	19,200	4,607	18,800	4,516	18,400	4,454	18,000	4,414	17,000	★4,392	16,000	4,431
62	18,800	4,481	18,200	4,344	17,600	4,251	17,000	4,191	15,500	★4,158	14,000	4,217
63	18,400	4,354	17,600	4,172	16,800	4,048	16,000	3,968	14,000	★3,924	12,000	4,162
64	18,000	4,228	17,000	4,000	16,000	3,845	15,000	★3,745	12,500	3,800	10,000	4,148
65	17,600	4,101	16,400	3,828	15,200	3,642	14,000	★3,522	11,000	3,716	8,000	4,193
66	17,200	3,975	15,800	3,656	14,400	3,439	13,000	★3,359	9,500	3,632	6,000	4,409
67	16,800	3,848	15,200	3,484	13,600	★3,236	12,000	★3,236	8,000	3,608	4,000	4,724
68	16,400	3,722	14,600	3,312	12,800	★3,113	11,000	★3,113	6,500	3,679	3,550	4,725
69	16,000	3,595	14,000	3,140	12,000	★2,990	10,000	★2,990	5,000	3,820	0	4,725
70	15,600	3,469	13,400	2,988	11,200	★2,867	9,000	★2,867	3,550	4,006	0	4,725
71	15,200	3,342	12,800	2,876	10,400	★2,744	8,000	2,804	0	4,006	0	4,725
72	14,800	3,216	12,200	2,764	9,600	★2,621	7,000	2,781	0	4,006	0	4,725
73	14,400	3,089	11,600	2,652	8,800	★2,498	6,000	2,788	0	4,006	0	4,725
74	14,000	2,963	11,000	2,540	8,000	★2,435	5,000	2,815	0	4,006	0	4,725
75	13,600	2,836	10,400	2,428	7,200	★2,392	4,000	2,872	0	4,006	0	4,725
76	13,200	2,750	9,800	★2,316	6,400	2,359	3,550	2,873	0	4,006	0	4,725
77	12,800	2,663	9,200	★2,204	5,600	2,356	0	2,873	0	4,006	0	4,725
78	12,400	2,577	8,600	★2,092	4,800	2,353	0	2,873	0	4,006	0	4,725
79	12,000	2,490	8,000	★2,040	4,000	2,380	0	2,873	0	4,006	0	4,725
80	11,600	2,404	7,400	★1,988	3,550	2,381	0	2,873	0	4,006	0	4,725
81	11,200	2,317	6,800	★1,936	0	2,381	0	2,873	0	4,006	0	4,725
82	10,800	2,231	6,200	★1,904	0	2,381	0	2,873	0	4,006	0	4,725
83	10,400	2,144	5,600	★1,882	0	2,381	0	2,873	0	4,006	0	4,725
84	10,000	2,058	5,000	★1,840	0	2,381	0	2,873	0	4,006	0	4,725
85	9,600	1,971	4,400	★1,848	0	2,381	0	2,873	0	4,006	0	4,725
86	9,200	1,885	3,800	★1,856	0	2,381	0	2,873	0	4,006	0	4,725
87	8,800	★1,798	3,550	1,850	0	2,381	0	2,873	0	4,006	0	4,725
88	8,400	★1,732	0	1,850	0	2,381	0	2,873	0	4,006	0	4,725
89	8,000	★1,685	0	1,850	0	2,381	0	2,873	0	4,006	0	4,725
90	7,600	★1,639	0	1,850	0	2,381	0	2,873	0	4,006	0	4,725
贈与額累計		12,400		16,450		16,450		16,450		16,450		16,450
最少税負担額		★1,639		1,840		2,353		2,781		3,608		4,148
最大税軽減額		★3,222		3,020		2,507		2,079		1,252		713

子夫婦・孫1人

〔表の読み方〕
　贈与初年度から1,500万円贈与など一定額の金額を贈与することにより税負担額を軽減することができます。

○現有財産3億円

No.6-04 単位:万円

贈与額⇒	800		1000		1500		2000		3000	
相続開始年齢(歳)↓	現有財産	税負担額	現有財産	税負担額	現有財産	税負担額	現有財産	税負担額	現有財産	税負担額
59	30,000	9,180	30,000	9,180	30,000	9,180	30,000	9,180	30,000	9,180
60	29,200	8,937	29,000	8,907	28,500	8,871	28,000	★8,866	27,000	★8,866
61	28,400	8,694	28,000	8,634	27,000	8,562	26,000	★8,551	24,000	★8,551
62	27,600	8,451	27,000	8,361	25,500	8,253	24,000	★8,237	21,000	8,367
63	26,800	8,208	26,000	8,088	24,000	★7,944	22,000	8,002	18,000	8,202
64	26,000	7,965	25,000	7,815	22,500	★7,690	20,000	7,788	15,000	8,038
65	25,200	7,722	24,000	7,542	21,000	★7,456	18,000	7,573	12,000	8,033
66	24,400	7,479	23,000	7,299	19,500	★7,222	16,000	7,359	9,000	8,169
67	23,600	7,236	22,000	7,076	18,000	★6,988	14,000	7,144	6,000	8,594
68	22,800	7,033	21,000	6,853	16,500	★6,754	12,000	7,090	3,550	9,072
69	22,000	6,830	20,000	6,630	15,000	★6,520	10,000	7,075	0	9,072
70	21,200	6,627	19,000	6,407	13,500	★6,296	8,000	7,121	0	9,072
71	20,400	6,424	18,000	★6,184	12,000	6,212	6,000	7,336	0	9,072
72	19,600	6,221	17,000	★5,961	10,500	6,128	4,000	7,652	0	9,072
73	18,800	6,018	16,000	★5,738	9,000	6,044	3,550	7,653	0	9,072
74	18,000	5,815	15,000	★5,515	7,500	6,070	0	7,653	0	9,072
75	17,200	5,612	14,000	★5,292	6,000	6,166	0	7,653	0	9,072
76	16,400	5,409	13,000	★5,129	4,500	6,312	0	7,653	0	9,072
77	15,600	5,206	12,000	★5,006	3,550	6,384	0	7,653	0	9,072
78	14,800	5,003	11,000	★4,883	0	6,384	0	7,653	0	9,072
79	14,000	4,800	10,000	★4,760	0	6,384	0	7,653	0	9,072
80	13,200	★4,637	9,000	★4,637	0	6,384	0	7,653	0	9,072
81	12,400	★4,514	8,000	4,574	0	6,384	0	7,653	0	9,072
82	11,600	★4,391	7,000	4,551	0	6,384	0	7,653	0	9,072
83	10,800	★4,268	6,000	4,558	0	6,384	0	7,653	0	9,072
84	10,000	★4,145	5,000	4,565	0	6,384	0	7,653	0	9,072
85	9,200	★4,022	4,000	4,642	0	6,384	0	7,653	0	9,072
86	8,400	★3,919	3,550	4,643	0	6,384	0	7,653	0	9,072
87	7,600	★3,876	0	4,643	0	6,384	0	7,653	0	9,072
88	6,800	★3,833	0	4,643	0	6,384	0	7,653	0	9,072
89	6,000	★3,820	0	4,643	0	6,384	0	7,653	0	9,072
90	5,200	★3,817	0	4,643	0	6,384	0	7,653	0	9,072
贈与額累計		24,800		26,450		26,450		26,450		26,450
最少税負担額		★3,817		4,551		6,044		7,075		8,033
最大税軽減額		★5,363		4,629		3,136		2,105		1,147

〔表の読み方〕

　63歳から70歳までの間に相続が開始した場合は1,500万円贈与が有利，71歳から80歳までの間に相続が開始した場合は1,000万円贈与が有利，81歳以後に相続が開始した場合は800万円贈与が有利といえます。

○現有財産４億円

No.6-05　　単位：万円

贈与額⇒	1000		1500		2000		3000		4000	
相続開始年齢(歳)↓	現有財産	税負担額	現有財産	税負担額	現有財産	税負担額	現有財産	税負担額	現有財産	税負担額
59	40,000	14,000	40,000	14,000	40,000	14,000	40,000	14,000	40,000	14,000
60	39,000	13,677	38,500	13,616	38,000	13,586	37,000	13,536	36,000	★13,530
61	38,000	13,354	37,000	13,232	36,000	13,171	34,000	★13,071	32,000	13,140
62	37,000	13,031	35,500	12,848	34,000	12,757	31,000	★12,737	28,000	12,870
63	36,000	12,708	34,000	12,464	32,000	★12,422	28,000	★12,422	24,000	12,600
64	35,000	12,385	32,500	12,135	30,000	★12,108	25,000	★12,108	20,000	12,510
65	34,000	12,062	31,000	11,826	28,000	★11,793	22,000	11,873	16,000	12,440
66	33,000	11,769	29,500	11,517	26,000	★11,479	19,000	11,709	12,000	12,530
67	32,000	11,496	28,000	11,208	24,000	★11,164	16,000	11,544	8,000	12,920
68	31,000	11,223	26,500	★10,899	22,000	10,930	13,000	11,440	4,000	13,810
69	30,000	10,950	25,000	★10,590	20,000	10,715	10,000	11,575	3,550	13,811
70	29,000	10,677	23,500	★10,286	18,000	10,501	7,000	11,871	0	13,811
71	28,000	10,404	22,000	★10,052	16,000	10,286	4,000	12,466	0	13,811
72	27,000	10,131	20,500	★9,818	14,000	10,072	3,550	12,467	0	13,811
73	26,000	9,858	19,000	★9,584	12,000	10,017	0	12,467	0	13,811
74	25,000	9,585	17,500	★9,350	10,000	10,003	0	12,467	0	13,811
75	24,000	9,312	16,000	★9,116	8,000	10,048	0	12,467	0	13,811
76	23,000	9,069	14,500	★8,882	6,000	10,264	0	12,467	0	13,811
77	22,000	8,846	13,000	★8,708	4,000	10,579	0	12,467	0	13,811
78	21,000	★8,623	11,500	8,624	3,550	10,580	0	12,467	0	13,811
79	20,000	★8,400	10,000	8,540	0	10,580	0	12,467	0	13,811
80	19,000	★8,177	8,500	8,466	0	10,580	0	12,467	0	13,811
81	18,000	★7,954	7,000	8,532	0	10,580	0	12,467	0	13,811
82	17,000	★7,731	5,500	8,653	0	10,580	0	12,467	0	13,811
83	16,000	★7,508	4,000	8,824	0	10,580	0	12,467	0	13,811
84	15,000	★7,285	3,550	8,825	0	10,580	0	12,467	0	13,811
85	14,000	★7,062	0	8,825	0	10,580	0	12,467	0	13,811
86	13,000	★6,899	0	8,825	0	10,580	0	12,467	0	13,811
87	12,000	★6,776	0	8,825	0	10,580	0	12,467	0	13,811
88	11,000	★6,653	0	8,825	0	10,580	0	12,467	0	13,811
89	10,000	★6,530	0	8,825	0	10,580	0	12,467	0	13,811
90	9,000	★6,407	0	8,825	0	10,580	0	12,467	0	13,811
贈与額累計		31,000		36,450		36,450		36,450		36,450
最少税負担額		★6,407		8,466		10,003		11,440		12,440
最大税軽減額		★7,593		5,534		3,998		2,561		1,560

子夫婦・孫１人

〔表の読み方〕
　68歳から77歳までの間に相続が開始した場合は1,500万円贈与が有利，78歳以後に相続が開始した場合は1,000万円贈与が有利といえます。

○現有財産5億円

No.6-06 　　　　　　　　　　　　　　　　　　　　　　　　　　単位：万円

贈与額⇒	1500		2000		3000		4000		5000	
相続開始年齢(歳)↓	現有財産	税負担額	現有財産	税負担額	現有財産	税負担額	現有財産	税負担額	現有財産	税負担額
59	50,000	19,000	50,000	19,000	50,000	19,000	50,000	19,000	50,000	19,000
60	48,500	18,616	48,000	18,586	47,000	18,536	46,000	★18,530	45,000	18,550
61	47,000	18,232	46,000	18,171	44,000	18,071	42,000	★18,060	40,000	18,099
62	45,500	17,848	44,000	17,757	41,000	17,607	38,000	★17,590	35,000	17,649
63	44,000	17,464	42,000	17,342	38,000	17,142	34,000	★17,120	30,000	17,378
64	42,500	17,080	40,000	16,928	35,000	★16,678	30,000	16,830	25,000	17,178
65	41,000	16,696	38,000	16,513	32,000	★16,293	26,000	16,560	20,000	17,157
66	39,500	16,312	36,000	16,099	29,000	★15,979	22,000	16,370	15,000	17,207
67	38,000	15,928	34,000	15,684	26,000	★15,664	18,000	16,300	10,000	17,616
68	36,500	15,544	32,000	★15,350	23,000	15,380	14,000	16,230	5,000	18,606
69	35,000	15,160	30,000	★15,035	20,000	15,215	10,000	16,520	3,550	18,792
70	33,500	14,781	28,000	★14,721	17,000	15,051	6,000	17,140	0	18,792
71	32,000	14,472	26,000	★14,406	14,000	14,886	3,550	17,618	0	18,792
72	30,500	14,163	24,000	★14,092	11,000	14,982	0	17,618	0	18,792
73	29,000	★13,854	22,000	13,857	8,000	15,177	0	17,618	0	18,792
74	27,500	★13,545	20,000	13,643	5,000	15,693	0	17,618	0	18,792
75	26,000	★13,236	18,000	13,428	3,550	15,879	0	17,618	0	18,792
76	24,500	★12,927	16,000	13,214	0	15,879	0	17,618	0	18,792
77	23,000	★12,648	14,000	12,999	0	15,879	0	17,618	0	18,792
78	21,500	★12,414	12,000	12,945	0	15,879	0	17,618	0	18,792
79	20,000	★12,180	10,000	12,930	0	15,879	0	17,618	0	18,792
80	18,500	★11,946	8,000	12,976	0	15,879	0	17,618	0	18,792
81	17,000	★11,712	6,000	13,191	0	15,879	0	17,618	0	18,792
82	15,500	★11,478	4,000	13,507	0	15,879	0	17,618	0	18,792
83	14,000	★11,244	3,550	13,508	0	15,879	0	17,618	0	18,792
84	12,500	★11,120	0	13,508	0	15,879	0	17,618	0	18,792
85	11,000	★11,036	0	13,508	0	15,879	0	17,618	0	18,792
86	9,500	★10,952	0	13,508	0	15,879	0	17,618	0	18,792
87	8,000	★10,928	0	13,508	0	15,879	0	17,618	0	18,792
88	6,500	★10,999	0	13,508	0	15,879	0	17,618	0	18,792
89	5,000	★11,120	0	13,508	0	15,879	0	17,618	0	18,792
90	3,550	★11,326	0	13,508	0	15,879	0	17,618	0	18,792
贈与額累計		46,450		46,450		46,450		46,450		46,450
最少税負担額		★10,928		12,930		14,886		16,230		17,157
最大税軽減額		★8,072		6,070		4,114		2,770		1,843

〔表の読み方〕
　68歳から72歳までの間に相続が開始した場合は2,000万円贈与が有利，73歳以後に相続が開始した場合は1,500万円贈与が有利といえます。

○現有財産6億円

No.6-07　　単位:万円

贈与額⇒	1500		2000		3000		4000		5000		6000	
相続開始 年齢(歳)↓	現有財産	税負担額	現有財産	税負担額	現有財産	税負担額	現有財産	税負担額	現有財産	税負担額	現有財産	税負担額
59	60,000	24,000	60,000	24,000	60,000	24,000	60,000	24,000	60,000	24,000	60,000	24,000
60	58,500	23,616	58,000	23,586	57,000	23,536	56,000	★23,530	55,000	23,550	54,000	23,600
61	57,000	23,232	56,000	23,171	54,000	23,071	52,000	★23,060	50,000	23,099	48,000	23,199
62	55,500	22,848	54,000	22,757	51,000	22,607	48,000	★22,590	45,000	22,649	42,000	22,799
63	54,000	22,464	52,000	22,342	48,000	22,142	44,000	★22,120	40,000	22,198	36,000	22,398
64	52,500	22,080	50,000	21,928	45,000	21,678	40,000	★21,650	35,000	21,748	30,000	22,178
65	51,000	21,696	48,000	21,513	42,000	21,213	36,000	★21,180	30,000	21,477	24,000	22,077
66	49,500	21,312	46,000	21,099	39,000	★20,749	32,000	20,790	25,000	21,277	18,000	22,257
67	48,000	20,928	44,000	20,684	36,000	★20,284	28,000	20,520	20,000	21,256	12,000	22,616
68	46,500	20,544	42,000	20,270	33,000	★19,850	24,000	20,250	15,000	21,306	6,000	23,706
69	45,000	20,160	40,000	19,855	30,000	★19,535	20,000	20,160	10,000	21,715	3,550	24,184
70	43,500	19,776	38,000	19,441	27,000	★19,221	16,000	20,090	5,000	22,705	0	24,184
71	42,000	19,392	36,000	19,026	24,000	★18,906	12,000	20,180	3,550	22,891	0	24,184
72	40,500	19,008	34,000	★18,612	21,000	18,722	8,000	20,570	0	22,891	0	24,184
73	39,000	18,624	32,000	★18,277	18,000	18,557	4,000	21,460	0	22,891	0	24,184
74	37,500	18,240	30,000	★17,963	15,000	18,393	3,550	21,461	0	22,891	0	24,184
75	36,000	17,856	28,000	★17,648	12,000	18,388	0	21,461	0	22,891	0	24,184
76	34,500	17,472	26,000	★17,334	9,000	18,524	0	21,461	0	22,891	0	24,184
77	33,000	17,118	24,000	★17,019	6,000	18,949	0	21,461	0	22,891	0	24,184
78	31,500	16,809	22,000	★16,785	3,550	19,427	0	21,461	0	22,891	0	24,184
79	30,000	★16,500	20,000	16,570	0	19,427	0	21,461	0	22,891	0	24,184
80	28,500	★16,191	18,000	16,356	0	19,427	0	21,461	0	22,891	0	24,184
81	27,000	★15,882	16,000	16,141	0	19,427	0	21,461	0	22,891	0	24,184
82	25,500	★15,573	14,000	15,927	0	19,427	0	21,461	0	22,891	0	24,184
83	24,000	★15,264	12,000	15,872	0	19,427	0	21,461	0	22,891	0	24,184
84	22,500	★15,010	10,000	15,858	0	19,427	0	21,461	0	22,891	0	24,184
85	21,000	★14,776	8,000	15,903	0	19,427	0	21,461	0	22,891	0	24,184
86	19,500	★14,542	6,000	16,119	0	19,427	0	21,461	0	22,891	0	24,184
87	18,000	★14,308	4,000	16,434	0	19,427	0	21,461	0	22,891	0	24,184
88	16,500	★14,074	3,550	16,435	0	19,427	0	21,461	0	22,891	0	24,184
89	15,000	★13,840	0	16,435	0	19,427	0	21,461	0	22,891	0	24,184
90	13,500	★13,616	0	16,435	0	19,427	0	21,461	0	22,891	0	24,184
贈与額累計	46,500		56,450		56,450		56,450		56,450		56,450	
最少税負担額	★13,616		15,858		18,388		20,090		21,256		22,077	
最大税軽減額	★10,384		8,143		5,612		3,910		2,744		1,923	

子夫婦・孫1人

〔表の読み方〕
　　66歳から71歳までの間に相続が開始した場合は3,000万円贈与が有利，72歳から78歳までの間に相続が開始した場合は2,000万円贈与が有利，79歳以後に相続が開始した場合は1,500万円贈与が有利といえます。

119

○現有財産8億円

No.6-08

単位:万円

贈与額⇒	2000		3000		4000		5000		6000		8000	
相続開始年齢(歳)↓	現有財産	税負担額	現有財産	税負担額	現有財産	税負担額	現有財産	税負担額	現有財産	税負担額	現有財産	税負担額
59	80,000	34,820	80,000	34,820	80,000	34,820	80,000	34,820	80,000	34,820	80,000	34,820
60	78,000	34,306	77,000	34,206	76,000	34,150	75,000	★34,120	74,000	★34,120	72,000	★34,120
61	76,000	33,791	74,000	33,591	72,000	33,480	70,000	★33,419	68,000	★33,419	64,000	★33,419
62	74,000	33,277	71,000	32,977	68,000	32,810	65,000	★32,719	62,000	32,799	56,000	33,099
63	72,000	32,762	68,000	32,362	64,000	★32,140	60,000	32,198	56,000	32,398	48,000	32,798
64	70,000	32,248	65,000	31,748	60,000	★31,650	55,000	31,748	50,000	31,998	40,000	32,498
65	68,000	31,733	62,000	31,213	56,000	★31,180	50,000	31,297	44,000	31,597	32,000	32,277
66	66,000	31,219	59,000	30,749	52,000	★30,710	45,000	30,847	38,000	31,197	24,000	32,377
67	64,000	30,704	56,000	30,284	48,000	★30,240	40,000	30,396	32,000	30,876	16,000	32,856
68	62,000	30,270	53,000	29,820	44,000	★29,770	35,000	29,946	26,000	30,776	8,000	33,976
69	60,000	29,855	50,000	29,355	40,000	★29,300	30,000	29,675	20,000	30,855	3,550	35,051
70	58,000	29,441	47,000	28,891	36,000	★28,830	25,000	29,475	14,000	31,055	0	35,051
71	56,000	29,026	44,000	★28,426	32,000	28,440	20,000	29,454	8,000	31,874	0	35,051
72	54,000	28,612	41,000	★27,962	28,000	28,170	15,000	29,504	3,550	32,949	0	35,051
73	52,000	28,197	38,000	★27,497	24,000	27,900	10,000	29,913	0	32,949	0	35,051
74	50,000	27,783	35,000	★27,033	20,000	27,810	5,000	30,903	0	32,949	0	35,051
75	48,000	27,368	32,000	★26,648	16,000	27,740	3,550	31,089	0	32,949	0	35,051
76	46,000	26,954	29,000	★26,334	12,000	27,830	0	31,089	0	32,949	0	35,051
77	44,000	26,539	26,000	★26,019	8,000	28,220	0	31,089	0	32,949	0	35,051
78	42,000	26,125	23,000	★25,735	4,000	29,110	0	31,089	0	32,949	0	35,051
79	40,000	25,710	20,000	★25,570	3,550	29,111	0	31,089	0	32,949	0	35,051
80	38,000	★25,296	17,000	25,406	0	29,111	0	31,089	0	32,949	0	35,051
81	36,000	★24,881	14,000	25,241	0	29,111	0	31,089	0	32,949	0	35,051
82	34,000	★24,467	11,000	25,337	0	29,111	0	31,089	0	32,949	0	35,051
83	32,000	★24,132	8,000	25,532	0	29,111	0	31,089	0	32,949	0	35,051
84	30,000	★23,818	5,000	26,028	0	29,111	0	31,089	0	32,949	0	35,051
85	28,000	★23,503	3,550	26,234	0	29,111	0	31,089	0	32,949	0	35,051
86	26,000	★23,189	0	26,234	0	29,111	0	31,089	0	32,949	0	35,051
87	24,000	★22,874	0	26,234	0	29,111	0	31,089	0	32,949	0	35,051
88	22,000	★22,640	0	26,234	0	29,111	0	31,089	0	32,949	0	35,051
89	20,000	★22,425	0	26,234	0	29,111	0	31,089	0	32,949	0	35,051
90	18,000	★22,211	0	26,234	0	29,111	0	31,089	0	32,949	0	35,051
贈与額累計		62,000		76,450		76,450		76,450		76,450		76,450
最少税負担額		★22,211		25,241		27,740		29,454		30,776		32,277
最大税軽減額		★12,610		9,579		7,080		5,366		4,045		2,543

〔表の読み方〕

　71歳から79歳までの間に相続が開始した場合は3,000万円贈与が有利，80歳以後に相続が開始した場合は2,000万円贈与が有利といえます。

　5,000万円贈与，6,000万円贈与及び8,000万円贈与において，相続開始年齢が60歳の時の税負担額は，3億4,120万円，相続開始年齢が61歳の時の税負担額は3億3,419万円で，それぞれ同額となります。つまり，少ない贈与額で最大の税負担額の軽減を図ろうとするなら，5,000万円贈与が有利といえます。

○現有財産10億円

No.6-09　　　　　　　　　　　　　　　　　　　　　　　　　　　　　　　　　単位:万円

贈与額⇒	4000		5000		6000		8000		10000	
相続開始年齢(歳)↓	現有財産	税負担額	現有財産	税負担額	現有財産	税負担額	現有財産	税負担額	現有財産	税負担額
59	100,000	45,820	100,000	45,820	100,000	45,820	100,000	45,820	100,000	45,820
60	96,000	45,150	95,000	★45,120	94,000	★45,120	92,000	★45,120	90,000	★45,120
61	92,000	44,480	90,000	★44,419	88,000	★44,419	84,000	★44,419	80,000	★44,419
62	88,000	43,810	85,000	★43,719	82,000	★43,719	76,000	★43,719	70,000	★43,719
63	84,000	43,140	80,000	★43,018	76,000	★43,018	68,000	★43,018	60,000	43,198
64	80,000	42,470	75,000	★42,318	70,000	★42,318	60,000	42,498	50,000	42,998
65	76,000	41,800	70,000	★41,617	64,000	★41,617	52,000	42,197	40,000	42,797
66	72,000	41,130	65,000	★40,917	58,000	41,197	44,000	41,897	30,000	42,777
67	68,000	40,460	60,000	★40,396	52,000	40,796	36,000	41,596	20,000	43,256
68	64,000	★39,790	55,000	39,946	46,000	40,396	28,000	41,576	10,000	44,416
69	60,000	★39,300	50,000	39,495	40,000	39,995	20,000	41,855	3,550	46,043
70	56,000	★38,830	45,000	39,045	34,000	39,595	12,000	42,515	0	46,043
71	52,000	★38,360	40,000	38,594	28,000	39,474	4,000	44,434	0	46,043
72	48,000	★37,890	35,000	38,144	22,000	39,454	3,550	44,435	0	46,043
73	44,000	★37,420	30,000	37,873	16,000	39,653	0	44,435	0	46,043
74	40,000	★36,950	25,000	37,673	10,000	40,213	0	44,435	0	46,043
75	36,000	★36,480	20,000	37,652	4,000	41,632	0	44,435	0	46,043
76	32,000	★36,090	15,000	37,702	3,550	41,633	0	44,435	0	46,043
77	28,000	★35,820	10,000	38,111	0	41,633	0	44,435	0	46,043
78	24,000	★35,550	5,000	39,101	0	41,633	0	44,435	0	46,043
79	20,000	★35,460	3,550	39,287	0	41,633	0	44,435	0	46,043
80	16,000	★35,390	0	39,287	0	41,633	0	44,435	0	46,043
81	12,000	★35,480	0	39,287	0	41,633	0	44,435	0	46,043
82	8,000	★35,870	0	39,287	0	41,633	0	44,435	0	46,043
83	4,000	★36,760	0	39,287	0	41,633	0	44,435	0	46,043
84	3,550	★36,761	0	39,287	0	41,633	0	44,435	0	46,043
85	0	★36,761	0	39,287	0	41,633	0	44,435	0	46,043
86	0	★36,761	0	39,287	0	41,633	0	44,435	0	46,043
87	0	★36,761	0	39,287	0	41,633	0	44,435	0	46,043
88	0	★36,761	0	39,287	0	41,633	0	44,435	0	46,043
89	0	★36,761	0	39,287	0	41,633	0	44,435	0	46,043
90	0	★36,761	0	39,287	0	41,633	0	44,435	0	46,043
贈与額累計		96,450		96,450		96,450		96,450		96,450
最少税負担額		★35,390		37,652		39,454		41,576		42,777
最大税軽減額		★10,430		8,168		6,367		4,245		3,044

子夫婦・孫1人

〔表の読み方〕

　67歳までに相続が開始した場合は5,000万円贈与が有利，68歳以後に相続が開始した場合は4,000万円贈与が有利といえます。

○現有財産20億円

No.6-10 　　　　　　　　　　　　　　　　　　　　　　　　　　　　　　　　　　　　単位：万円

贈与額⇒	6000		8000		10000		15000		20000	
相続開始年齢(歳)↓	現有財産	税負担額	現有財産	税負担額	現有財産	税負担額	現有財産	税負担額	現有財産	税負担額
59	200,000	100,820	200,000	100,820	200,000	100,820	200,000	100,820	200,000	100,820
60	194,000	★100,120	192,000	★100,120	190,000	★100,120	185,000	★100,120	180,000	★100,120
61	188,000	★99,419	184,000	★99,419	180,000	★99,419	170,000	★99,419	160,000	★99,419
62	182,000	★98,719	176,000	★98,719	170,000	★98,719	155,000	★98,719	140,000	★98,719
63	176,000	★98,018	168,000	★98,018	160,000	★98,018	140,000	★98,018	120,000	★98,018
64	170,000	★97,318	160,000	★97,318	150,000	★97,318	125,000	★97,318	100,000	★97,318
65	164,000	★96,617	152,000	★96,617	140,000	★96,617	110,000	★96,617	80,000	★96,617
66	158,000	★95,917	144,000	★95,917	130,000	★95,917	95,000	★95,917	60,000	96,097
67	152,000	★95,216	136,000	★95,216	120,000	★95,216	80,000	★95,216	40,000	96,396
68	146,000	★94,516	128,000	★94,516	110,000	★94,516	65,000	★94,516	20,000	97,556
69	140,000	★93,815	120,000	★93,815	100,000	★93,815	50,000	94,495	3,550	101,043
70	134,000	★93,115	112,000	★93,115	90,000	★93,115	35,000	94,545	0	101,043
71	128,000	★92,414	104,000	★92,414	80,000	★92,414	20,000	95,454	0	101,043
72	122,000	★91,714	96,000	★91,714	70,000	★91,714	5,000	98,304	0	101,043
73	116,000	★91,013	88,000	★91,013	60,000	91,193	3,550	98,490	0	101,043
74	110,000	★90,313	80,000	★90,313	50,000	90,993	0	98,490	0	101,043
75	104,000	★89,612	72,000	★89,612	40,000	90,792	0	98,490	0	101,043
76	98,000	★88,912	64,000	★88,912	30,000	90,772	0	98,490	0	101,043
77	92,000	★88,211	56,000	88,591	20,000	91,251	0	98,490	0	101,043
78	86,000	★87,511	48,000	88,291	10,000	92,411	0	98,490	0	101,043
79	80,000	★86,810	40,000	87,990	3,550	94,038	0	98,490	0	101,043
80	74,000	★86,110	32,000	87,770	0	94,038	0	98,490	0	101,043
81	68,000	★85,409	24,000	87,869	0	94,038	0	98,490	0	101,043
82	62,000	★84,789	16,000	88,349	0	94,038	0	98,490	0	101,043
83	56,000	★84,388	8,000	89,468	0	94,038	0	98,490	0	101,043
84	50,000	★83,988	3,550	90,543	0	94,038	0	98,490	0	101,043
85	44,000	★83,587	0	90,543	0	94,038	0	98,490	0	101,043
86	38,000	★83,187	0	90,543	0	94,038	0	98,490	0	101,043
87	32,000	★82,866	0	90,543	0	94,038	0	98,490	0	101,043
88	26,000	★82,766	0	90,543	0	94,038	0	98,490	0	101,043
89	20,000	★82,845	0	90,543	0	94,038	0	98,490	0	101,043
90	14,000	★83,045	0	90,543	0	94,038	0	98,490	0	101,043
贈与額累計		186,000		196,450		196,450		196,450		196,450
最少税負担額		★82,766		87,770		90,772		94,495		96,097
最大税軽減額		★18,055		13,051		10,049		6,325		4,724

〔表の読み方〕

　72歳までの間に相続が開始した場合，6,000万円贈与，8,000万円贈与及び10,000万円贈与については税負担額に相違はありません。少ない贈与額で最大の税負担額の軽減を図ろうとするなら，6,000万円贈与が有利といえます。

122

家族構成：推定被相続人・子夫婦・孫2人

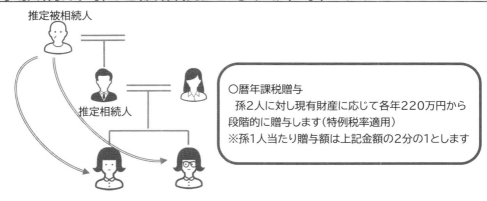

推定被相続人

推定相続人

○暦年課税贈与
　孫2人に対し現有財産に応じて各年220万円から段階的に贈与します（特例税率適用）
※孫1人当たり贈与額は上記金額の2分の1とします

基礎控除額：**3,600万円**

○現有財産別・贈与額別の税負担額の軽減額（60歳から90歳までの間贈与した場合）

単位：万円

表番号	頁		贈与方式⇒	暦年課税									
			贈与額⇒	0	220	330	400	600	800	1,000	1,500	2,000	4,000	6,000
No.7-01		現有財産	10,000	1,220	★1,220.89	1,015.79	932.75	817.70	684.67	615.66				
No.7-02			15,000	2,860		★2,402.90	2,353.88	2,138.78	1,919.74	1,770.71	1,343.66			
No.7-03			20,000	4,860			3,702.90	★3,831.87	3,497.80	3,285.76	2,660.69	2,072.66		
No.7-04			30,000	9,180				★6,913.90	6,635.86	5,623.76	4,622.71			
No.7-05			40,000	14,000					★10,073.90	9,081.84	7,672.76	3,983.66		
No07-06			50,000	19,000						★12,740.89	10,902.81	6,070.69	4,114.65	
No.7-07			60,000	24,000						★15,406.90	14,132.86	8,128.71	5,612.67	
No.7-08			80,000	34,820							★19,786.90	13,093.76	9,579.70	
No.7-09			100,000	45,820								★18,238.81	13,566.73	
No.7-10			200,000	100,820									★34,159.90	

〔表の見方〕
・前記家族構成（推定被相続人・子夫婦・孫1人）に孫1人が加わった場合の相続税額については，相続税の基礎控除額に相違がないため，前記家族構成の場合と同様ですが，孫1人に対する贈与と同額を孫2人に対して2分の1ずつ贈与した場合，贈与税の基礎控除額110万円を子それぞれが適用できること，また，贈与額によっては税率が抑えられることから，孫1人に対する贈与に比べ贈与税額は軽減されます。

〔表の読み方〕
・表番号【No.7−01】〜【No.7−10】と表番号【No.6−01】〜【No.6−10】を照らし合わせると，各贈与額に応じた相続開始年齢の現有財産は同額ですが，税負担額は抑えられていることが分かります。

子夫婦・孫2人

○現有財産1億円

単位:万円

贈与額⇒	220		330		400		600		800		1000	
相続開始 年齢(歳)↓	現有財産	税負担額	現有財産	税負担額	現有財産	税負担額	現有財産	税負担額	現有財産	税負担額	現有財産	税負担額
59	10,000	1,220	10,000	1,220	10,000	1,220	10,000	1,220	10,000	1,220	10,000	1,220
60	9,780	1,154	9,670	1,132	9,600	1,118	9,400	1,078	9,200	1,047	9,000	★1,017
61	9,560	1,088	9,340	1,044	9,200	1,016	8,800	936	8,400	894	8,000	★874
62	9,340	1,022	9,010	956	8,800	914	8,200	834	7,600	801	7,000	★771
63	9,120	956	8,680	868	8,400	832	7,600	752	6,800	708	6,000	★698
64	8,900	890	8,350	805	8,000	770	7,000	670	6,000	★645	5,000	★645
65	8,680	824	8,020	750	7,600	708	6,400	598	5,200	★592	4,000	622
66	8,460	772	7,690	695	7,200	646	5,800	★546	4,400	549	3,550	605
67	8,240	728	7,360	640	6,800	584	5,200	★494	3,600	536	0	605
68	8,020	684	7,030	585	6,400	532	4,600	★442	3,550	536	0	605
69	7,800	640	6,700	530	6,000	490	4,000	★420	0	536	0	605
70	7,580	596	6,370	487	5,600	448	3,550	★403	0	536	0	605
71	7,360	552	6,040	448	5,200	406	0	★403	0	536	0	605
72	7,140	508	5,710	410	4,800	★364	0	403	0	536	0	605
73	6,920	464	5,380	371	4,400	★332	0	403	0	536	0	605
74	6,700	420	5,050	333	4,000	★310	0	403	0	536	0	605
75	6,480	382	4,720	294	3,600	★288	0	403	0	536	0	605
76	6,260	349	4,390	★266	3,550	288	0	403	0	536	0	605
77	6,040	316	4,060	★244	0	288	0	403	0	536	0	605
78	5,820	283	3,730	★222	0	288	0	403	0	536	0	605
79	5,600	250	3,550	★205	0	288	0	403	0	536	0	605
80	5,380	217	0	★205	0	288	0	403	0	536	0	605
81	5,160	★184	0	205	0	288	0	403	0	536	0	605
82	4,940	★134	0	205	0	288	0	403	0	536	0	605
83	4,720	★112	0	205	0	288	0	403	0	536	0	605
84	4,500	★90	0	205	0	288	0	403	0	536	0	605
85	4,280	★68	0	205	0	288	0	403	0	536	0	605
86	4,060	★46	0	205	0	288	0	403	0	536	0	605
87	3,840	★24	0	205	0	288	0	403	0	536	0	605
88	3,620	★2	0	205	0	288	0	403	0	536	0	605
89	3,550	★0	0	205	0	288	0	403	0	536	0	605
90	0	★0	0	205	0	288	0	403	0	536	0	605
贈与額累計		6,450		6,450		6,450		6,450		6,450		6,450
最少税負担額		★0		205		288		403		536		605
最大税軽減額		★1,220		1,015		932		817		684		615

〔表の読み方〕

　贈与開始前の税負担額は，孫1人に対して贈与する場合（表番号【No.6－01】参照）と同様1,220万円です。220万円贈与は，孫1人当たりの贈与額は110万円ですから，孫に税負担は生じません。また，相続開始年齢70歳の税負担額は，孫1人贈与の717万円に対し，孫2人贈与は596万円であり，121万円軽減されます。

　相続の開始年齢及び贈与額によって最少税負担額が変わるので，幾ら贈与すると有利になるのか一概にはいえません。81歳以後に相続が開始した場合，220万円贈与が有利といえます。

○現有財産1.5億円

No.7-02　　　　　　　　　　　　　　　　　　　　　　　　　　　　　　　　　　単位:万円

贈与額⇒	330		400		600		800		1000		1500	
相続開始年齢(歳)↓	現有財産	税負担額	現有財産	税負担額	現有財産	税負担額	現有財産	税負担額	現有財産	税負担額	現有財産	税負担額
59	15,000	2,860	15,000	2,860	15,000	2,860	15,000	2,860	15,000	2,860	15,000	2,860
60	14,670	2,739	14,600	2,718	14,400	2,658	14,200	2,607	14,000	2,557	13,500	★2,474
61	14,340	2,618	14,200	2,576	13,800	2,456	13,400	2,374	13,000	2,314	12,000	★2,228
62	14,010	2,497	13,800	2,434	13,200	2,294	12,600	2,201	12,000	2,111	10,500	★1,982
63	13,680	2,376	13,400	2,312	12,600	2,152	11,800	2,028	11,000	1,908	9,000	★1,736
64	13,350	2,280	13,000	2,210	12,000	2,010	11,000	1,855	10,000	1,705	7,500	★1,600
65	13,020	2,192	12,600	2,108	11,400	1,868	10,200	1,682	9,000	★1,502	6,000	1,534
66	12,690	2,104	12,200	2,006	10,800	1,726	9,400	1,509	8,000	★1,359	4,500	1,518
67	12,360	2,016	11,800	1,904	10,200	1,584	8,600	1,336	7,000	★1,256	3,550	1,518
68	12,030	1,928	11,400	1,802	9,600	1,442	7,800	1,243	6,000	★1,183	0	1,518
69	11,700	1,840	11,000	1,700	9,000	1,300	7,000	1,150	5,000	★1,130	0	1,518
70	11,370	1,752	10,600	1,598	8,400	1,178	6,200	★1,077	4,000	1,107	0	1,518
71	11,040	1,664	10,200	1,496	7,800	1,096	5,400	★1,024	3,550	1,090	0	1,518
72	10,710	1,576	9,800	1,394	7,200	1,014	4,600	★971	0	1,090	0	1,518
73	10,380	1,488	9,400	1,292	6,600	★932	3,800	958	0	1,090	0	1,518
74	10,050	1,400	9,000	1,190	6,000	★880	3,550	941	0	1,090	0	1,518
75	9,720	1,312	8,600	1,088	5,400	★828	0	941	0	1,090	0	1,518
76	9,390	1,224	8,200	1,026	4,800	★776	0	941	0	1,090	0	1,518
77	9,060	1,136	7,800	964	4,200	★744	0	941	0	1,090	0	1,518
78	8,730	1,048	7,400	902	3,600	★722	0	941	0	1,090	0	1,518
79	8,400	980	7,000	840	3,550	★722	0	941	0	1,090	0	1,518
80	8,070	925	6,600	778	0	★722	0	941	0	1,090	0	1,518
81	7,740	870	6,200	736	0	★722	0	941	0	1,090	0	1,518
82	7,410	815	5,800	★694	0	722	0	941	0	1,090	0	1,518
83	7,080	760	5,400	★652	0	722	0	941	0	1,090	0	1,518
84	6,750	705	5,000	★590	0	722	0	941	0	1,090	0	1,518
85	6,420	659	4,600	★568	0	722	0	941	0	1,090	0	1,518
86	6,090	621	4,200	★546	0	722	0	941	0	1,090	0	1,518
87	5,760	582	3,800	★524	0	722	0	941	0	1,090	0	1,518
88	5,430	544	3,550	★507	0	722	0	941	0	1,090	0	1,518
89	5,100	★480	0	507	0	722	0	941	0	1,090	0	1,518
90	4,770	★458	0	507	0	722	0	941	0	1,090	0	1,518
贈与額累計		10,230		11,450		11,450		11,450		11,450		11,450
最少税負担額		★458		507		722		941		1,090		1,518
最大税軽減額		★2,402		2,353		2,138		1,919		1,770		1,343

子夫婦・孫2人

〔表の読み方〕
　相続の開始年齢及び贈与額によって最少税負担額が変わるので，幾ら贈与すると有利になるのか一概にはいえません。82歳以後に相続が開始した場合は400万円贈与が有利，89歳以後に相続が開始した場合は330万円贈与が有利といえます。

○現有財産2億円

単位:万円

贈与額⇒ 相続開始年齢(歳)↓	400 現有財産	400 税負担額	600 現有財産	600 税負担額	800 現有財産	800 税負担額	1000 現有財産	1000 税負担額	1500 現有財産	1500 税負担額	2000 現有財産	2000 税負担額
59	20,000	4,860	20,000	4,860	20,000	4,860	20,000	4,860	20,000	4,860	20,000	4,860
60	19,600	4,718	19,400	4,658	19,200	4,607	19,000	4,557	18,500	4,464	18,000	★4,414
61	19,200	4,576	18,800	4,456	18,400	4,354	18,000	4,254	17,000	4,068	16,000	★3,968
62	18,800	4,434	18,200	4,254	17,600	4,101	17,000	3,951	15,500	3,672	14,000	★3,522
63	18,400	4,292	17,600	4,052	16,800	3,848	16,000	3,648	14,000	3,276	12,000	★3,236
64	18,000	4,150	17,000	3,850	16,000	3,595	15,000	3,345	12,500	★2,990	10,000	★2,990
65	17,600	4,008	16,400	3,648	15,200	3,342	14,000	3,042	11,000	★2,744	8,000	2,804
66	17,200	3,866	15,800	3,446	14,400	3,089	13,000	2,799	9,500	★2,498	6,000	**2,788**
67	16,800	3,724	15,200	3,244	13,600	2,836	12,000	2,596	8,000	★2,312	4,000	2,872
68	16,400	3,582	14,600	3,042	12,800	2,663	11,000	2,393	6,500	★2,221	3,550	2,855
69	16,000	3,440	14,000	2,840	12,000	2,490	10,000	★2,190	5,000	**2,200**	0	2,855
70	15,600	3,298	13,400	2,658	11,200	2,317	9,000	★1,987	3,550	2,229	0	2,855
71	15,200	3,156	12,800	2,516	10,400	2,144	8,000	★1,844	0	2,229	0	2,855
72	14,800	3,014	12,200	2,374	9,600	1,971	7,000	★1,741	0	2,229	0	2,855
73	14,400	2,872	11,600	2,232	8,800	1,798	6,000	★1,668	0	2,229	0	2,855
74	14,000	2,730	11,000	2,090	8,000	1,685	5,000	★1,615	0	2,229	0	2,855
75	13,600	2,588	10,400	1,948	7,200	★1,592	4,000	★1,592	0	2,229	0	2,855
76	13,200	2,486	9,800	1,806	6,400	★1,509	3,550	1,575	0	2,229	0	2,855
77	12,800	2,384	9,200	1,664	5,600	★1,456	0	1,575	0	2,229	0	2,855
78	12,400	2,282	8,600	1,522	4,800	★1,403	0	1,575	0	2,229	0	2,855
79	12,000	2,180	8,000	1,440	4,000	★1,380	0	1,575	0	2,229	0	2,855
80	11,600	2,078	7,400	★1,358	3,550	1,363	0	1,575	0	2,229	0	2,855
81	11,200	1,976	6,800	★1,276	0	1,363	0	1,575	0	2,229	0	2,855
82	10,800	1,874	6,200	★1,214	0	1,363	0	1,575	0	2,229	0	2,855
83	10,400	1,772	5,600	★1,162	0	1,363	0	1,575	0	2,229	0	2,855
84	10,000	1,670	5,000	★1,090	0	1,363	0	1,575	0	2,229	0	2,855
85	9,600	1,568	4,400	★1,068	0	1,363	0	1,575	0	2,229	0	2,855
86	9,200	1,466	3,800	★1,046	0	1,363	0	1,575	0	2,229	0	2,855
87	8,800	1,364	3,550	★1,029	0	1,363	0	1,575	0	2,229	0	2,855
88	8,400	1,282	0	★1,029	0	1,363	0	1,575	0	2,229	0	2,855
89	8,000	1,220	0	★1,029	0	1,363	0	1,575	0	2,229	0	2,855
90	7,600	**1,158**	0	★**1,029**	0	1,363	0	1,575	0	2,229	0	2,855
贈与額累計		12,400		16,450		16,450		16,450		16,450		16,450
最少税負担額		1,158		★1,029		1,363		1,575		2,200		2,788
最大税軽減額		3,702		★3,831		3,497		3,285		2,660		2,072

〔表の読み方〕

　相続の開始年齢及び贈与額によって最少税負担額が変わるので，幾ら贈与すると有利になるのか一概にはいえません。80歳以後に相続が開始した場合は600万円贈与が有利といえます。

○現有財産3億円

No.7-04　　　　　　　　　　　　　　　　　　　　　　　　　　　　　　　単位:万円

贈与額⇒	800		1000		1500		2000		3000	
相続開始年齢(歳)↓	現有財産	税負担額	現有財産	税負担額	現有財産	税負担額	現有財産	税負担額	現有財産	税負担額
59	30,000	9,180	30,000	9,180	30,000	9,180	30,000	9,180	30,000	9,180
60	29,200	8,887	29,000	8,827	28,500	8,709	28,000	8,634	27,000	★8,562
61	28,400	8,594	28,000	8,474	27,000	8,238	26,000	8,088	24,000	★7,944
62	27,600	8,301	27,000	8,121	25,500	7,767	24,000	7,542	21,000	★7,456
63	26,800	8,008	26,000	7,768	24,000	7,296	22,000	7,076	18,000	★6,988
64	26,000	7,715	25,000	7,415	22,500	6,880	20,000	6,630	15,000	★6,520
65	25,200	7,422	24,000	7,062	21,000	6,484	18,000	★6,184	12,000	6,212
66	24,400	7,129	23,000	6,739	19,500	6,088	16,000	★5,738	9,000	6,044
67	23,600	6,836	22,000	6,436	18,000	5,692	14,000	★5,292	6,000	6,166
68	22,800	6,583	21,000	6,133	16,500	5,296	12,000	★5,006	3,550	6,368
69	22,000	6,330	20,000	5,830	15,000	4,900	10,000	★4,760	0	6,368
70	21,200	6,077	19,000	5,527	13,500	★4,514	8,000	4,574	0	6,368
71	20,400	5,824	18,000	5,224	12,000	★4,268	6,000	4,558	0	6,368
72	19,600	5,571	17,000	4,921	10,500	★4,022	4,000	4,642	0	6,368
73	18,800	5,318	16,000	4,618	9,000	★3,776	3,550	4,625	0	6,368
74	18,000	5,065	15,000	4,315	7,500	★3,640	0	4,625	0	6,368
75	17,200	4,812	14,000	4,012	6,000	★3,574	0	4,625	0	6,368
76	16,400	4,559	13,000	3,769	4,500	★3,558	0	4,625	0	6,368
77	15,600	4,306	12,000	3,566	3,550	★3,558	0	4,625	0	6,368
78	14,800	4,053	11,000	★3,363	0	3,558	0	4,625	0	6,368
79	14,000	3,800	10,000	★3,160	0	3,558	0	4,625	0	6,368
80	13,200	3,587	9,000	★2,957	0	3,558	0	4,625	0	6,368
81	12,400	3,414	8,000	★2,814	0	3,558	0	4,625	0	6,368
82	11,600	3,241	7,000	★2,711	0	3,558	0	4,625	0	6,368
83	10,800	3,068	6,000	★2,638	0	3,558	0	4,625	0	6,368
84	10,000	2,895	5,000	★2,565	0	3,558	0	4,625	0	6,368
85	9,200	2,722	4,000	★2,562	0	3,558	0	4,625	0	6,368
86	8,400	2,569	3,550	★2,545	0	3,558	0	4,625	0	6,368
87	7,600	★2,476	0	2,545	0	3,558	0	4,625	0	6,368
88	6,800	★2,383	0	2,545	0	3,558	0	4,625	0	6,368
89	6,000	★2,320	0	2,545	0	3,558	0	4,625	0	6,368
90	5,200	★2,267	0	2,545	0	3,558	0	4,625	0	6,368
贈与額累計		24,800		26,450		26,450		26,450		26,450
最少税負担額		★2,267		2,545		3,558		4,558		6,044
最大税軽減額		★6,913		6,635		5,623		4,622		3,136

〔表の読み方〕

　相続の開始年齢及び贈与額によって最少税負担額が変わるので，幾ら贈与すると有利になるのか一概にはいえません。78歳から86歳の間に相続が開始した場合は1,000万円贈与が有利，87歳以後に相続が開始した場合は800万円贈与が有利といえます。

子夫婦・孫2人

○現有財産 4 億円

単位:万円

贈与額⇒	1000		1500		2000		3000		4000	
相続開始年齢(歳)↓	現有財産	税負担額	現有財産	税負担額	現有財産	税負担額	現有財産	税負担額	現有財産	税負担額
59	40,000	14,000	40,000	14,000	40,000	14,000	40,000	14,000	40,000	14,000
60	39,000	13,597	38,500	13,454	38,000	13,354	37,000	13,232	36,000	★13,171
61	38,000	13,194	37,000	12,908	36,000	12,708	34,000	12,464	32,000	★12,422
62	37,000	12,791	35,500	12,362	34,000	12,062	31,000	11,826	28,000	★11,793
63	36,000	12,388	34,000	11,816	32,000	11,496	28,000	11,208	24,000	★11,164
64	35,000	11,985	32,500	11,325	30,000	10,950	25,000	★10,590	20,000	10,715
65	34,000	11,582	31,000	10,854	28,000	10,404	22,000	★10,052	16,000	10,286
66	33,000	11,209	29,500	10,383	26,000	9,858	19,000	★9,584	12,000	10,017
67	32,000	10,856	28,000	9,912	24,000	9,312	16,000	★9,116	8,000	10,048
68	31,000	10,503	26,500	9,441	22,000	8,846	13,000	★8,708	4,000	10,579
69	30,000	10,150	25,000	8,970	20,000	★8,400	10,000	8,540	3,550	10,562
70	29,000	9,797	23,500	8,504	18,000	★7,954	7,000	8,532	0	10,562
71	28,000	9,444	22,000	8,108	16,000	★7,508	4,000	8,824	0	10,562
72	27,000	9,091	20,500	7,712	14,000	★7,062	3,550	8,807	0	10,562
73	26,000	8,738	19,000	7,316	12,000	★6,776	0	8,807	0	10,562
74	25,000	8,385	17,500	6,920	10,000	★6,530	0	8,807	0	10,562
75	24,000	8,032	16,000	6,524	8,000	★6,344	0	8,807	0	10,562
76	23,000	7,709	14,500	★6,128	6,000	6,328	0	8,807	0	10,562
77	22,000	7,406	13,000	★5,792	4,000	6,412	0	8,807	0	10,562
78	21,000	7,103	11,500	★5,546	3,550	6,395	0	8,807	0	10,562
79	20,000	6,800	10,000	★5,300	0	6,395	0	8,807	0	10,562
80	19,000	6,497	8,500	★5,064	0	6,395	0	8,807	0	10,562
81	18,000	6,194	7,000	★4,968	0	6,395	0	8,807	0	10,562
82	17,000	5,891	5,500	★4,927	0	6,395	0	8,807	0	10,562
83	16,000	5,588	4,000	★4,936	0	6,395	0	8,807	0	10,562
84	15,000	5,285	3,550	★4,919	0	6,395	0	8,807	0	10,562
85	14,000	4,982	0	★4,919	0	6,395	0	8,807	0	10,562
86	13,000	★4,739	0	4,919	0	6,395	0	8,807	0	10,562
87	12,000	★4,536	0	4,919	0	6,395	0	8,807	0	10,562
88	11,000	★4,333	0	4,919	0	6,395	0	8,807	0	10,562
89	10,000	★4,130	0	4,919	0	6,395	0	8,807	0	10,562
90	9,000	★3,927	0	4,919	0	6,395	0	8,807	0	10,562
贈与額累計		31,000		36,450		36,450		36,450		36,450
最少税負担額		★3,927		4,919		6,328		8,532		10,017
最大税軽減額		★10,073		9,081		7,672		5,468		3,983

〔表の読み方〕

　相続の開始年齢及び贈与額によって最少税負担額が変わるので，幾ら贈与すると有利になるのか一概にはいえません。76歳から85歳までの間に相続が開始した場合は1,500万円贈与が有利，86歳以後に相続が開始した場合は1,000万円贈与が有利といえます。

○現有財産5億円

No.7-06　　　　　　　　　　　　　　　　　　　　　　　　　　　　　　　　　　　　　　　単位：万円

贈与額⇒ 相続開始年齢(歳)↓	1500 現有財産	1500 税負担額	2000 現有財産	2000 税負担額	3000 現有財産	3000 税負担額	4000 現有財産	4000 税負担額	5000 現有財産	5000 税負担額	6000 現有財産	6000 税負担額
59	50,000	19,000	50,000	19,000	50,000	19,000	50,000	19,000	50,000	19,000	50,000	19,000
60	48,500	18,454	48,000	18,354	47,000	18,232	46,000	18,171	45,000	18,121	44,000	★18,071
61	47,000	17,908	46,000	17,708	44,000	17,464	42,000	17,342	40,000	17,242	38,000	★17,142
62	45,500	17,362	44,000	17,062	41,000	16,696	38,000	16,513	35,000	16,363	32,000	★16,293
63	44,000	16,816	42,000	16,416	38,000	15,928	34,000	15,684	30,000	★15,664	26,000	★15,664
64	42,500	16,270	40,000	15,770	35,000	15,160	30,000	★15,035	25,000	★15,035	20,000	15,215
65	41,000	15,724	38,000	15,124	32,000	14,472	26,000	★14,406	20,000	14,586	14,000	14,886
66	39,500	15,178	36,000	14,478	29,000	★13,854	22,000	13,857	15,000	14,207	8,000	15,177
67	38,000	14,632	34,000	13,832	26,000	★13,236	18,000	13,428	10,000	14,188	3,550	15,871
68	36,500	14,086	32,000	13,266	23,000	★12,648	14,000	12,999	5,000	14,749	0	15,871
69	35,000	13,540	30,000	12,720	20,000	★12,180	10,000	12,930	3,550	14,778	0	15,871
70	33,500	12,999	28,000	12,174	17,000	★11,712	6,000	13,191	0	14,778	0	15,871
71	32,000	12,528	26,000	11,628	14,000	★11,244	3,550	13,393	0	14,778	0	15,871
72	30,500	12,057	24,000	11,082	11,000	★11,036	0	13,393	0	14,778	0	15,871
73	29,000	11,586	22,000	★10,616	8,000	10,928	0	13,393	0	14,778	0	15,871
74	27,500	11,115	20,000	★10,170	5,000	11,140	0	13,393	0	14,778	0	15,871
75	26,000	10,644	18,000	★9,724	3,550	11,169	0	13,393	0	14,778	0	15,871
76	24,500	10,173	16,000	★9,278	0	11,169	0	13,393	0	14,778	0	15,871
77	23,000	9,732	14,000	★8,832	0	11,169	0	13,393	0	14,778	0	15,871
78	21,500	9,336	12,000	★8,546	0	11,169	0	13,393	0	14,778	0	15,871
79	20,000	8,940	10,000	★8,300	0	11,169	0	13,393	0	14,778	0	15,871
80	18,500	8,544	8,000	★8,114	0	11,169	0	13,393	0	14,778	0	15,871
81	17,000	8,148	6,000	★8,098	0	11,169	0	13,393	0	14,778	0	15,871
82	15,500	★7,752	4,000	8,182	0	11,169	0	13,393	0	14,778	0	15,871
83	14,000	★7,356	3,550	8,165	0	11,169	0	13,393	0	14,778	0	15,871
84	12,500	★7,070	0	8,165	0	11,169	0	13,393	0	14,778	0	15,871
85	11,000	★6,824	0	8,165	0	11,169	0	13,393	0	14,778	0	15,871
86	9,500	★6,578	0	8,165	0	11,169	0	13,393	0	14,778	0	15,871
87	8,000	★6,392	0	8,165	0	11,169	0	13,393	0	14,778	0	15,871
88	6,500	★6,301	0	8,165	0	11,169	0	13,393	0	14,778	0	15,871
89	5,000	★6,260	0	8,165	0	11,169	0	13,393	0	14,778	0	15,871
90	3,550	★6,309	0	8,165	0	11,169	0	13,393	0	14,778	0	15,871
贈与額累計		46,450		46,450		46,450		46,450		46,450		46,450
最少税負担額		★6,260		8,098		10,928		12,930		14,188		14,886
最大税軽減額		★12,740		10,902		8,072		6,070		4,812		4,114

子夫婦・孫2人

〔表の読み方〕

　相続の開始年齢及び贈与額によって最少税負担額が変わるので，幾ら贈与すると有利になるのか一概にはいえません。

　73歳から81歳までの間に相続が開始した場合は2,000万円贈与が有利，82歳以後に相続が開始した場合は1,500万円贈与が有利といえます。

○現有財産6億円

No.7-07 　　　　　　　　　　　　　　　　　　　　　　　　　　　　単位:万円

贈与額⇒	1500		2000		3000		4000		5000		6000	
相続開始年齢(歳)↓	現有財産	税負担額	現有財産	税負担額	現有財産	税負担額	現有財産	税負担額	現有財産	税負担額	現有財産	税負担額
59	60,000	24,000	60,000	24,000	60,000	24,000	60,000	24,000	60,000	24,000	60,000	24,000
60	58,500	23,454	58,000	23,354	57,000	23,232	56,000	23,171	55,000	23,121	54,000	★23,071
61	57,000	22,908	56,000	22,708	54,000	22,464	52,000	22,342	50,000	22,242	48,000	★22,142
62	55,500	22,362	54,000	22,062	51,000	21,696	48,000	21,513	45,000	21,363	42,000	★21,213
63	54,000	21,816	52,000	21,416	48,000	20,928	44,000	20,684	40,000	20,484	36,000	★20,284
64	52,500	21,270	50,000	20,770	45,000	20,160	40,000	19,855	35,000	19,605	30,000	★19,535
65	51,000	20,724	48,000	20,124	42,000	19,392	36,000	19,026	30,000	★18,906	24,000	★18,906
66	49,500	20,178	46,000	19,478	39,000	18,624	32,000	★18,277	25,000	★18,277	18,000	18,557
67	48,000	19,632	44,000	18,832	36,000	17,856	28,000	★17,648	20,000	17,828	12,000	18,388
68	46,500	19,086	42,000	18,186	33,000	17,118	24,000	★17,019	15,000	17,449	6,000	18,949
69	45,000	18,540	40,000	17,540	30,000	★16,500	20,000	16,570	10,000	17,430	3,550	19,151
70	43,500	17,994	38,000	16,894	27,000	★15,882	16,000	16,141	5,000	17,991	0	19,151
71	42,000	17,448	36,000	16,248	24,000	★15,264	12,000	15,872	3,550	18,020	0	19,151
72	40,500	16,902	34,000	15,602	21,000	★14,776	8,000	15,903	0	18,020	0	19,151
73	39,000	16,356	32,000	15,036	18,000	★14,308	4,000	16,434	0	18,020	0	19,151
74	37,500	15,810	30,000	14,490	15,000	★13,840	3,550	16,417	0	18,020	0	19,151
75	36,000	15,264	28,000	13,944	12,000	★13,532	0	16,417	0	18,020	0	19,151
76	34,500	14,718	26,000	13,398	9,000	★13,364	0	16,417	0	18,020	0	19,151
77	33,000	14,202	24,000	★12,852	6,000	13,486	0	16,417	0	18,020	0	19,151
78	31,500	13,731	22,000	★12,386	3,550	13,688	0	16,417	0	18,020	0	19,151
79	30,000	13,260	20,000	★11,940	0	13,688	0	16,417	0	18,020	0	19,151
80	28,500	12,789	18,000	★11,494	0	13,688	0	16,417	0	18,020	0	19,151
81	27,000	12,318	16,000	★11,048	0	13,688	0	16,417	0	18,020	0	19,151
82	25,500	11,847	14,000	★10,602	0	13,688	0	16,417	0	18,020	0	19,151
83	24,000	11,376	12,000	★10,316	0	13,688	0	16,417	0	18,020	0	19,151
84	22,500	10,960	10,000	★10,070	0	13,688	0	16,417	0	18,020	0	19,151
85	21,000	10,564	8,000	★9,884	0	13,688	0	16,417	0	18,020	0	19,151
86	19,500	10,168	6,000	★9,868	0	13,688	0	16,417	0	18,020	0	19,151
87	18,000	★9,772	4,000	9,952	0	13,688	0	16,417	0	18,020	0	19,151
88	16,500	★9,376	3,550	9,935	0	13,688	0	16,417	0	18,020	0	19,151
89	15,000	★8,980	0	9,935	0	13,688	0	16,417	0	18,020	0	19,151
90	13,500	★8,594	0	9,935	0	13,688	0	16,417	0	18,020	0	19,151
贈与額累計		46,500		56,450		56,450		56,450		56,450		56,450
最少税負担額		★8,594		9,868		13,364		15,872		17,430		18,388
最大税軽減額		★15,406		14,132		10,636		8,128		6,570		5,612

〔表の読み方〕
　相続の開始年齢及び贈与額によって最少税負担額が変わるので，幾ら贈与すると有利になるのか一概にはいえません。77歳から86歳までの間に相続が開始した場合は2,000万円贈与が有利，87歳以後に相続が開始した場合は1,500万円贈与が有利といえます。

○現有財産8億円

No.7-08
単位:万円

贈与額⇒ 相続開始年齢(歳)↓	2000 現有財産	2000 税負担額	3000 現有財産	3000 税負担額	4000 現有財産	4000 税負担額	5000 現有財産	5000 税負担額	6000 現有財産	6000 税負担額	8000 現有財産	8000 税負担額
59	80,000	34,820	80,000	34,820	80,000	34,820	80,000	34,820	80,000	34,820	80,000	34,820
60	78,000	34,074	77,000	33,902	76,000	33,791	75,000	33,691	74,000	33,591	72,000	★33,480
61	76,000	33,328	74,000	32,984	72,000	32,762	70,000	32,562	68,000	32,362	64,000	★32,140
62	74,000	32,582	71,000	32,066	68,000	31,733	65,000	31,433	62,000	31,213	56,000	★31,180
63	72,000	31,836	68,000	31,148	64,000	30,704	60,000	30,484	56,000	30,284	48,000	★30,240
64	70,000	31,090	65,000	30,230	60,000	29,855	55,000	29,605	50,000	29,355	40,000	★29,300
65	68,000	30,344	62,000	29,392	56,000	29,026	50,000	28,726	44,000	★28,426	32,000	28,440
66	66,000	29,598	59,000	28,624	52,000	28,197	45,000	27,847	38,000	★27,497	24,000	27,900
67	64,000	28,852	56,000	27,856	48,000	27,368	40,000	26,968	32,000	★26,648	16,000	27,740
68	62,000	28,186	53,000	27,088	44,000	26,539	35,000	26,089	26,000	★26,019	8,000	28,220
69	60,000	27,540	50,000	26,320	40,000	25,710	30,000	★25,390	20,000	25,570	3,550	28,914
70	58,000	26,894	47,000	25,552	36,000	24,881	25,000	★24,761	14,000	25,241	0	28,914
71	56,000	26,248	44,000	24,784	32,000	★24,132	20,000	24,312	8,000	25,532	0	28,914
72	54,000	25,602	41,000	24,016	28,000	★23,503	15,000	23,933	3,550	26,226	0	28,914
73	52,000	24,956	38,000	23,248	24,000	★22,874	10,000	23,914	0	26,226	0	28,914
74	50,000	24,310	35,000	22,480	20,000	★22,425	5,000	24,475	0	26,226	0	28,914
75	48,000	23,664	32,000	★21,792	16,000	21,996	3,550	24,504	0	26,226	0	28,914
76	46,000	23,018	29,000	★21,174	12,000	21,727	0	24,504	0	26,226	0	28,914
77	44,000	22,372	26,000	★20,556	8,000	21,758	0	24,504	0	26,226	0	28,914
78	42,000	21,726	23,000	★19,968	4,000	22,289	0	24,504	0	26,226	0	28,914
79	40,000	21,080	20,000	★19,500	3,550	22,272	0	24,504	0	26,226	0	28,914
80	38,000	20,434	17,000	★19,032	0	22,272	0	24,504	0	26,226	0	28,914
81	36,000	19,788	14,000	★18,564	0	22,272	0	24,504	0	26,226	0	28,914
82	34,000	19,142	11,000	★18,356	0	22,272	0	24,504	0	26,226	0	28,914
83	32,000	18,576	8,000	★18,248	0	22,272	0	24,504	0	26,226	0	28,914
84	30,000	★18,030	5,000	18,440	0	22,272	0	24,504	0	26,226	0	28,914
85	28,000	★17,484	3,550	18,489	0	22,272	0	24,504	0	26,226	0	28,914
86	26,000	★16,938	0	18,489	0	22,272	0	24,504	0	26,226	0	28,914
87	24,000	★16,392	0	18,489	0	22,272	0	24,504	0	26,226	0	28,914
88	22,000	★15,926	0	18,489	0	22,272	0	24,504	0	26,226	0	28,914
89	20,000	★15,480	0	18,489	0	22,272	0	24,504	0	26,226	0	28,914
90	18,000	★15,034	0	18,489	0	22,272	0	24,504	0	26,226	0	28,914
贈与額累計	62,000		76,450		76,450		76,450		76,450		76,450	
最少税負担額	★15,034		18,248		21,727		23,914		25,241		27,740	
最大税軽減額	★19,786		16,572		13,093		10,906		9,579		7,080	

子夫婦・孫2人

〔表の読み方〕
　相続の開始年齢及び贈与額によって最少税負担額が変わるので，幾ら贈与すると有利になるのか一概にはいえません。
　75歳から83歳までの間に相続が開始した場合は3,000万円贈与が有利，84歳以後に相続が開始した場合は2,000万円贈与が有利といえます。

○現有財産10億円

No.7-09 　　　　　　　　　　　　　　　　　　　　　　　　　　単位:万円

贈与額⇒	4000		5000		6000		8000		10000	
相続開始年齢(歳)↓	現有財産	税負担額	現有財産	税負担額	現有財産	税負担額	現有財産	税負担額	現有財産	税負担額
59	100,000	45,820	100,000	45,820	100,000	45,820	100,000	45,820	100,000	45,820
60	96,000	44,791	95,000	44,691	94,000	44,591	92,000	44,480	90,000	★44,419
61	92,000	43,762	90,000	43,562	88,000	43,362	84,000	43,140	80,000	★43,018
62	88,000	42,733	85,000	42,433	82,000	42,133	76,000	41,800	70,000	★41,617
63	84,000	41,704	80,000	41,304	76,000	40,904	68,000	40,460	60,000	★40,396
64	80,000	40,675	75,000	40,175	70,000	39,675	60,000	★39,300	50,000	39,495
65	76,000	39,646	70,000	39,046	64,000	38,446	52,000	★38,360	40,000	38,594
66	72,000	38,617	65,000	37,917	58,000	37,497	44,000	★37,420	30,000	37,873
67	68,000	37,588	60,000	36,968	52,000	36,568	36,000	★36,480	20,000	37,652
68	64,000	36,559	55,000	36,089	46,000	★35,639	28,000	35,820	10,000	38,111
69	60,000	35,710	50,000	35,210	40,000	★34,710	20,000	35,460	3,550	39,176
70	56,000	34,881	45,000	34,331	34,000	★33,781	12,000	35,480	0	39,176
71	52,000	34,052	40,000	33,452	28,000	★33,132	4,000	36,760	0	39,176
72	48,000	33,223	35,000	★32,573	22,000	32,583	3,550	36,743	0	39,176
73	44,000	32,394	30,000	★31,874	16,000	32,254	0	36,743	0	39,176
74	40,000	31,565	25,000	★31,245	10,000	32,285	0	36,743	0	39,176
75	36,000	★30,736	20,000	30,796	4,000	33,176	0	36,743	0	39,176
76	32,000	★29,987	15,000	30,417	3,550	33,159	0	36,743	0	39,176
77	28,000	★29,358	10,000	30,398	0	33,159	0	36,743	0	39,176
78	24,000	★28,729	5,000	30,959	0	33,159	0	36,743	0	39,176
79	20,000	★28,280	3,550	30,988	0	33,159	0	36,743	0	39,176
80	16,000	★27,851	0	30,988	0	33,159	0	36,743	0	39,176
81	12,000	★27,582	0	30,988	0	33,159	0	36,743	0	39,176
82	8,000	★27,613	0	30,988	0	33,159	0	36,743	0	39,176
83	4,000	★28,144	0	30,988	0	33,159	0	36,743	0	39,176
84	3,550	★28,127	0	30,988	0	33,159	0	36,743	0	39,176
85	0	★28,127	0	30,988	0	33,159	0	36,743	0	39,176
86	0	★28,127	0	30,988	0	33,159	0	36,743	0	39,176
87	0	★28,127	0	30,988	0	33,159	0	36,743	0	39,176
88	0	★28,127	0	30,988	0	33,159	0	36,743	0	39,176
89	0	★28,127	0	30,988	0	33,159	0	36,743	0	39,176
90	0	★28,127	0	30,988	0	33,159	0	36,743	0	39,176
贈与額累計		96,450		96,450		96,450		96,450		96,450
最少税負担額		★27,582		30,398		32,254		35,460		37,652
最大税軽減額		★18,238		15,422		13,566		10,360		8,168

〔表の読み方〕

　相続の開始年齢及び贈与額によって最少税負担額が変わるので，幾ら贈与すると有利になるのか一概にはいえません。

　75歳以後に相続が開始した場合は4,000万円贈与が有利といえます。

○現有財産20億円

No.7-10　　　単位:万円

贈与額⇒	6000		8000		10000		15000		20000	
相続開始年齢(歳)↓	現有財産	税負担額	現有財産	税負担額	現有財産	税負担額	現有財産	税負担額	現有財産	税負担額
59	200,000	100,820	200,000	100,820	200,000	100,820	200,000	100,820	200,000	100,820
60	194,000	99,591	192,000	99,480	190,000	★99,419	185,000	★99,419	180,000	★99,419
61	188,000	98,362	184,000	98,140	180,000	★98,018	170,000	★98,018	160,000	★98,018
62	182,000	97,133	176,000	96,800	170,000	★96,617	155,000	★96,617	140,000	★96,617
63	176,000	95,904	168,000	95,460	160,000	★95,216	140,000	★95,216	120,000	★95,216
64	170,000	94,675	160,000	94,120	150,000	★93,815	125,000	★93,815	100,000	★93,815
65	164,000	93,446	152,000	92,780	140,000	★92,414	110,000	92,414	80,000	★92,414
66	158,000	92,217	144,000	91,440	130,000	★91,013	95,000	91,013	60,000	91,193
67	152,000	90,988	136,000	90,100	120,000	★89,612	80,000	★89,612	40,000	90,792
68	146,000	89,759	128,000	88,760	110,000	★88,211	65,000	★88,211	20,000	91,251
69	140,000	88,530	120,000	87,420	100,000	★86,810	50,000	87,490	3,550	94,038
70	134,000	87,301	112,000	86,080	90,000	★85,409	35,000	86,839	0	94,038
71	128,000	86,072	104,000	84,740	80,000	★84,008	20,000	87,048	0	94,038
72	122,000	84,843	96,000	83,400	70,000	★82,607	5,000	89,197	0	94,038
73	116,000	83,614	88,000	82,060	60,000	★81,386	3,550	89,226	0	94,038
74	110,000	82,385	80,000	80,720	50,000	★80,485	0	89,226	0	94,038
75	104,000	81,156	72,000	★79,380	40,000	79,584	0	89,226	0	94,038
76	98,000	79,927	64,000	★78,040	30,000	78,863	0	89,226	0	94,038
77	92,000	78,698	56,000	★77,080	20,000	78,642	0	89,226	0	94,038
78	86,000	77,469	48,000	★76,140	10,000	79,101	0	89,226	0	94,038
79	80,000	76,240	40,000	★75,200	3,550	80,166	0	89,226	0	94,038
80	74,000	75,011	32,000	★74,340	0	80,166	0	89,226	0	94,038
81	68,000	★73,782	24,000	73,800	0	80,166	0	89,226	0	94,038
82	62,000	★72,633	16,000	73,640	0	80,166	0	89,226	0	94,038
83	56,000	★71,704	8,000	74,120	0	80,166	0	89,226	0	94,038
84	50,000	★70,775	3,550	74,814	0	80,166	0	89,226	0	94,038
85	44,000	★69,846	0	74,814	0	80,166	0	89,226	0	94,038
86	38,000	★68,917	0	74,814	0	80,166	0	89,226	0	94,038
87	32,000	★68,068	0	74,814	0	80,166	0	89,226	0	94,038
88	26,000	★67,439	0	74,814	0	80,166	0	89,226	0	94,038
89	20,000	★66,990	0	74,814	0	80,166	0	89,226	0	94,038
90	14,000	★66,661	0	74,814	0	80,166	0	89,226	0	94,038
贈与額累計		186,000		196,450		196,450		196,450		196,450
最少税負担額		★66,661		73,640		78,642		86,839		90,792
最大税軽減額		★34,159		27,180		22,178		13,981		10,028

〔表の読み方〕

　相続の開始年齢及び贈与額によって最少税負担額が変わるので，幾ら贈与すると有利になるのか一概にはいえません。

　75歳から80歳までの間に相続が開始した場合は8,000万円贈与が有利，81歳以後に相続が開始した場合は6,000万円贈与が有利といえます。

子夫婦・孫2人

133

家族構成：推定被相続人・子2人・孫2人

推定被相続人

推定相続人

（18歳以上）

基礎控除額：4,200万円

○暦年課税贈与
　孫2人に対し現有財産に応じて各年220万円から段階的に贈与します（特例税率適用）
※孫1人当たり贈与額は上記金額の2分の1とします

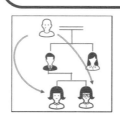

○現有財産別・贈与額別の税負担額の軽減額（60歳から90歳までの間贈与した場合）

単位：万円

表番号	頁		贈与方式⇒ 贈与額⇒	0	暦年課税									
					220	330	400	800	1,000	1,500	2,000	3,000	4,000	6,000
No.8-01		現有財産	10,000	770	★770.86	581.77	515.74	298.67	211.65					
No.8-02			15,000	1,840		★1,442.90	1,354.86	946.73	796.70	436.65				
No.8-03			20,000	3,340			★2,372.90	2,023.79	1,811.75	1,259.68	800.64			
No.8-04			30,000	6,920				★4,743.90	4,421.85	3,476.75	2,610.69	1,420.64		
No.8-05			40,000	10,920					★7,293.90	6,112.81	4,840.74	2,972.68	1,754.65	
No8-06			50,000	15,210						★9,049.88	7,360.79	4,866.71	3,111.68	
No.8-07			60,000	19,710						★11,926.90	10,090.84	6,890.74	4,689.70	2,744.65
No.8-08			80,000	29,500							★15,786.90	11,836.81	8,624.75	5,541.68
No.8-09			100,000	39,500									★12,769.80	8,637.72
No.8-10			200,000	93,290										★27,911.88

〔表の見方〕
・家族構成は推定被相続人と子2人，孫2人です。前記の家族構成に子が1人増えた場合も同様です（枠内の図）。子が1人増えることにより，相続税の基礎控除額が600万円増えるため，その分相続税額は軽減されます。

〔表の読み方〕
・前記家族構成の場合と同様，孫それぞれが贈与税の基礎控除額110万円を適用できること，また，贈与額によっては税率が抑えられることから，贈与税額は軽減されます。

○現有財産1億円

No.8-01 　　単位:万円

贈与額⇒	220		330		400		600		800		1000	
相続開始年齢(歳)↓	現有財産	税負担額	現有財産	税負担額	現有財産	税負担額	現有財産	税負担額	現有財産	税負担額	現有財産	税負担額
59	10,000	770	10,000	770	10,000	770	10,000	770	10,000	770	10,000	770
60	9,780	737	9,670	732	9,600	728	9,400	718	9,200	★717	9,000	★717
61	9,560	704	9,340	693	9,200	686	8,800	666	8,400	★664	8,000	★664
62	9,340	671	9,010	655	8,800	644	8,200	614	7,600	★611	7,000	★611
63	9,120	638	8,680	616	8,400	602	7,600	562	6,800	★558	6,000	568
64	8,900	605	8,350	578	8,000	560	7,000	★510	6,000	515	5,000	565
65	8,680	572	8,020	539	7,600	518	6,400	★458	5,200	502	4,150	560
66	8,460	539	7,690	501	7,200	476	5,800	★426	4,400	489	0	560
67	8,240	506	7,360	462	6,800	434	5,200	★404	4,150	472	0	560
68	8,020	473	7,030	424	6,400	392	4,600	★382	0	472	0	560
69	7,800	440	6,700	385	6,000	★360	4,150	365	0	472	0	560
70	7,580	407	6,370	347	5,600	★338	0	365	0	472	0	560
71	7,360	374	6,040	★316	5,200	★316	0	365	0	472	0	560
72	7,140	341	5,710	★294	4,800	★294	0	365	0	472	0	560
73	6,920	308	5,380	★272	4,400	★272	0	365	0	472	0	560
74	6,700	275	5,050	★250	4,150	255	0	365	0	472	0	560
75	6,480	242	4,720	★228	0	255	0	365	0	472	0	560
76	6,260	209	4,390	★206	0	255	0	365	0	472	0	560
77	6,040	★184	4,150	189	0	255	0	365	0	472	0	560
78	5,820	★162	0	189	0	255	0	365	0	472	0	560
79	5,600	★140	0	189	0	255	0	365	0	472	0	560
80	5,380	★118	0	189	0	255	0	365	0	472	0	560
81	5,160	★96	0	189	0	255	0	365	0	472	0	560
82	4,940	★74	0	189	0	255	0	365	0	472	0	560
83	4,720	★52	0	189	0	255	0	365	0	472	0	560
84	4,500	★30	0	189	0	255	0	365	0	472	0	560
85	4,280	★8	0	189	0	255	0	365	0	472	0	560
86	4,150	★0	0	189	0	255	0	365	0	472	0	560
87	0	★0	0	189	0	255	0	365	0	472	0	560
88	0	★0	0	189	0	255	0	365	0	472	0	560
89	0	★0	0	189	0	255	0	365	0	472	0	560
90	0	★0	0	189	0	255	0	365	0	472	0	560
贈与額累計		5,850		5,850		5,850		5,850		5,850		5,850
最少税負担額		★0		189		255		365		472		560
最大税軽減額		★770		581		515		405		298		211

〔表の読み方〕
　77歳以後に相続が開始した場合は220万円贈与（暦年課税）が有利であり、86歳以後に相続が開始した場合，相続税は課税されません。

子2人・孫2人

135

○現有財産1.5億円

単位:万円

贈与額⇒	330		400		600		800		1000		1500	
相続開始年齢(歳)↓	現有財産	税負担額	現有財産	税負担額	現有財産	税負担額	現有財産	税負担額	現有財産	税負担額	現有財産	税負担額
59	15,000	1,840	15,000	1,840	15,000	1,840	15,000	1,840	15,000	1,840	15,000	1,840
60	14,670	1,752	14,600	1,738	14,400	1,698	14,200	1,667	14,000	★1,657	13,500	1,664
61	14,340	1,664	14,200	1,636	13,800	1,596	13,400	1,574	13,000	★1,554	12,000	1,568
62	14,010	1,595	13,800	1,574	13,200	1,514	12,600	1,481	12,000	★1,451	10,500	1,472
63	13,680	1,540	13,400	1,512	12,600	1,432	11,800	1,388	11,000	★1,348	9,000	1,436
64	13,350	1,485	13,000	1,450	12,000	1,350	11,000	1,295	10,000	★1,255	7,500	1,415
65	13,020	1,430	12,600	1,388	11,400	1,268	10,200	★1,202	9,000	★1,202	6,000	1,404
66	12,690	1,375	12,200	1,326	10,800	1,186	9,400	★1,149	8,000	★1,149	4,500	1,458
67	12,360	1,320	11,800	1,264	10,200	1,104	8,600	★1,096	7,000	★1,096	4,150	1,441
68	12,030	1,265	11,400	1,202	9,600	1,052	7,800	★1,043	6,000	1,053	0	1,441
69	11,700	1,210	11,000	1,140	9,000	1,000	7,000	★990	5,000	1,050	0	1,441
70	11,370	1,155	10,600	1,078	8,400	948	6,200	★937	4,150	1,045	0	1,441
71	11,040	1,100	10,200	1,016	7,800	★896	5,400	924	0	1,045	0	1,441
72	10,710	1,045	9,800	974	7,200	★844	4,600	911	0	1,045	0	1,441
73	10,380	990	9,400	932	6,600	★792	4,150	894	0	1,045	0	1,441
74	10,050	943	9,000	890	6,000	★750	0	894	0	1,045	0	1,441
75	9,720	904	8,600	848	5,400	★728	0	894	0	1,045	0	1,441
76	9,390	866	8,200	806	4,800	★706	0	894	0	1,045	0	1,441
77	9,060	827	7,800	764	4,200	★684	0	894	0	1,045	0	1,441
78	8,730	789	7,400	722	4,150	★684	0	894	0	1,045	0	1,441
79	8,400	750	7,000	★680	0	684	0	894	0	1,045	0	1,441
80	8,070	712	6,600	★638	0	684	0	894	0	1,045	0	1,441
81	7,740	673	6,200	★596	0	684	0	894	0	1,045	0	1,441
82	7,410	635	5,800	★574	0	684	0	894	0	1,045	0	1,441
83	7,080	596	5,400	★552	0	684	0	894	0	1,045	0	1,441
84	6,750	558	5,000	★530	0	684	0	894	0	1,045	0	1,441
85	6,420	519	4,600	★508	0	684	0	894	0	1,045	0	1,441
86	6,090	★486	4,200	★486	0	684	0	894	0	1,045	0	1,441
87	5,760	★464	4,150	486	0	684	0	894	0	1,045	0	1,441
88	5,430	★442	0	486	0	684	0	894	0	1,045	0	1,441
89	5,100	★420	0	486	0	684	0	894	0	1,045	0	1,441
90	4,770	★398	0	486	0	684	0	894	0	1,045	0	1,441
贈与額累計		10,230		10,850		10,850		10,850		10,850		10,850
最少税負担額		★398		486		684		894		1,045		1,404
最大税軽減額		★1,442		1,354		1,156		946		796		436

〔表の読み方〕

　相続の開始年齢及び贈与額によって最少税負担額が変わるので，幾ら贈与すると有利になるのか一概にはいえません。79歳から85歳までの間に相続が開始した場合は400万円贈与が有利，86歳以後に相続が開始した場合は330万円贈与が有利といえます。

○現有財産2億円

No.8-03　　　　　　　　　　　　　　　　　　　　　　　　　　　　　　単位:万円

贈与額⇒	400		600		800		1000		1500		2000	
相続開始年齢(歳)↓	現有財産	税負担額	現有財産	税負担額	現有財産	税負担額	現有財産	税負担額	現有財産	税負担額	現有財産	税負担額
59	20,000	3,340	20,000	3,340	20,000	3,340	20,000	3,340	20,000	3,340	20,000	3,340
60	19,600	3,238	19,400	3,198	19,200	3,167	19,000	3,137	18,500	★3,094	18,000	★3,094
61	19,200	3,136	18,800	3,056	18,400	2,994	18,000	2,934	17,000	★2,848	16,000	★2,848
62	18,800	3,034	18,200	2,914	17,600	2,821	17,000	2,731	15,500	★2,602	14,000	2,622
63	18,400	2,932	17,600	2,772	16,800	2,648	16,000	2,528	14,000	★2,376	12,000	2,576
64	18,000	2,830	17,000	2,630	16,000	2,475	15,000	2,325	12,500	★2,280	10,000	2,540
65	17,600	2,728	16,400	2,488	15,200	2,302	14,000	★2,142	11,000	2,184	8,000	2,594
66	17,200	2,626	15,800	2,346	14,400	2,129	13,000	★2,039	9,500	2,123	6,000	2,658
67	16,800	2,524	15,200	2,204	13,600	2,016	12,000	★1,936	8,000	2,102	4,150	2,787
68	16,400	2,422	14,600	2,062	12,800	1,923	11,000	★1,833	6,500	2,081	0	2,787
69	16,000	2,320	14,000	1,940	12,000	1,830	10,000	★1,740	5,000	2,120	0	2,787
70	15,600	2,218	13,400	1,858	11,200	1,737	9,000	★1,687	4,150	2,115	0	2,787
71	15,200	2,116	12,800	1,776	10,400	1,644	8,000	★1,634	0	2,115	0	2,787
72	14,800	2,014	12,200	1,694	9,600	★1,581	7,000	★1,581	0	2,115	0	2,787
73	14,400	1,912	11,600	1,612	8,800	★1,528	6,000	1,538	0	2,115	0	2,787
74	14,000	1,830	11,000	1,530	8,000	★1,475	5,000	1,535	0	2,115	0	2,787
75	13,600	1,768	10,400	1,448	7,200	★1,422	4,150	1,530	0	2,115	0	2,787
76	13,200	1,706	9,800	1,386	6,400	★1,369	0	1,530	0	2,115	0	2,787
77	12,800	1,644	9,200	★1,334	5,600	1,346	0	1,530	0	2,115	0	2,787
78	12,400	1,582	8,600	★1,282	4,800	1,333	0	1,530	0	2,115	0	2,787
79	12,000	1,520	8,000	★1,230	4,150	1,318	0	1,530	0	2,115	0	2,787
80	11,600	1,458	7,400	★1,178	0	1,318	0	1,530	0	2,115	0	2,787
81	11,200	1,396	6,800	★1,126	0	1,318	0	1,530	0	2,115	0	2,787
82	10,800	1,334	6,200	★1,074	0	1,318	0	1,530	0	2,115	0	2,787
83	10,400	1,272	5,600	★1,052	0	1,318	0	1,530	0	2,115	0	2,787
84	10,000	1,220	5,000	★1,030	0	1,318	0	1,530	0	2,115	0	2,787
85	9,600	1,178	4,400	★1,008	0	1,318	0	1,530	0	2,115	0	2,787
86	9,200	1,136	4,150	★991	0	1,318	0	1,530	0	2,115	0	2,787
87	8,800	1,094	0	★991	0	1,318	0	1,530	0	2,115	0	2,787
88	8,400	1,052	0	★991	0	1,318	0	1,530	0	2,115	0	2,787
89	8,000	1,010	0	★991	0	1,318	0	1,530	0	2,115	0	2,787
90	7,600	★968	0	991	0	1,318	0	1,530	0	2,115	0	2,787
贈与額累計		12,400		15,850		15,850		15,850		15,850		15,850
最少税負担額		★968		991		1,318		1,530		2,081		2,540
最大税軽減額		★2,372		2,349		2,023		1,811		1,259		800

子2人・孫2人

〔表の読み方〕
　相続の開始年齢及び贈与額によって最少税負担額が変わるので，幾ら贈与すると有利になるのか一概にはいえません。77歳から89歳までの間に相続が開始した場合は600万円贈与が有利，90歳で相続が開始した場合は400万円贈与が有利といえます。

○現有財産3億円

No.8-04 単位:万円

贈与額⇒	800		1000		1500		2000		3000	
相続開始年齢(歳)↓	現有財産	税負担額	現有財産	税負担額	現有財産	税負担額	現有財産	税負担額	現有財産	税負担額
59	30,000	6,920	30,000	6,920	30,000	6,920	30,000	6,920	30,000	6,920
60	29,200	6,667	29,000	6,617	28,500	6,524	28,000	6,474	27,000	★6,452
61	28,400	6,414	28,000	6,314	27,000	6,128	26,000	6,028	24,000	★6,004
62	27,600	6,161	27,000	6,011	25,500	5,732	24,000	★5,602	21,000	5,836
63	26,800	5,908	26,000	5,708	24,000	★5,356	22,000	★5,356	18,000	5,668
64	26,000	5,655	25,000	5,405	22,500	★5,110	20,000	★5,110	15,000	5,500
65	25,200	5,402	24,000	5,122	21,000	★4,864	18,000	★4,864	12,000	5,552
66	24,400	5,149	23,000	4,919	19,500	★4,618	16,000	★4,618	9,000	5,744
67	23,600	4,956	22,000	4,716	18,000	★4,372	14,000	4,392	6,000	6,036
68	22,800	4,783	21,000	4,513	16,500	★4,126	12,000	4,346	4,150	6,165
69	22,000	4,610	20,000	4,310	15,000	★3,880	10,000	4,310	0	6,165
70	21,200	4,437	19,000	4,107	13,500	★3,704	8,000	4,364	0	6,165
71	20,400	4,264	18,000	3,904	12,000	★3,608	6,000	4,428	0	6,165
72	19,600	4,091	17,000	3,701	10,500	★3,512	4,150	4,557	0	6,165
73	18,800	3,918	16,000	3,498	9,000	★3,476	0	4,557	0	6,165
74	18,000	3,745	15,000	★3,295	7,500	3,455	0	4,557	0	6,165
75	17,200	3,572	14,000	★3,112	6,000	3,444	0	4,557	0	6,165
76	16,400	3,399	13,000	★3,009	4,500	3,498	0	4,557	0	6,165
77	15,600	3,226	12,000	★2,906	4,150	3,481	0	4,557	0	6,165
78	14,800	3,053	11,000	★2,803	0	3,481	0	4,557	0	6,165
79	14,000	2,900	10,000	★2,710	0	3,481	0	4,557	0	6,165
80	13,200	2,807	9,000	★2,657	0	3,481	0	4,557	0	6,165
81	12,400	2,714	8,000	★2,604	0	3,481	0	4,557	0	6,165
82	11,600	2,621	7,000	★2,551	0	3,481	0	4,557	0	6,165
83	10,800	2,528	6,000	★2,508	0	3,481	0	4,557	0	6,165
84	10,000	★2,445	5,000	2,505	0	3,481	0	4,557	0	6,165
85	9,200	★2,392	4,150	2,500	0	3,481	0	4,557	0	6,165
86	8,400	★2,339	0	2,500	0	3,481	0	4,557	0	6,165
87	7,600	★2,286	0	2,500	0	3,481	0	4,557	0	6,165
88	6,800	★2,233	0	2,500	0	3,481	0	4,557	0	6,165
89	6,000	★2,190	0	2,500	0	3,481	0	4,557	0	6,165
90	5,200	★2,177	0	2,500	0	3,481	0	4,557	0	6,165
贈与額累計		24,800		25,850		25,850		25,850		25,850
最少税負担額		★2,177		2,500		3,444		4,310		5,500
最大税軽減額		★4,743		4,421		3,476		2,610		1,420

〔表の読み方〕

　相続の開始年齢及び贈与額によって最少税負担額が変わるので，幾ら贈与すると有利になるのか一概にはいえません。74歳から83歳までの間に相続が開始した場合は1,000万円贈与が有利，84歳以後に相続が開始した場合は800万円贈与が有利といえます。

○現有財産4億円

No.8-05 単位：万円

贈与額⇒	1000		1500		2000		3000		4000	
相続開始年齢(歳)↓	現有財産	税負担額	現有財産	税負担額	現有財産	税負担額	現有財産	税負担額	現有財産	税負担額
59	40,000	10,920	40,000	10,920	40,000	10,920	40,000	10,920	40,000	10,920
60	39,000	10,617	38,500	10,524	38,000	10,474	37,000	★10,452	36,000	10,491
61	38,000	10,314	37,000	10,128	36,000	10,028	34,000	★9,984	32,000	10,062
62	37,000	10,011	35,500	9,732	34,000	9,582	31,000	★9,516	28,000	9,633
63	36,000	9,708	34,000	9,336	32,000	9,136	28,000	★9,048	24,000	9,224
64	35,000	9,405	32,500	8,940	30,000	8,690	25,000	★8,580	20,000	9,195
65	34,000	9,102	31,000	8,544	28,000	★8,244	22,000	8,332	16,000	9,166
66	33,000	8,799	29,500	8,148	26,000	★7,798	19,000	8,164	12,000	9,357
67	32,000	8,496	28,000	7,752	24,000	★7,372	16,000	7,996	8,000	9,838
68	31,000	8,193	26,500	7,356	22,000	★7,126	13,000	7,948	4,150	10,472
69	30,000	7,890	25,000	6,960	20,000	★6,880	10,000	8,090	0	10,472
70	29,000	7,587	23,500	★6,634	18,000	★6,634	7,000	8,372	0	10,472
71	28,000	7,284	22,000	★6,388	16,000	★6,388	4,150	8,724	0	10,472
72	27,000	6,981	20,500	★6,142	14,000	6,162	0	8,724	0	10,472
73	26,000	6,678	19,000	★5,896	12,000	6,116	0	8,724	0	10,472
74	25,000	6,375	17,500	★5,650	10,000	6,080	0	8,724	0	10,472
75	24,000	6,092	16,000	★5,404	8,000	6,134	0	8,724	0	10,472
76	23,000	5,889	14,500	★5,158	6,000	6,198	0	8,724	0	10,472
77	22,000	5,686	13,000	★5,032	4,150	6,327	0	8,724	0	10,472
78	21,000	5,483	11,500	★4,936	0	6,327	0	8,724	0	10,472
79	20,000	5,280	10,000	★4,850	0	6,327	0	8,724	0	10,472
80	19,000	5,077	8,500	★4,829	0	6,327	0	8,724	0	10,472
81	18,000	4,874	7,000	★4,808	0	6,327	0	8,724	0	10,472
82	17,000	★4,671	5,500	4,822	0	6,327	0	8,724	0	10,472
83	16,000	★4,468	4,150	4,858	0	6,327	0	8,724	0	10,472
84	15,000	★4,265	0	4,858	0	6,327	0	8,724	0	10,472
85	14,000	★4,082	0	4,858	0	6,327	0	8,724	0	10,472
86	13,000	★3,979	0	4,858	0	6,327	0	8,724	0	10,472
87	12,000	★3,876	0	4,858	0	6,327	0	8,724	0	10,472
88	11,000	★3,773	0	4,858	0	6,327	0	8,724	0	10,472
89	10,000	★3,680	0	4,858	0	6,327	0	8,724	0	10,472
90	9,000	★3,627	0	4,858	0	6,327	0	8,724	0	10,472
贈与額累計		31,000		35,850		35,850		35,850		35,850
最少税負担額		★3,627		4,808		6,080		7,948		9,166
最大税軽減額		★7,293		6,112		4,840		2,972		1,754

〔表の読み方〕

　相続の開始年齢及び贈与額によって最少税負担額が変わるので，幾ら贈与すると有利になるのか一概にはいえません。

　70歳から81歳までの間に相続が開始した場合は1,500万円贈与が有利，82歳以後に相続が開始した場合は1,000万円贈与が有利といえます。

子2人・孫2人

139

○現有財産5億円

No.8-06　　　　　　　　　　　　　　　　　　　　　　　　　　　　　　　　　　　単位:万円

贈与額⇒	1500		2000		3000		4000		5000	
相続開始年齢(歳)↓	現有財産	税負担額	現有財産	税負担額	現有財産	税負担額	現有財産	税負担額	現有財産	税負担額
59	50,000	15,210	50,000	15,210	50,000	15,210	50,000	15,210	50,000	15,210
60	48,500	14,739	48,000	14,664	47,000	14,592	46,000	★14,581	45,000	★14,581
61	47,000	14,268	46,000	14,118	44,000	★13,984	42,000	14,062	40,000	14,162
62	45,500	13,797	44,000	13,582	41,000	★13,516	38,000	13,633	35,000	13,783
63	44,000	13,336	42,000	13,136	38,000	★13,048	34,000	13,204	30,000	13,404
64	42,500	12,940	40,000	12,690	35,000	★12,580	30,000	12,775	25,000	13,025
65	41,000	12,544	38,000	12,244	32,000	★12,112	26,000	12,346	20,000	13,066
66	39,500	12,148	36,000	11,798	29,000	★11,644	22,000	12,137	15,000	13,187
67	38,000	11,752	34,000	11,352	26,000	★11,176	18,000	12,108	10,000	13,738
68	36,500	11,356	32,000	10,906	23,000	★10,828	14,000	12,099	5,000	14,669
69	35,000	10,960	30,000	★10,460	20,000	10,660	10,000	12,480	4,150	14,664
70	33,500	10,564	28,000	★10,014	17,000	10,492	6,000	13,061	0	14,664
71	32,000	10,168	26,000	★9,568	14,000	10,344	4,150	13,190	0	14,664
72	30,500	9,772	24,000	★9,142	11,000	10,476	0	13,190	0	14,664
73	29,000	9,376	22,000	★8,896	8,000	10,718	0	13,190	0	14,664
74	27,500	8,980	20,000	★8,650	5,000	11,060	0	13,190	0	14,664
75	26,000	8,584	18,000	★8,404	4,150	11,055	0	13,190	0	14,664
76	24,500	8,188	16,000	★8,158	0	11,055	0	13,190	0	14,664
77	23,000	★7,912	14,000	7,932	0	11,055	0	13,190	0	14,664
78	21,500	★7,666	12,000	7,886	0	11,055	0	13,190	0	14,664
79	20,000	★7,420	10,000	7,850	0	11,055	0	13,190	0	14,664
80	18,500	★7,174	8,000	7,904	0	11,055	0	13,190	0	14,664
81	17,000	★6,928	6,000	7,968	0	11,055	0	13,190	0	14,664
82	15,500	★6,682	4,150	8,097	0	11,055	0	13,190	0	14,664
83	14,000	★6,456	0	8,097	0	11,055	0	13,190	0	14,664
84	12,500	★6,360	0	8,097	0	11,055	0	13,190	0	14,664
85	11,000	★6,264	0	8,097	0	11,055	0	13,190	0	14,664
86	9,500	★6,203	0	8,097	0	11,055	0	13,190	0	14,664
87	8,000	★6,182	0	8,097	0	11,055	0	13,190	0	14,664
88	6,500	★6,161	0	8,097	0	11,055	0	13,190	0	14,664
89	5,000	★6,200	0	8,097	0	11,055	0	13,190	0	14,664
90	4,150	★6,195	0	8,097	0	11,055	0	13,190	0	14,664
贈与額累計		45,850		45,850		45,850		45,850		45,850
最少税負担額		★6,161		7,850		10,344		12,099		13,025
最大税軽減額		★9,049		7,360		4,866		3,111		2,185

〔表の読み方〕

　相続の開始年齢及び贈与額によって最少税負担額が変わるので，幾ら贈与すると有利になるのか一概にはいえません。

　69歳から76歳までの間に相続が開始した場合は2,000万円贈与が有利，77歳以後に相続が開始した場合は1,500万円贈与が有利といえます。

140

○現有財産6億円

No.8-07　　単位:万円

贈与額⇒	1500		2000		3000		4000		5000		6000	
相続開始年齢(歳)↓	現有財産	税負担額	現有財産	税負担額	現有財産	税負担額	現有財産	税負担額	現有財産	税負担額	現有財産	税負担額
59	60,000	19,710	60,000	19,710	60,000	19,710	60,000	19,710	60,000	19,710	60,000	19,710
60	58,500	19,239	58,000	19,164	57,000	19,092	56,000	★19,081	55,000	★19,081	54,000	★19,081
61	57,000	18,768	56,000	18,618	54,000	18,474	52,000	★18,452	50,000	★18,452	48,000	★18,452
62	55,500	18,297	54,000	18,072	51,000	17,856	48,000	★17,823	45,000	★17,823	42,000	17,933
63	54,000	17,826	52,000	17,526	48,000	17,238	44,000	★17,204	40,000	17,404	36,000	17,604
64	52,500	17,355	50,000	16,980	45,000	★16,620	40,000	16,775	35,000	17,025	30,000	17,275
65	51,000	16,884	48,000	16,434	42,000	★16,112	36,000	16,346	30,000	16,646	24,000	16,966
66	49,500	16,413	46,000	15,888	39,000	★15,644	32,000	15,917	25,000	16,267	18,000	17,237
67	48,000	15,942	44,000	15,352	36,000	★15,176	28,000	15,488	20,000	16,308	12,000	17,728
68	46,500	15,471	42,000	14,906	33,000	★14,708	24,000	15,079	15,000	16,429	6,000	18,819
69	45,000	15,000	40,000	14,460	30,000	★14,240	20,000	15,050	10,000	16,980	4,150	18,948
70	43,500	14,564	38,000	14,014	27,000	★13,772	16,000	15,021	5,000	17,911	0	18,948
71	42,000	14,168	36,000	13,568	24,000	★13,324	12,000	15,212	4,150	17,906	0	18,948
72	40,500	13,772	34,000	★13,122	21,000	13,156	8,000	15,693	0	17,906	0	18,948
73	39,000	13,376	32,000	★12,676	18,000	12,988	4,150	16,327	0	17,906	0	18,948
74	37,500	12,980	30,000	★12,230	15,000	12,820	0	16,327	0	17,906	0	18,948
75	36,000	12,584	28,000	★11,784	12,000	12,872	0	16,327	0	17,906	0	18,948
76	34,500	12,188	26,000	★11,338	9,000	13,064	0	16,327	0	17,906	0	18,948
77	33,000	11,792	24,000	★10,912	6,000	13,356	0	16,327	0	17,906	0	18,948
78	31,500	11,396	22,000	★10,666	4,150	13,485	0	16,327	0	17,906	0	18,948
79	30,000	11,000	20,000	★10,420	0	13,485	0	16,327	0	17,906	0	18,948
80	28,500	10,604	18,000	★10,174	0	13,485	0	16,327	0	17,906	0	18,948
81	27,000	10,208	16,000	★9,928	0	13,485	0	16,327	0	17,906	0	18,948
82	25,500	9,812	14,000	★9,702	0	13,485	0	16,327	0	17,906	0	18,948
83	24,000	★9,436	12,000	9,656	0	13,485	0	16,327	0	17,906	0	18,948
84	22,500	★9,190	10,000	9,620	0	13,485	0	16,327	0	17,906	0	18,948
85	21,000	★8,944	8,000	9,674	0	13,485	0	16,327	0	17,906	0	18,948
86	19,500	★8,698	6,000	9,738	0	13,485	0	16,327	0	17,906	0	18,948
87	18,000	★8,452	4,150	9,867	0	13,485	0	16,327	0	17,906	0	18,948
88	16,500	★8,206	0	9,867	0	13,485	0	16,327	0	17,906	0	18,948
89	15,000	★7,960	0	9,867	0	13,485	0	16,327	0	17,906	0	18,948
90	13,500	★7,784	0	9,867	0	13,485	0	16,327	0	17,906	0	18,948
贈与額累計		46,500		55,850		55,850		55,850		55,850		55,850
最少税負担額		★7,784		9,620		12,820		15,021		16,267		16,966
最大税軽減額		★11,926		10,090		6,890		4,689		3,443		2,744

子2人・孫2人

〔表の読み方〕
　相続の開始年齢及び贈与額によって最少税負担額が変わるので，幾ら贈与すると有利になるのか一概にはいえません。
　72歳から82歳までの間に相続が開始した場合は2,000万円贈与が有利，83歳以後に相続が開始した場合は1,500万円贈与が有利といえます。

141

○現有財産 8 億円

単位:万円

贈与額⇒	2000		3000		4000		5000		6000		8000	
相続開始年齢(歳)↓	現有財産	税負担額	現有財産	税負担額	現有財産	税負担額	現有財産	税負担額	現有財産	税負担額	現有財産	税負担額
59	80,000	29,500	80,000	29,500	80,000	29,500	80,000	29,500	80,000	29,500	80,000	29,500
60	78,000	28,854	77,000	28,732	76,000	28,671	75,000	28,621	74,000	28,571	72,000	★28,560
61	76,000	28,208	74,000	27,964	72,000	27,842	70,000	27,742	68,000	27,642	64,000	★27,630
62	74,000	27,562	71,000	27,196	68,000	27,013	65,000	26,863	62,000	★26,823	56,000	27,090
63	72,000	26,916	68,000	26,428	64,000	★26,194	60,000	★26,194	56,000	★26,194	48,000	26,550
64	70,000	26,270	65,000	25,660	60,000	★25,565	55,000	★25,565	50,000	★25,565	40,000	26,220
65	68,000	25,624	62,000	25,002	56,000	★24,936	50,000	★24,936	44,000	24,946	32,000	26,080
66	66,000	24,978	59,000	24,384	52,000	★24,307	45,000	★24,307	38,000	24,617	24,000	25,960
67	64,000	24,342	56,000	23,766	48,000	★23,678	40,000	23,888	32,000	24,288	16,000	26,620
68	62,000	23,796	53,000	23,148	44,000	★23,059	35,000	23,509	26,000	23,959	8,000	28,010
69	60,000	23,250	50,000	★22,530	40,000	22,630	30,000	23,130	20,000	24,050	4,150	28,644
70	58,000	22,704	47,000	★21,912	36,000	22,201	25,000	22,751	14,000	24,341	0	28,644
71	56,000	22,158	44,000	★21,304	32,000	21,772	20,000	22,792	8,000	25,322	0	28,644
72	54,000	21,612	41,000	★20,836	28,000	21,343	15,000	22,913	4,150	25,956	0	28,644
73	52,000	21,066	38,000	★20,368	24,000	20,934	10,000	23,464	0	25,956	0	28,644
74	50,000	20,520	35,000	★19,900	20,000	20,905	5,000	24,395	0	25,956	0	28,644
75	48,000	19,974	32,000	★19,432	16,000	20,876	4,150	24,390	0	25,956	0	28,644
76	46,000	19,428	29,000	★18,964	12,000	21,067	0	24,390	0	25,956	0	28,644
77	44,000	18,892	26,000	★18,496	8,000	21,548	0	24,390	0	25,956	0	28,644
78	42,000	18,446	23,000	★18,148	4,150	22,182	0	24,390	0	25,956	0	28,644
79	40,000	18,000	20,000	★17,980	0	22,182	0	24,390	0	25,956	0	28,644
80	38,000	★17,554	17,000	17,812	0	22,182	0	24,390	0	25,956	0	28,644
81	36,000	★17,108	14,000	17,664	0	22,182	0	24,390	0	25,956	0	28,644
82	34,000	★16,662	11,000	17,796	0	22,182	0	24,390	0	25,956	0	28,644
83	32,000	★16,216	8,000	18,038	0	22,182	0	24,390	0	25,956	0	28,644
84	30,000	★15,770	5,000	18,380	0	22,182	0	24,390	0	25,956	0	28,644
85	28,000	★15,324	4,150	18,375	0	22,182	0	24,390	0	25,956	0	28,644
86	26,000	★14,878	0	18,375	0	22,182	0	24,390	0	25,956	0	28,644
87	24,000	★14,452	0	18,375	0	22,182	0	24,390	0	25,956	0	28,644
88	22,000	★14,206	0	18,375	0	22,182	0	24,390	0	25,956	0	28,644
89	20,000	★13,960	0	18,375	0	22,182	0	24,390	0	25,956	0	28,644
90	18,000	★13,714	0	18,375	0	22,182	0	24,390	0	25,956	0	28,644
贈与額累計		62,000		75,850		75,850		75,850		75,850		75,850
最少税負担額		★13,714		17,664		20,876		22,751		23,959		25,960
最大税軽減額		★15,786		11,836		8,624		6,749		5,541		3,540

〔表の読み方〕

　相続の開始年齢及び贈与額によって最少税負担額が変わるので，幾ら贈与すると有利になるのか一概にはいえません。

　69歳から79歳までの間に相続が開始した場合は3,000万円贈与が有利，80歳以後に相続が開始した場合は2,000万円贈与が有利といえます。

○現有財産10億円

No.8-09

単位:万円

贈与額⇒	4000		5000		6000		8000		10000	
相続開始年齢(歳)↓	現有財産	税負担額	現有財産	税負担額	現有財産	税負担額	現有財産	税負担額	現有財産	税負担額
59	100,000	39,500	100,000	39,500	100,000	39,500	100,000	39,500	100,000	39,500
60	96,000	38,671	95,000	38,621	94,000	38,571	92,000	★38,560	90,000	38,599
61	92,000	37,842	90,000	37,742	88,000	37,642	84,000	★37,620	80,000	37,698
62	88,000	37,013	85,000	36,863	82,000	36,713	76,000	★36,680	70,000	36,797
63	84,000	36,184	80,000	35,984	76,000	35,784	68,000	★35,740	60,000	36,106
64	80,000	35,355	75,000	35,105	70,000	★34,855	60,000	35,010	50,000	35,705
65	76,000	34,526	70,000	34,226	64,000	★33,936	52,000	34,470	40,000	35,514
66	72,000	33,697	65,000	33,347	58,000	★33,307	44,000	33,940	30,000	35,613
67	68,000	32,868	60,000	★32,678	52,000	★32,678	36,000	33,800	20,000	36,132
68	64,000	★32,049	55,000	★32,049	46,000	★32,049	28,000	33,660	10,000	37,661
69	60,000	★31,420	50,000	★31,420	40,000	31,630	20,000	33,940	4,150	38,895
70	56,000	★30,791	45,000	★30,791	34,000	31,301	12,000	34,820	0	38,895
71	52,000	★30,162	40,000	30,372	28,000	30,972	4,150	36,645	0	38,895
72	48,000	★29,533	35,000	29,993	22,000	30,863	0	36,645	0	38,895
73	44,000	★28,914	30,000	29,614	16,000	31,134	0	36,645	0	38,895
74	40,000	★28,485	25,000	29,235	10,000	31,835	0	36,645	0	38,895
75	36,000	★28,056	20,000	29,276	4,150	33,069	0	36,645	0	38,895
76	32,000	★27,627	15,000	29,397	0	33,069	0	36,645	0	38,895
77	28,000	★27,198	10,000	29,948	0	33,069	0	36,645	0	38,895
78	24,000	★26,789	5,000	30,879	0	33,069	0	36,645	0	38,895
79	20,000	★26,760	4,150	30,874	0	33,069	0	36,645	0	38,895
80	16,000	★26,731	0	30,874	0	33,069	0	36,645	0	38,895
81	12,000	★26,922	0	30,874	0	33,069	0	36,645	0	38,895
82	8,000	★27,403	0	30,874	0	33,069	0	36,645	0	38,895
83	4,150	★28,037	0	30,874	0	33,069	0	36,645	0	38,895
84	0	★28,037	0	30,874	0	33,069	0	36,645	0	38,895
85	0	★28,037	0	30,874	0	33,069	0	36,645	0	38,895
86	0	★28,037	0	30,874	0	33,069	0	36,645	0	38,895
87	0	★28,037	0	30,874	0	33,069	0	36,645	0	38,895
88	0	★28,037	0	30,874	0	33,069	0	36,645	0	38,895
89	0	★28,037	0	30,874	0	33,069	0	36,645	0	38,895
90	0	★28,037	0	30,874	0	33,069	0	36,645	0	38,895
贈与額累計		95,850		95,850		95,850		95,850		95,850
最少税負担額		★26,731		29,235		30,863		33,660		35,514
最大税軽減額		★12,769		10,265		8,637		5,840		3,986

〔表の読み方〕

　相続の開始年齢及び贈与額によって最少税負担額が変わるので，幾ら贈与すると有利になるのか一概にはいえません。

　68歳以後に相続が開始した場合は4,000万円贈与が有利といえます。

子2人・孫2人

143

○現有財産20億円

No.8-10

贈与額⇒	6000		8000		10000		15000		20000	
相続開始年齢(歳)↓	現有財産	税負担額	現有財産	税負担額	現有財産	税負担額	現有財産	税負担額	現有財産	税負担額
59	200,000	93,290	200,000	93,290	200,000	93,290	200,000	93,290	200,000	93,290
60	194,000	92,061	192,000	91,950	190,000	★91,889	185,000	★91,889	180,000	★91,889
61	188,000	90,832	184,000	90,610	180,000	★90,488	170,000	★90,488	160,000	★90,488
62	182,000	89,603	176,000	89,270	170,000	★89,087	155,000	★89,087	140,000	★89,087
63	176,000	88,374	168,000	87,930	160,000	★87,686	140,000	★87,686	120,000	87,896
64	170,000	87,145	160,000	86,590	150,000	★86,285	125,000	★86,285	100,000	87,495
65	164,000	85,916	152,000	85,250	140,000	★84,884	110,000	85,594	80,000	87,094
66	158,000	84,687	144,000	83,910	130,000	★83,483	95,000	84,943	60,000	86,903
67	152,000	83,458	136,000	82,570	120,000	★82,292	80,000	84,292	40,000	87,712
68	146,000	82,229	128,000	★81,230	110,000	81,391	65,000	83,641	20,000	89,731
69	140,000	81,000	120,000	★80,100	100,000	80,490	50,000	83,700	4,150	93,708
70	134,000	79,771	112,000	★79,160	90,000	79,589	35,000	84,259	0	93,708
71	128,000	78,542	104,000	★78,220	80,000	78,688	20,000	85,528	0	93,708
72	122,000	77,423	96,000	★77,280	70,000	77,787	5,000	89,117	0	93,708
73	116,000	76,494	88,000	★76,340	60,000	77,096	4,150	89,112	0	93,708
74	110,000	75,565	80,000	★75,400	50,000	76,695	0	89,112	0	93,708
75	104,000	74,636	72,000	★74,460	40,000	76,504	0	89,112	0	93,708
76	98,000	73,707	64,000	★73,530	30,000	76,603	0	89,112	0	93,708
77	92,000	★72,778	56,000	72,990	20,000	77,122	0	89,112	0	93,708
78	86,000	★71,849	48,000	72,450	10,000	78,651	0	89,112	0	93,708
79	80,000	★70,920	40,000	72,120	4,150	79,885	0	89,112	0	93,708
80	74,000	★69,991	32,000	71,980	0	79,885	0	89,112	0	93,708
81	68,000	★69,062	24,000	71,860	0	79,885	0	89,112	0	93,708
82	62,000	★68,243	16,000	72,520	0	79,885	0	89,112	0	93,708
83	56,000	★67,614	8,000	73,910	0	79,885	0	89,112	0	93,708
84	50,000	★66,985	4,150	74,544	0	79,885	0	89,112	0	93,708
85	44,000	★66,366	0	74,544	0	79,885	0	89,112	0	93,708
86	38,000	★66,037	0	74,544	0	79,885	0	89,112	0	93,708
87	32,000	★65,708	0	74,544	0	79,885	0	89,112	0	93,708
88	26,000	★65,379	0	74,544	0	79,885	0	89,112	0	93,708
89	20,000	★65,470	0	74,544	0	79,885	0	89,112	0	93,708
90	14,000	★65,761	0	74,544	0	79,885	0	89,112	0	93,708
贈与額累計		186,000		195,850		195,850		195,850		195,850
最少税負担額		★65,379		71,860		76,504		83,641		86,903
最大税軽減額		★27,911		21,430		16,786		9,649		6,387

〔表の読み方〕

　相続の開始年齢及び贈与額によって最少税負担額が変わるので，幾ら贈与すると有利になるのか一概にはいえません。

　68歳から76歳までの間に相続が開始した場合は8,000万円贈与が有利，77歳以後に相続が開始した場合は6,000万円贈与が有利といえます。

税負担額の軽減効果： 子1人 ⇒ 孫1人

【No.11-01】～【No.11-10】
　推定相続人である子1人に対して贈与した場合の税負担額（表番号【No.3-01】～【No.3-10】）から推定相続人ではない孫1人に対して贈与した場合の税負担額（表番号【No.6-01】～【No.6-10】）を控除し，贈与する者を子から孫に変えた場合の税負担額の軽減額を表にしました。
　子に贈与した場合，孫に贈与した場合，税負担額では孫に贈与した場合の方が軽減効果は大きいですが，贈与額，相続開始年齢によって軽減効果は異なります。

税負担額の軽減効果： 子2人 ⇒ 孫2人

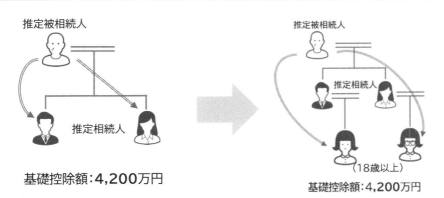

【No.12-01】～【No.12-10】
　推定相続人である子2人に対して贈与した場合の税負担額（表番号【No.4-01】～【No.4-10】）から推定相続人ではない孫2人に対して贈与した場合の税負担額（表番号【No.8-01】～【No.8-10】）を控除し，贈与する者を子から孫に変えた場合の税負担額の軽減額を表にしました。

軽減効果・孫1人
○現有財産1億円

No.11-01 　　　　　　　　　　　　　　　　　　　　　　　　　　　　　　単位:万円

贈与額⇒	330		400		600		800		1000	
相続開始年齢(歳)↓	現有財産	税軽減額	現有財産	税軽減額	現有財産	税軽減額	現有財産	税軽減額	現有財産	税軽減額
59	10,000	0	10,000	0	10,000	0	10,000	0	10,000	0
60	9,670	76	9,600	87	9,400	112	9,200	☆123	9,000	☆123
61	9,340	152	9,200	173	8,800	224	8,400	☆226	8,000	186
62	9,010	228	8,800	260	8,200	☆296	7,600	269	7,000	209
63	8,680	274	8,400	296	7,600	☆318	6,800	282	6,000	172
64	8,350	325	8,000	343	7,000	☆370	6,000	295	5,000	145
65	8,020	368	7,600	389	6,400	☆412	5,200	298	4,000	88
66	7,690	411	7,200	☆436	5,800	434	4,400	291	3,550	87
67	7,360	378	6,800	☆396	5,200	344	3,600	131	0	0
68	7,030	345	6,400	☆346	4,600	254	3,550	38	0	0
69	6,700	☆312	6,000	286	4,000	184	0	0	0	0
70	6,370	☆270	5,600	256	3,550	131	0	0	0	0
71	6,040	☆253	5,200	236	0	79	0	0	0	0
72	5,710	☆237	4,800	216	0	42	0	0	0	0
73	5,380	☆220	4,400	186	0	20	0	0	0	0
74	5,050	☆204	4,000	146	0	0	0	0	0	0
75	4,720	☆187	3,600	121	0	0	0	0	0	0
76	4,390	☆160	3,550	94	0	0	0	0	0	0
77	4,060	☆144	0	68	0	0	0	0	0	0
78	3,730	☆127	0	41	0	0	0	0	0	0
79	3,550	☆107	0	15	0	0	0	0	0	0
80	0	☆80	0	3	0	0	0	0	0	0
81	0	☆36	0	0	0	0	0	0	0	0
82	0	☆26	0	0	0	0	0	0	0	0
83	0	☆16	0	0	0	0	0	0	0	0
84	0	☆6	0	0	0	0	0	0	0	0
85	0	0	0	0	0	0	0	0	0	0
86	0	0	0	0	0	0	0	0	0	0
87	0	0	0	0	0	0	0	0	0	0
88	0	0	0	0	0	0	0	0	0	0
89	0	0	0	0	0	0	0	0	0	0
90	0	0	0	0	0	0	0	0	0	0
贈与額累計	6,450		6,450		6,450		6,450		6,450	
最大税軽減額	411		☆436		434		298		209	

〔表の見方〕
　相続開始年齢60歳の330万円贈与の「税軽減額」欄76万円は，表番号【No.3−01】の同欄の「税負担額」欄1,220万円から表番号【No.6−01】の同欄の「税負担額」欄1,144万円を控除した金額です。各相続開始年齢のうち最も税軽減額の大きい数値に「☆」印を付しています。また，各贈与のうち最も「税軽減額」の大きい数値を太文字で表示しています。「最大軽減額」欄の「☆」印を付した金額は最も軽減額の大きい数値を示しています。

〔表の読み方〕
　孫への贈与と子への贈与の違いは，相続税額の計算の際に生前贈与加算の対象となる7年間の7年目，60歳から贈与をはじめて66歳のところが最大軽減額になります。次いで66歳前後のところが大きく，贈与を継続して行うほど軽減効果は小さくなります。
　各贈与の「税軽減額」欄の数値は，現有財産が基礎控除額を下回る翌年または，基礎控除額を下回ってから数年後にゼロ円となります。これは，子1人へ贈与した場合の税負担額と孫1人へ贈与した場合の税負担額が同額であることを示します。以下のページも同様です。

○現有財産1.5億円

No.11-02　　　　　　　　　　　　　　　　　　　　　　　　　　　　　単位：万円

贈与額⇒	400		600		800		1000		1500	
相続開始年齢(歳)↓	現有財産	税軽減額	現有財産	税軽減額	現有財産	税軽減額	現有財産	税軽減額	現有財産	税軽減額
59	15,000	0	15,000	0	15,000	0	15,000	0	15,000	0
60	14,600	127	14,400	172	14,200	203	14,000	223	13,500	☆224
61	14,200	253	13,800	344	13,400	☆386	13,000	☆386	12,000	308
62	13,800	380	13,200	476	12,600	☆509	12,000	☆509	10,500	392
63	13,400	446	12,600	548	11,800	☆592	11,000	☆592	9,000	436
64	13,000	533	12,000	660	11,000	☆715	10,000	☆715	7,500	410
65	12,600	619	11,400	772	10,200	☆838	9,000	☆838	6,000	314
66	12,200	706	10,800	884	9,400	☆961	8,000	901	4,500	168
67	11,800	666	10,200	824	8,600	☆881	7,000	701	3,550	0
68	11,400	626	9,600	☆764	7,800	751	6,000	541	0	0
69	11,000	586	9,000	☆754	7,000	671	5,000	391	0	0
70	10,600	576	8,400	☆734	6,200	571	4,000	211	0	0
71	10,200	576	7,800	☆674	5,400	451	3,550	87	0	0
72	9,800	576	7,200	☆614	4,600	331	0	0	0	0
73	9,400	☆576	6,600	554	3,800	171	0	0	0	0
74	9,000	☆576	6,000	464	3,550	64	0	0	0	0
75	8,600	☆576	5,400	374	0	21	0	0	0	0
76	8,200	☆536	4,800	284	0	0	0	0	0	0
77	7,800	☆496	4,200	204	0	0	0	0	0	0
78	7,400	☆456	3,600	144	0	0	0	0	0	0
79	7,000	☆416	3,550	92	0	0	0	0	0	0
80	6,600	☆376	0	45	0	0	0	0	0	0
81	6,200	☆316	0	23	0	0	0	0	0	0
82	5,800	☆266	0	1	0	0	0	0	0	0
83	5,400	☆246	0	0	0	0	0	0	0	0
84	5,000	☆246	0	0	0	0	0	0	0	0
85	4,600	☆206	0	0	0	0	0	0	0	0
86	4,200	☆166	0	0	0	0	0	0	0	0
87	3,800	☆131	0	0	0	0	0	0	0	0
88	3,550	☆110	0	0	0	0	0	0	0	0
89	0	☆84	0	0	0	0	0	0	0	0
90	0	☆57	0	0	0	0	0	0	0	0
贈与額累計		11,450		11,450		11,450		11,450		11,450
最大税軽減額		706		884		☆961		901		436

〔表の読み方〕

　この表の各税負担額は，子1人への贈与である表番号【No.3-02】の税負担額から孫1への贈与である表番号【No.6-02】の税負担額を控除した値です。67歳までに相続が開始した場合，800万円贈与が最も軽減効果が大きいといえます。72歳までに相続が開始した場合，生前贈与加算の対象とならない孫への贈与が有利であることが数値に表れているといえます。

　73歳以後に相続が開始した場合，400万円贈与の軽減効果が大きいといえます。

軽減効果・孫1人

○現有財産2億円

No.11-03　　　　　　　　　　　　　　　　　　　　　　　　　　　単位:万円

贈与額⇒	600		800		1000		1500		2000	
相続開始年齢(歳)↓	現有財産	税軽減額	現有財産	税軽減額	現有財産	税軽減額	現有財産	税軽減額	現有財産	税軽減額
59	20,000	0	20,000	0	20,000	0	20,000	0	20,000	0
60	19,400	172	19,200	203	19,000	223	18,500	☆234	18,000	215
61	18,800	344	18,400	406	18,000	446	17,000	☆468	16,000	429
62	18,200	516	17,600	609	17,000	669	15,500	☆702	14,000	644
63	17,600	648	16,800	772	16,000	852	14,000	☆896	12,000	658
64	17,000	820	16,000	975	15,000	☆1,075	12,500	1,020	10,000	673
65	16,400	992	15,200	1,178	14,000	☆1,298	11,000	1,104	8,000	627
66	15,800	1,164	14,400	1,381	13,000	☆1,461	9,500	1,188	6,000	412
67	15,200	1,164	13,600	☆1,381	12,000	1,361	8,000	978	4,000	-40
68	14,600	1,164	12,800	☆1,301	11,000	1,261	6,500	673	3,550	0
69	14,000	1,164	12,000	☆1,221	10,000	1,161	5,000	298	0	0
70	13,400	☆1,144	11,200	1,141	9,000	1,061	3,550	0	0	0
71	12,800	☆1,084	10,400	1,061	8,000	901	0	0	0	0
72	12,200	☆1,024	9,600	981	7,000	701	0	0	0	0
73	11,600	☆964	8,800	901	6,000	541	0	0	0	0
74	11,000	☆904	8,000	771	5,000	391	0	0	0	0
75	10,400	☆844	7,200	691	4,000	211	0	0	0	0
76	9,800	☆784	6,400	601	3,550	87	0	0	0	0
77	9,200	☆754	5,600	481	0	0	0	0	0	0
78	8,600	☆754	4,800	361	0	0	0	0	0	0
79	8,000	☆694	4,000	211	0	0	0	0	0	0
80	7,400	☆634	3,550	87	0	0	0	0	0	0
81	6,800	☆574	0	34	0	0	0	0	0	0
82	6,200	☆494	0	0	0	0	0	0	0	0
83	5,600	☆404	0	0	0	0	0	0	0	0
84	5,000	☆334	0	0	0	0	0	0	0	0
85	4,400	☆224	0	0	0	0	0	0	0	0
86	3,800	☆164	0	0	0	0	0	0	0	0
87	3,550	☆118	0	0	0	0	0	0	0	0
88	0	☆66	0	0	0	0	0	0	0	0
89	0	☆39	0	0	0	0	0	0	0	0
90	0	☆17	0	0	0	0	0	0	0	0
贈与額累計		16,450		16,450		16,450		16,450		16,450
最大税軽減額		1,164		1,381		☆1,461		1,188		673

〔表の読み方〕

　孫贈与の軽減効果は，贈与開始4年目である63歳までに相続が開始した場合は1,500万円贈与，64歳から66歳までの間に相続が開始した場合は1,000万円贈与，67歳から69歳までの間に相続が開始した場合は800万円贈与が軽減効果が大きいといえます。

　70歳以後に相続が開始した場合，600万円贈与の軽減効果が大きいといえます。

　2,000万円贈与は67歳で相続が開始した場合，孫贈与の方が軽減効果が小さくなってしまいます。

○現有財産3億円

No.11-04　　　　　　　　　　　　　　　　　　　　　　　　　　　　　　　単位：万円

贈与額⇒	1000		1500		2000		3000	
相続開始年齢(歳)↓	現有財産	税軽減額	現有財産	税軽減額	現有財産	税軽減額	現有財産	税軽減額
59	30,000	0	30,000	0	30,000	0	30,000	0
60	29,000	273	28,500	309	28,000	☆315	27,000	☆315
61	28,000	546	27,000	618	26,000	☆629	24,000	☆629
62	27,000	819	25,500	927	24,000	☆944	21,000	814
63	26,000	1,047	24,000	☆1,191	22,000	1,133	18,000	933
64	25,000	1,320	22,500	☆1,445	20,000	1,348	15,000	1,098
65	24,000	1,593	21,000	☆1,679	18,000	1,562	12,000	1,102
66	23,000	1,836	19,500	☆1,913	16,000	1,777	9,000	967
67	22,000	1,786	18,000	☆1,838	14,000	1,677	6,000	227
68	21,000	1,736	16,500	☆1,763	12,000	1,417	3,550	0
69	20,000	1,686	15,000	☆1,688	10,000	1,117	0	0
70	19,000	☆1,636	13,500	1,603	8,000	842	0	0
71	18,000	☆1,586	12,000	1,438	6,000	412	0	0
72	17,000	☆1,536	10,500	1,288	4,000	-40	0	0
73	16,000	☆1,521	9,000	1,138	3,550	0	0	0
74	15,000	☆1,521	7,500	878	0	0	0	0
75	14,000	☆1,521	6,000	548	0	0	0	0
76	13,000	☆1,461	4,500	168	0	0	0	0
77	12,000	☆1,361	3,550	0	0	0	0	0
78	11,000	☆1,261	0	0	0	0	0	0
79	10,000	☆1,161	0	0	0	0	0	0
80	9,000	☆1,061	0	0	0	0	0	0
81	8,000	☆901	0	0	0	0	0	0
82	7,000	☆701	0	0	0	0	0	0
83	6,000	☆541	0	0	0	0	0	0
84	5,000	☆411	0	0	0	0	0	0
85	4,000	☆211	0	0	0	0	0	0
86	3,550	☆87	0	0	0	0	0	0
87	0	0	0	0	0	0	0	0
88	0	0	0	0	0	0	0	0
89	0	0	0	0	0	0	0	0
90	0	0	0	0	0	0	0	0
贈与額累計		26,450		26,450		26,450		26,450
最大税軽減額		1,836		☆1,913		1,777		1,102

〔表の読み方〕
　孫贈与の軽減効果は，相続開始年齢及び贈与額によって変わるところ，1,500万円贈与の相続開始年齢63歳から69歳までの間の軽減効果が大きいといえます。
　70歳以後に相続が開始した場合，1,000万円贈与の軽減効果が大きいといえます。
　2,000万円贈与では72歳で相続が開始した場合，孫贈与の方が，軽減効果が小さくなってしまいます。

軽減効果・孫1人

149

○現有財産 4 億円

No.11-05
単位:万円

贈与額⇒	1500		2000		3000		4000	
相続開始年齢(歳)↓	現有財産	税軽減額	現有財産	税軽減額	現有財産	税軽減額	現有財産	税軽減額
59	40,000	0	40,000	0	40,000	0	40,000	0
60	38,500	384	38,000	415	37,000	465	36,000	☆470
61	37,000	768	36,000	829	34,000	☆929	32,000	860
62	35,500	1,152	34,000	1,244	31,000	☆1,264	28,000	1,130
63	34,000	1,486	32,000	☆1,528	28,000	☆1,528	24,000	1,350
64	32,500	1,815	30,000	☆1,843	25,000	☆1,843	20,000	1,440
65	31,000	2,124	28,000	☆2,157	22,000	2,077	16,000	1,510
66	29,500	2,433	26,000	☆2,472	19,000	2,242	12,000	1,420
67	28,000	2,358	24,000	☆2,372	16,000	1,942	8,000	560
68	26,500	☆2,283	22,000	2,192	13,000	1,582	4,000	-40
69	25,000	☆2,208	20,000	1,992	10,000	1,117	3,550	0
70	23,500	☆2,128	18,000	1,877	7,000	507	0	0
71	22,000	☆2,038	16,000	1,777	4,000	-40	0	0
72	20,500	☆1,963	14,000	1,677	3,550	0	0	0
73	19,000	☆1,888	12,000	1,417	0	0	0	0
74	17,500	☆1,813	10,000	1,117	0	0	0	0
75	16,000	☆1,738	8,000	842	0	0	0	0
76	14,500	☆1,663	6,000	412	0	0	0	0
77	13,000	☆1,538	4,000	-40	0	0	0	0
78	11,500	☆1,388	3,550	0	0	0	0	0
79	10,000	☆1,238	0	0	0	0	0	0
80	8,500	☆1,078	0	0	0	0	0	0
81	7,000	☆778	0	0	0	0	0	0
82	5,500	☆423	0	0	0	0	0	0
83	4,000	☆18	0	0	0	0	0	0
84	3,550	0	0	0	0	0	0	0
85	0	0	0	0	0	0	0	0
86	0	0	0	0	0	0	0	0
87	0	0	0	0	0	0	0	0
88	0	0	0	0	0	0	0	0
89	0	0	0	0	0	0	0	0
90	0	0	0	0	0	0	0	0
贈与額累計		36,450		36,450		36,450		36,450
最大税軽減額		2,433		☆2,472		2,242		1,510

〔表の読み方〕
　孫贈与の軽減効果は，相続開始年齢及び贈与額によって変わるところ，2,000万円贈与の相続開始年齢63歳から67歳までの間の軽減効果が大きいといえます。
　68歳以後に相続が開始した場合，1,500万円贈与の軽減効果が大きいといえます。

150

○現有財産5億円

No.11-06　　　　　　　　　　　　　　　　　　　　　　　　　　　　　　　　単位:万円

贈与額⇒	2000		3000		4000		5000	
相続開始年齢(歳)↓	現有財産	税軽減額	現有財産	税軽減額	現有財産	税軽減額	現有財産	税軽減額
59	50,000	0	50,000	0	50,000	0	50,000	0
60	48,000	415	47,000	465	46,000	☆470	45,000	451
61	46,000	829	44,000	929	42,000	☆940	40,000	901
62	44,000	1,244	41,000	1,394	38,000	☆1,410	35,000	1,352
63	42,000	1,608	38,000	1,808	34,000	☆1,830	30,000	1,572
64	40,000	2,023	35,000	☆2,273	30,000	2,120	25,000	1,773
65	38,000	2,437	32,000	☆2,657	26,000	2,390	20,000	1,793
66	36,000	2,852	29,000	☆2,972	22,000	2,580	15,000	1,744
67	34,000	☆2,852	26,000	2,822	18,000	2,180	10,000	884
68	32,000	☆2,772	23,000	2,642	14,000	1,780	5,000	-160
69	30,000	☆2,672	20,000	2,342	10,000	1,020	3,550	0
70	28,000	☆2,572	17,000	2,042	6,000	-70	0	0
71	26,000	☆2,472	14,000	1,742	3,550	0	0	0
72	24,000	☆2,372	11,000	1,267	0	0	0	0
73	22,000	☆2,192	8,000	757	0	0	0	0
74	20,000	☆1,992	5,000	-74	0	0	0	0
75	18,000	☆1,877	3,550	0	0	0	0	0
76	16,000	☆1,777	0	0	0	0	0	0
77	14,000	☆1,677	0	0	0	0	0	0
78	12,000	☆1,417	0	0	0	0	0	0
79	10,000	☆1,117	0	0	0	0	0	0
80	8,000	☆842	0	0	0	0	0	0
81	6,000	☆412	0	0	0	0	0	0
82	4,000	-40	0	0	0	0	0	0
83	3,550	0	0	0	0	0	0	0
84	0	0	0	0	0	0	0	0
85	0	0	0	0	0	0	0	0
86	0	0	0	0	0	0	0	0
87	0	0	0	0	0	0	0	0
88	0	0	0	0	0	0	0	0
89	0	0	0	0	0	0	0	0
90	0	0	0	0	0	0	0	0
贈与額累計		46,450		46,450		46,450		46,450
最大税軽減額		2,852		☆2,972		2,580		1,793

〔表の読み方〕
　孫贈与の軽減効果は，相続開始年齢及び贈与額によって変わるところ，3,000万円贈与の相続開始年齢64歳から66歳までの間の軽減効果が大きいといえます。
　67歳以後に相続が開始した場合，2,000万円贈与の軽減効果が大きいといえます。
　各贈与とも現有財産が基礎控除額を下回る1年前で孫贈与の方が，軽減効果が小さくなってしまいます。

○現有財産6億円

No.11-07 単位:万円

贈与額⇒	2000		3000		4000		5000		6000	
相続開始年齢(歳)↓	現有財産	税軽減額	現有財産	税軽減額	現有財産	税軽減額	現有財産	税軽減額	現有財産	税軽減額
59	60,000	0	60,000	0	60,000	0	60,000	0	60,000	0
60	58,000	415	57,000	465	56,000	☆470	55,000	451	54,000	401
61	56,000	829	54,000	929	52,000	☆940	50,000	901	48,000	801
62	54,000	1,244	51,000	1,394	48,000	☆1,410	45,000	1,352	42,000	1,202
63	52,000	1,608	48,000	1,808	44,000	☆1,830	40,000	1,752	36,000	1,552
64	50,000	2,023	45,000	2,273	40,000	☆2,300	35,000	2,203	30,000	1,773
65	48,000	2,437	42,000	2,737	36,000	☆2,770	30,000	2,473	24,000	1,873
66	46,000	2,852	39,000	☆3,202	32,000	3,160	25,000	2,674	18,000	1,694
67	44,000	2,852	36,000	☆3,202	28,000	2,960	20,000	2,244	12,000	933
68	42,000	2,852	33,000	☆3,172	24,000	2,760	15,000	1,744	6,000	-310
69	40,000	2,852	30,000	☆3,022	20,000	2,380	10,000	884	3,550	0
70	38,000	2,852	27,000	☆2,872	16,000	1,980	5,000	-160	0	0
71	36,000	☆2,852	24,000	2,722	12,000	1,420	3,550	0	0	0
72	34,000	☆2,852	21,000	2,442	8,000	560	0	0	0	0
73	32,000	☆2,772	18,000	2,142	4,000	-40	0	0	0	0
74	30,000	☆2,672	15,000	1,842	3,550	0	0	0	0	0
75	28,000	☆2,572	12,000	1,417	0	0	0	0	0	0
76	26,000	☆2,472	9,000	967	0	0	0	0	0	0
77	24,000	☆2,372	6,000	227	0	0	0	0	0	0
78	22,000	☆2,192	3,550	0	0	0	0	0	0	0
79	20,000	☆1,992	0	0	0	0	0	0	0	0
80	18,000	☆1,877	0	0	0	0	0	0	0	0
81	16,000	☆1,777	0	0	0	0	0	0	0	0
82	14,000	☆1,677	0	0	0	0	0	0	0	0
83	12,000	☆1,417	0	0	0	0	0	0	0	0
84	10,000	☆1,117	0	0	0	0	0	0	0	0
85	8,000	☆842	0	0	0	0	0	0	0	0
86	6,000	☆412	0	0	0	0	0	0	0	0
87	4,000	-40	0	0	0	0	0	0	0	0
88	3,550	0	0	0	0	0	0	0	0	0
89	0	0	0	0	0	0	0	0	0	0
90	0	0	0	0	0	0	0	0	0	0
贈与額累計		56,450		56,450		56,450		56,450		56,450
最大税軽減額		2,852		☆3,202		3,160		2,674		1,873

〔表の読み方〕

　孫贈与の軽減効果は，相続開始年齢及び贈与額によって変わるところ，3,000万円贈与の相続開始年齢66歳から70歳までの間の軽減効果が大きいといえます。

　71歳以後に相続が開始した場合，2,000万円贈与の軽減効果が大きいといえます。

○現有財産8億円

No.11-08　　　　　　　　　　　　　　　　　　　　　　　　　　　　　　　　　　　　　単位：万円

贈与額⇒	3000		4000		5000		6000		8000	
相続開始年齢（歳）↓	現有財産	税軽減額	現有財産	税軽減額	現有財産	税軽減額	現有財産	税軽減額	現有財産	税軽減額
59	80,000	0	80,000	0	80,000	0	80,000	0	80,000	0
60	77,000	615	76,000	670	75,000	☆701	74,000	☆701	72,000	☆701
61	74,000	1,229	72,000	1,340	70,000	☆1,401	68,000	☆1,401	64,000	☆1,401
62	71,000	1,844	68,000	2,010	65,000	☆2,102	62,000	2,022	56,000	1,722
63	68,000	2,403	64,000	☆2,625	60,000	2,567	56,000	2,367	48,000	1,967
64	65,000	3,018	60,000	☆3,115	55,000	3,018	50,000	2,768	40,000	2,268
65	62,000	3,552	56,000	☆3,585	50,000	3,468	44,000	3,168	32,000	2,488
66	59,000	4,017	52,000	☆4,055	45,000	3,919	38,000	3,569	24,000	2,389
67	56,000	☆3,867	48,000	3,855	40,000	3,669	32,000	3,189	16,000	1,209
68	53,000	☆3,717	44,000	3,655	35,000	3,419	26,000	2,589	8,000	-612
69	50,000	☆3,567	40,000	3,455	30,000	2,989	20,000	1,894	3,550	0
70	47,000	☆3,417	36,000	3,255	25,000	2,674	14,000	1,294	0	0
71	44,000	☆3,267	32,000	3,160	20,000	2,244	8,000	73	0	0
72	41,000	☆3,202	28,000	2,960	15,000	1,744	3,550	0	0	0
73	38,000	☆3,202	24,000	2,760	10,000	884	0	0	0	0
74	35,000	☆3,202	20,000	2,380	5,000	-160	0	0	0	0
75	32,000	☆3,122	16,000	1,980	3,550	0	0	0	0	0
76	29,000	☆2,972	12,000	1,420	0	0	0	0	0	0
77	26,000	☆2,822	8,000	560	0	0	0	0	0	0
78	23,000	☆2,642	4,000	-40	0	0	0	0	0	0
79	20,000	☆2,342	3,550	0	0	0	0	0	0	0
80	17,000	☆2,042	0	0	0	0	0	0	0	0
81	14,000	☆1,742	0	0	0	0	0	0	0	0
82	11,000	☆1,267	0	0	0	0	0	0	0	0
83	8,000	☆757	0	0	0	0	0	0	0	0
84	5,000	-54	0	0	0	0	0	0	0	0
85	3,550	0	0	0	0	0	0	0	0	0
86	0	0	0	0	0	0	0	0	0	0
87	0	0	0	0	0	0	0	0	0	0
88	0	0	0	0	0	0	0	0	0	0
89	0	0	0	0	0	0	0	0	0	0
90	0	0	0	0	0	0	0	0	0	0
贈与額累計		76,450		76,450		76,450		76,450		76,450
最大税軽減額		4,017		☆4,055		3,919		3,569		2,488

〔表の読み方〕

　孫贈与の軽減効果は，相続開始年齢及び贈与額によって変わるところ，4,000万円贈与の相続開始年齢64歳から66歳までの間の軽減効果が大きいといえます。

　67歳以後に相続が開始した場合，3,000万円贈与の軽減効果が大きいといえます。

軽減効果・孫1人

○現有財産10億円

No.11-09　　　　　　　　　　　　　　　　　　　　　　　　　　　　　　　　　　　単位：万円

贈与額⇒	5000		6000		8000		10000	
相続開始 年齢(歳)↓	現有財産	税軽減額	現有財産	税軽減額	現有財産	税軽減額	現有財産	税軽減額
59	100,000	0	100,000	0	100,000	0	100,000	0
60	95,000	☆701	94,000	☆701	92,000	☆701	90,000	☆701
61	90,000	☆1,401	88,000	☆1,401	84,000	☆1,401	80,000	☆1,401
62	85,000	☆2,102	82,000	☆2,102	76,000	☆2,102	70,000	☆2,102
63	80,000	☆2,747	76,000	☆2,747	68,000	☆2,747	60,000	2,567
64	75,000	☆3,448	70,000	☆3,448	60,000	3,268	50,000	2,768
65	70,000	☆4,148	64,000	☆4,148	52,000	3,568	40,000	2,968
66	65,000	☆4,849	58,000	4,569	44,000	3,869	30,000	2,989
67	60,000	☆4,669	52,000	4,269	36,000	3,469	20,000	1,809
68	55,000	☆4,419	46,000	3,969	28,000	2,789	10,000	-52
69	50,000	☆4,169	40,000	3,669	20,000	1,809	3,550	0
70	45,000	☆3,919	34,000	3,369	12,000	449	0	0
71	40,000	☆3,669	28,000	2,789	4,000	-40	0	0
72	35,000	☆3,419	22,000	2,108	3,550	0	0	0
73	30,000	☆2,989	16,000	1,493	0	0	0	0
74	25,000	☆2,674	10,000	533	0	0	0	0
75	20,000	☆2,244	4,000	-40	0	0	0	0
76	15,000	☆1,744	3,550	0	0	0	0	0
77	10,000	☆884	0	0	0	0	0	0
78	5,000	-160	0	0	0	0	0	0
79	3,550	0	0	0	0	0	0	0
80	0	0	0	0	0	0	0	0
81	0	0	0	0	0	0	0	0
82	0	0	0	0	0	0	0	0
83	0	0	0	0	0	0	0	0
84	0	0	0	0	0	0	0	0
85	0	0	0	0	0	0	0	0
86	0	0	0	0	0	0	0	0
87	0	0	0	0	0	0	0	0
88	0	0	0	0	0	0	0	0
89	0	0	0	0	0	0	0	0
90	0	0	0	0	0	0	0	0
贈与額累計		96,450		96,450		96,450		96,450
最大税軽減額		☆4,849		4,569		3,869		2,989

〔表の読み方〕
　孫贈与の軽減効果は，贈与開始３年目の相続開始年齢62歳までは同額です。少ない贈与額で最大の軽減効果を得ようとするなら，5,000万円贈与の軽減効果が大きいといえます。
　各贈与とも現有財産が基礎控除額を下回る１年前で孫贈与の方が，軽減効果が小さくなってしまいます。

154

○現有財産20億円

No.11-10　　　　　　　　　　　　　　　　　　　　　　　　　　　　　　　　　　単位：万円

贈与額⇒	8000		10000		15000		20000	
相続開始年齢（歳）↓	現有財産	税軽減額	現有財産	税軽減額	現有財産	税軽減額	現有財産	税軽減額
59	200,000	0	200,000	0	200,000	0	200,000	0
60	192,000	☆701	190,000	☆701	185,000	☆701	180,000	☆701
61	184,000	☆1,401	180,000	☆1,401	170,000	☆1,401	160,000	☆1,401
62	176,000	☆2,102	170,000	☆2,102	155,000	☆2,102	140,000	☆2,102
63	168,000	☆2,747	160,000	☆2,747	140,000	☆2,747	120,000	☆2,747
64	160,000	☆3,448	150,000	☆3,448	125,000	☆3,448	100,000	☆3,448
65	152,000	☆4,148	140,000	☆4,148	110,000	☆4,148	80,000	☆4,148
66	144,000	☆4,849	130,000	☆4,849	95,000	☆4,849	60,000	4,669
67	136,000	☆4,849	120,000	☆4,849	80,000	☆4,849	40,000	3,669
68	128,000	☆4,849	110,000	☆4,849	65,000	☆4,849	20,000	1,809
69	120,000	☆4,849	100,000	☆4,849	50,000	4,168	3,550	0
70	112,000	☆4,849	90,000	☆4,849	35,000	3,418	0	0
71	104,000	☆4,849	80,000	☆4,849	20,000	1,808	0	0
72	96,000	☆4,849	70,000	☆4,849	5,000	-160	0	0
73	88,000	☆4,849	60,000	4,669	3,550	0	0	0
74	80,000	☆4,849	50,000	4,169	0	0	0	0
75	72,000	☆4,849	40,000	3,669	0	0	0	0
76	64,000	☆4,849	30,000	2,989	0	0	0	0
77	56,000	☆4,469	20,000	1,809	0	0	0	0
78	48,000	☆4,069	10,000	-52	0	0	0	0
79	40,000	☆3,669	3,550	0	0	0	0	0
80	32,000	☆3,189	0	0	0	0	0	0
81	24,000	☆2,389	0	0	0	0	0	0
82	16,000	☆1,209	0	0	0	0	0	0
83	8,000	-612	0	0	0	0	0	0
84	3,550	0	0	0	0	0	0	0
85	0	0	0	0	0	0	0	0
86	0	0	0	0	0	0	0	0
87	0	0	0	0	0	0	0	0
88	0	0	0	0	0	0	0	0
89	0	0	0	0	0	0	0	0
90	0	0	0	0	0	0	0	0
贈与額累計	196,450		196,450		196,450		196,450	
最大税軽減額	☆4,849		☆4,849		☆4,849		4,669	

〔表の読み方〕
　孫贈与の軽減効果は，贈与開始6年目の相続開始年齢65歳までは同額です。少ない贈与額で最大の軽減効果を得ようとするなら，8,000万円贈与の軽減効果が大きいといえます。
　8,000万円贈与，10,000万円贈与及び15,000万円贈与では，現有財産が基礎控除額を下回る1年前で孫贈与の方が，軽減効果が小さくなってしまいます。

軽減効果・孫1人

155

軽減効果・孫2人
○現有財産1億円

No.12-01 単位:万円

贈与額⇒	330		400		600		800		1000	
相続開始年齢(歳)↓	現有財産	税軽減額	現有財産	税軽減額	現有財産	税軽減額	現有財産	税軽減額	現有財産	税軽減額
59	10,000	0	10,000	0	10,000	0	10,000	0	10,000	0
60	9,670	39	9,600	42	9,400	52	9,200	☆53	9,000	☆53
61	9,340	77	9,200	84	8,800	104	8,400	☆106	8,000	☆106
62	9,010	116	8,800	126	8,200	156	7,600	☆159	7,000	☆159
63	8,680	139	8,400	153	7,600	193	6,800	☆197	6,000	187
64	8,350	178	8,000	195	7,000	☆245	6,000	240	5,000	190
65	8,020	216	7,600	237	6,400	☆297	5,200	253	4,150	**196**
66	7,690	**255**	7,200	**279**	5,800	**☆329**	4,400	**266**	0	**196**
67	7,360	**255**	6,800	**279**	5,200	☆299	4,150	230	0	143
68	7,030	**255**	6,400	☆**279**	4,600	269	0	177	0	90
69	6,700	**255**	6,000	☆269	4,150	234	0	124	0	37
70	6,370	☆**255**	5,600	249	0	182	0	71	0	0
71	6,040	☆247	5,200	229	0	130	0	33	0	0
72	5,710	☆230	4,800	209	0	78	0	20	0	0
73	5,380	☆214	4,400	189	0	51	0	7	0	0
74	5,050	☆197	4,150	164	0	29	0	0	0	0
75	4,720	☆181	0	122	0	7	0	0	0	0
76	4,390	☆164	0	95	0	0	0	0	0	0
77	4,150	☆143	0	73	0	0	0	0	0	0
78	0	☆117	0	51	0	0	0	0	0	0
79	0	☆95	0	29	0	0	0	0	0	0
80	0	☆73	0	7	0	0	0	0	0	0
81	0	☆51	0	0	0	0	0	0	0	0
82	0	☆29	0	0	0	0	0	0	0	0
83	0	☆7	0	0	0	0	0	0	0	0
84	0	0	0	0	0	0	0	0	0	0
85	0	0	0	0	0	0	0	0	0	0
86	0	0	0	0	0	0	0	0	0	0
87	0	0	0	0	0	0	0	0	0	0
88	0	0	0	0	0	0	0	0	0	0
89	0	0	0	0	0	0	0	0	0	0
90	0	0	0	0	0	0	0	0	0	0
贈与額累計		5,850		5,850		5,850		5,850		5,850
最大税軽減額		255		279		☆329		266		196

〔表の見方〕

　相続開始年齢60歳の330万円贈与の「税軽減額」欄39万円は，表番号【No.4－01】の同欄の「税負担額」欄770万円から表番号【No.8－01】の同欄の「税負担額」欄732万円を控除した金額です。各相続開始年齢のうち最も税軽減額の大きい数値に「☆」印を付してあります。また，各贈与のうち最も「税軽減額」の大きい数値を太文字で表示しています。「最大軽減額」欄の「☆」印を付した金額は最も軽減額の大きい数値を示しています。

〔表の読み方〕

　孫への贈与と子への贈与の違いは，相続税額の計算の際に生前贈与加算の対象となる7年間の7年目，60歳から贈与をはじめて66歳のところが最大軽減額になります。次いで66歳前後のところが大きく，贈与を継続して行うほど軽減効果は小さくなります。

○現有財産1.5億円

No.12-02　　　　　　　　　　　　　　　　　　　　　　　　　　　　　単位：万円

贈与額⇒	400		600		800		1000		1500	
相続開始年齢(歳)↓	現有財産	税軽減額	現有財産	税軽減額	現有財産	税軽減額	現有財産	税軽減額	現有財産	税軽減額
59	15,000	0	15,000	0	15,000	0	15,000	0	15,000	0
60	14,600	102	14,400	142	14,200	173	14,000	☆183	13,500	176
61	14,200	204	13,800	244	13,400	266	13,000	☆286	12,000	272
62	13,800	266	13,200	326	12,600	359	12,000	☆389	10,500	368
63	13,400	298	12,600	378	11,800	422	11,000	☆462	9,000	374
64	13,000	360	12,000	460	11,000	515	10,000	☆555	7,500	395
65	12,600	422	11,400	542	10,200	☆608	9,000	☆608	6,000	406
66	12,200	484	10,800	624	9,400	☆661	8,000	☆661	4,500	352
67	11,800	444	10,200	☆564	8,600	551	7,000	541	4,150	203
68	11,400	414	9,600	☆524	7,800	511	6,000	481	0	107
69	11,000	414	9,000	☆494	7,000	471	5,000	381	0	11
70	10,600	414	8,400	☆464	6,200	431	4,150	284	0	0
71	10,200	414	7,800	☆434	5,400	351	0	196	0	0
72	9,800	394	7,200	☆404	4,600	276	0	143	0	0
73	9,400	☆374	6,600	☆374	4,150	240	0	90	0	7
74	9,000	☆354	6,000	339	0	187	0	37	0	0
75	8,600	☆334	5,400	309	0	134	0	0	0	0
76	8,200	☆314	4,800	279	0	81	0	0	0	0
77	7,800	☆294	4,200	249	0	33	0	0	0	0
78	7,400	☆279	4,150	197	0	20	0	0	0	0
79	7,000	☆279	0	145	0	7	0	0	0	0
80	6,600	☆279	0	78	0	0	0	0	0	0
81	6,200	☆279	0	56	0	0	0	0	0	0
82	5,800	☆259	0	34	0	0	0	0	0	0
83	5,400	☆239	0	12	0	0	0	0	0	0
84	5,000	☆219	0	0	0	0	0	0	0	0
85	4,600	☆199	0	0	0	0	0	0	0	0
86	4,200	☆144	0	0	0	0	0	0	0	0
87	4,150	☆122	0	0	0	0	0	0	0	0
88	0	☆100	0	0	0	0	0	0	0	0
89	0	☆78	0	0	0	0	0	0	0	0
90	0	☆56	0	0	0	0	0	0	0	0
贈与額累計		10,850		10,850		10,850		10,850		10,850
最大税軽減額		484		624		☆661		☆661		406

〔表の読み方〕

　孫贈与の軽減効果は，相続開始年齢及び贈与額によって変わるところ，800万円贈与の相続開始年齢65歳及び66歳の軽減効果が大きいといえます。

　相続開始年齢67歳から73歳までの間では600万円贈与，相続開始年齢74歳以後は400万円の軽減効果が大きいといえます。

○現有財産2億円

No.12-03　　　　　　　　　　　　　　　　　　　　　　　　　　　　　　　　　　　　単位:万円

贈与額⇒	600		800		1000		1500		2000	
相続開始年齢(歳)↓	現有財産	税軽減額	現有財産	税軽減額	現有財産	税軽減額	現有財産	税軽減額	現有財産	税軽減額
59	20,000	0	20,000	0	20,000	0	20,000	0	20,000	0
60	19,400	142	19,200	173	19,000	203	19,400	☆246	18,000	☆246
61	18,800	284	18,400	346	18,000	406	18,800	☆492	16,000	☆492
62	18,200	426	17,600	519	17,000	609	18,200	☆738	14,000	718
63	17,600	538	16,800	662	16,000	782	17,600	☆934	12,000	734
64	17,000	680	16,000	835	15,000	985	17,000	☆1,030	10,000	770
65	16,400	822	15,200	1,008	14,000	☆1,168	16,400	1,126	8,000	716
66	15,800	964	14,400	1,181	13,000	☆1,271	15,800	1,187	6,000	652
67	15,200	964	13,600	1,121	12,000	☆1,171	15,200	962	4,150	277
68	14,600	964	12,800	1,041	11,000	☆1,071	14,600	737	0	31
69	14,000	944	12,000	☆961	10,000	☆961	14,000	452	0	0
70	13,400	☆884	11,200	881	9,000	811	13,400	242	0	0
71	12,800	☆824	10,400	801	8,000	661	12,800	146	0	0
72	12,200	☆764	9,600	691	7,000	541	12,200	50	0	0
73	11,600	☆704	8,800	571	6,000	481	11,600	0	0	0
74	11,000	☆644	8,000	521	5,000	381	11,000	0	0	0
75	10,400	☆584	7,200	481	4,150	284	10,400	0	0	0
76	9,800	☆534	6,400	441	0	196	9,800	0	0	0
77	9,200	☆504	5,600	371	0	143	9,200	0	0	0
78	8,600	☆474	4,800	291	0	90	8,600	0	0	0
79	8,000	☆444	4,150	249	0	37	8,000	0	0	0
80	7,400	☆414	0	196	0	0	7,400	0	0	0
81	6,800	☆384	0	143	0	0	6,800	0	0	0
82	6,200	☆354	0	45	0	0	6,200	0	0	0
83	5,600	☆319	0	32	0	0	5,600	0	0	0
84	5,000	☆289	0	19	0	0	5,000	0	0	0
85	4,400	☆259	0	6	0	0	4,400	0	0	0
86	4,150	☆224	0	0	0	0	4,150	0	0	0
87	0	☆172	0	0	0	0	0	0	0	0
88	0	☆95	0	0	0	0	0	0	0	0
89	0	☆73	0	0	0	0	0	0	0	0
90	0	☆51	0	0	0	0	0	0	0	0
贈与額累計		15,850		15,850		15,850		15,850		15,850
最大税軽減額		964		1,181		☆1,271		1,187		770

〔表の読み方〕

　孫贈与の軽減効果は，相続開始年齢及び贈与額によって変わるところ，1,000万円贈与の相続開始年齢65歳から68歳の軽減効果が大きいといえます。

　70歳以後に相続が開始した場合において，600万円贈与の軽減効果が大きいといえます。

○現有財産3億円

No.12-04

単位:万円

贈与額⇒	1000		1500		2000		3000	
相続開始年齢(歳)↓	現有財産	税軽減額	現有財産	税軽減額	現有財産	税軽減額	現有財産	税軽減額
59	30,000	0	30,000	0	30,000	0	30,000	0
60	29,000	303	28,500	396	28,000	446	27,000	☆468
61	28,000	606	27,000	792	26,000	892	24,000	☆916
62	27,000	909	25,500	1,188	24,000	☆1,318	21,000	1,084
63	26,000	1,172	24,000	☆1,524	22,000	☆1,524	18,000	1,212
64	25,000	1,475	22,500	☆1,770	20,000	☆1,770	15,000	1,380
65	24,000	1,758	21,000	☆2,016	18,000	☆2,016	12,000	1,328
66	23,000	1,961	19,500	☆2,262	16,000	☆2,262	9,000	1,136
67	22,000	1,861	18,000	☆2,112	14,000	2,042	6,000	376
68	21,000	1,761	16,500	☆1,962	12,000	1,642	4,150	0
69	20,000	1,661	15,000	☆1,812	10,000	1,262	0	0
70	19,000	1,561	13,500	☆1,622	8,000	962	0	0
71	18,000	1,461	12,000	☆1,472	6,000	652	0	0
72	17,000	☆1,391	10,500	1,322	4,150	277	0	0
73	16,000	☆1,391	9,000	1,112	0	31	0	0
74	15,000	☆1,391	7,500	887	0	0	0	0
75	14,000	☆1,371	6,000	652	0	0	0	0
76	13,000	☆1,271	4,500	352	0	0	0	0
77	12,000	☆1,171	4,150	203	0	0	0	0
78	11,000	☆1,071	0	107	0	0	0	0
79	10,000	☆961	0	11	0	0	0	0
80	9,000	☆811	0	0	0	0	0	0
81	8,000	☆661	0	0	0	0	0	0
82	7,000	☆541	0	0	0	0	0	0
83	6,000	☆481	0	7	0	0	0	0
84	5,000	☆381	0	0	0	0	0	0
85	4,150	☆284	0	0	0	0	0	0
86	0	☆196	0	0	0	0	0	0
87	0	☆143	0	0	0	0	0	0
88	0	☆90	0	0	0	0	0	0
89	0	☆2	0	0	0	0	0	0
90	0	0	0	0	0	0	0	0
贈与額累計		25,850		25,850		25,850		25,850
最大税軽減額		1,961		☆2,262		☆2,262		1,380

〔表の読み方〕
　孫贈与の軽減効果は，相続開始年齢及び贈与額によって変わるところ，1,500万円贈与の相続開始年齢63歳から71歳の軽減効果が大きいといえます。
　72歳以後に相続が開始した場合において，1,000万円贈与の軽減効果が大きいといえます。

軽減効果・孫2人

159

○現有財産4億円

No.12-05
単位：万円

贈与額⇒	1500		2000		3000		4000	
相続開始 年齢(歳)↓	現有財産	税軽減額	現有財産	税軽減額	現有財産	税軽減額	現有財産	税軽減額
59	40,000	0	40,000	0	40,000	0	40,000	0
60	38,500	396	38,000	446	37,000	☆468	36,000	429
61	37,000	792	36,000	892	34,000	☆936	32,000	858
62	35,500	1,188	34,000	1,338	31,000	☆1,404	28,000	1,287
63	34,000	1,544	32,000	1,744	28,000	☆1,832	24,000	1,656
64	32,500	1,940	30,000	2,190	25,000	☆2,300	20,000	1,685
65	31,000	2,336	28,000	☆2,636	22,000	2,548	16,000	1,714
66	29,500	2,732	26,000	☆3,082	19,000	2,716	12,000	1,523
67	28,000	2,732	24,000	☆3,062	16,000	2,416	8,000	613
68	26,500	2,732	22,000	☆2,862	13,000	1,996	4,150	0
69	25,000	☆2,732	20,000	2,662	10,000	1,386	0	0
70	23,500	☆2,662	18,000	2,462	7,000	636	0	0
71	22,000	☆2,512	16,000	2,262	4,150	0	0	0
72	20,500	☆2,362	14,000	2,042	0	0	0	0
73	19,000	☆2,212	12,000	1,642	0	0	0	0
74	17,500	☆2,062	10,000	1,262	0	0	0	0
75	16,000	☆1,912	8,000	962	0	0	0	0
76	14,500	☆1,762	6,000	652	0	0	0	0
77	13,000	☆1,572	4,150	277	0	0	0	0
78	11,500	☆1,422	0	31	0	0	0	0
79	10,000	☆1,262	0	0	0	0	0	0
80	8,500	☆1,037	0	0	0	0	0	0
81	7,000	☆812	0	0	0	0	0	0
82	5,500	☆552	0	0	0	0	0	0
83	4,150	☆270	0	0	0	0	0	0
84	0	☆154	0	0	0	0	0	0
85	0	☆58	0	0	0	0	0	0
86	0	0	0	0	0	0	0	0
87	0	0	0	0	0	0	0	0
88	0	0	0	0	0	0	0	0
89	0	0	0	0	0	0	0	0
90	0	0	0	0	0	0	0	0
贈与額累計		35,850		35,850		35,850		35,850
最大税軽減額		2,732		☆3,082		2,716		1,714

〔表の読み方〕
　孫贈与の軽減効果は，相続開始年齢及び贈与額によって変わるところ，2,000万円贈与の相続開始年齢65歳から68歳の軽減効果が大きいといえます。
　69歳以後に相続が開始した場合において，1,500万円贈与の軽減効果が大きいといえます。

○現有財産５億円

No.12-06   単位：万円

贈与額⇒	2000		3000		4000		5000	
相続開始 年齢(歳)↓	現有財産	税軽減額	現有財産	税軽減額	現有財産	税軽減額	現有財産	税軽減額
59	50,000	0	50,000	0	50,000	0	50,000	0
60	48,000	546	47,000	618	46,000	☆629	45,000	☆629
61	46,000	1,092	44,000	☆1,226	42,000	1,148	40,000	1,048
62	44,000	1,628	41,000	☆1,694	38,000	1,577	35,000	1,427
63	42,000	2,029	38,000	☆2,117	34,000	1,961	30,000	1,761
64	40,000	2,475	35,000	☆2,585	30,000	2,390	25,000	2,140
65	38,000	2,921	32,000	☆3,053	26,000	2,819	20,000	2,099
66	36,000	3,367	29,000	☆3,521	22,000	3,028	15,000	1,978
67	34,000	3,267	26,000	☆3,371	18,000	2,428	10,000	798
68	32,000	☆3,167	23,000	3,116	14,000	1,923	5,000	-80
69	30,000	☆3,082	20,000	2,816	10,000	1,113	4,150	0
70	28,000	☆3,082	17,000	2,516	6,000	103	0	0
71	26,000	☆3,082	14,000	2,196	4,150	0	0	0
72	24,000	☆3,062	11,000	1,596	0	0	0	0
73	22,000	☆2,862	8,000	886	0	0	0	0
74	20,000	☆2,662	5,000	76	0	0	0	0
75	18,000	☆2,462	4,150	0	0	0	0	0
76	16,000	☆2,262	0	0	0	0	0	0
77	14,000	☆2,042	0	0	0	0	0	0
78	12,000	☆1,642	0	0	0	0	0	0
79	10,000	☆1,262	0	0	0	0	0	0
80	8,000	☆962	0	0	0	0	0	0
81	6,000	☆652	0	0	0	0	0	0
82	4,150	☆277	0	0	0	0	0	0
83	0	☆31	0	0	0	0	0	0
84	0	0	0	0	0	0	0	0
85	0	0	0	0	0	0	0	0
86	0	0	0	0	0	0	0	0
87	0	0	0	0	0	0	0	0
88	0	0	0	0	0	0	0	0
89	0	0	0	0	0	0	0	0
90	0	0	0	0	0	0	0	0
贈与額累計		45,850		45,850		45,850		45,850
最大税軽減額		3,367		☆3,521		3,028		2,140

〔表の読み方〕
　孫贈与の軽減効果は，相続開始年齢及び贈与額によって変わるところ，3,000万円贈与の相続開始年齢61歳から67歳の軽減効果が大きいといえます。
　68歳以後に相続が開始した場合において，2,000万円贈与の軽減効果が大きいといえます。

軽減効果・孫２人

161

○現有財産6億円

No.12-07　　　　　　　　　　　　　　　　　　　　　　　　　　　　　　　　　　単位:万円

贈与額⇒	2000		3000		4000		5000		6000	
相続開始年齢（歳）↓	現有財産	税軽減額	現有財産	税軽減額	現有財産	税軽減額	現有財産	税軽減額	現有財産	税軽減額
59	60,000	0	60,000	0	60,000	0	60,000	0	60,000	0
60	58,000	546	57,000	618	56,000	☆629	55,000	☆629	54,000	☆629
61	56,000	1,092	54,000	1,236	52,000	☆1,258	50,000	☆1,258	48,000	☆1,258
62	54,000	1,638	51,000	1,854	48,000	☆1,887	45,000	☆1,887	42,000	1,777
63	52,000	2,139	48,000	2,427	44,000	☆2,461	40,000	2,261	36,000	2,061
64	50,000	2,685	45,000	☆3,045	40,000	2,890	35,000	2,640	30,000	2,390
65	48,000	3,231	42,000	☆3,553	36,000	3,319	30,000	3,019	24,000	2,699
66	46,000	3,777	39,000	☆4,021	32,000	3,748	25,000	3,398	18,000	2,428
67	44,000	3,767	36,000	☆3,871	28,000	3,548	20,000	2,728	12,000	1,308
68	42,000	3,667	33,000	☆3,721	24,000	3,328	15,000	1,978	6,000	-180
69	40,000	3,567	30,000	☆3,571	20,000	2,728	10,000	798	4,150	0
70	38,000	☆3,467	27,000	3,421	16,000	2,143	5,000	-80	0	0
71	36,000	☆3,367	24,000	3,251	12,000	1,523	4,150	0	0	0
72	34,000	☆3,267	21,000	2,916	8,000	613	0	0	0	0
73	32,000	☆3,167	18,000	2,616	4,150	0	0	0	0	0
74	30,000	☆3,082	15,000	2,316	0	0	0	0	0	0
75	28,000	☆3,082	12,000	1,796	0	0	0	0	0	0
76	26,000	☆3,082	9,000	1,136	0	0	0	0	0	0
77	24,000	☆3,062	6,000	376	0	0	0	0	0	0
78	22,000	☆2,862	4,150	0	0	0	0	0	0	0
79	20,000	☆2,662	0	0	0	0	0	0	0	0
80	18,000	☆2,462	0	0	0	0	0	0	0	0
81	16,000	☆2,262	0	0	0	0	0	0	0	0
82	14,000	☆2,042	0	0	0	0	0	0	0	0
83	12,000	☆1,642	0	0	0	0	0	0	0	0
84	10,000	☆1,262	0	0	0	0	0	0	0	0
85	8,000	☆962	0	0	0	0	0	0	0	0
86	6,000	☆652	0	0	0	0	0	0	0	0
87	4,150	☆277	0	0	0	0	0	0	0	0
88	0	☆31	0	0	0	0	0	0	0	0
89	0	0	0	0	0	0	0	0	0	0
90	0	0	0	0	0	0	0	0	0	0
贈与額累計		55,850		55,850		55,850		55,850		55,850
最大税軽減額		3,777		☆4,021		3,748		3,398		2,699

〔表の読み方〕

　孫贈与の軽減効果は，相続開始年齢及び贈与額によって変わるところ，3,000万円贈与の相続開始年齢64歳から69歳の軽減効果が大きいといえます。

　70歳以後に相続が開始した場合において，2,000万円贈与の軽減効果が大きいといえます。

○現有財産8億円

No.12-08　　　　　　　　　　　　　　　　　　　　　　　　　　　　　　　　単位:万円

贈与額⇒	3000		4000		5000		6000		8000	
相続開始年齢(歳)↓	現有財産	税軽減額	現有財産	税軽減額	現有財産	税軽減額	現有財産	税軽減額	現有財産	税軽減額
59	80,000	0	80,000	0	80,000	0	80,000	0	80,000	0
60	77,000	768	76,000	829	75,000	879	74,000	929	72,000	☆940
61	74,000	1,536	72,000	1,658	70,000	1,758	68,000	1,858	64,000	☆1,870
62	71,000	2,304	68,000	2,487	65,000	2,637	62,000	☆2,677	56,000	2,410
63	68,000	3,022	64,000	☆3,256	60,000	☆3,256	56,000	☆3,256	48,000	2,900
64	65,000	3,790	60,000	☆3,885	55,000	☆3,885	50,000	☆3,885	40,000	3,230
65	62,000	4,448	56,000	☆4,514	50,000	☆4,514	44,000	4,504	32,000	3,370
66	59,000	5,066	52,000	☆5,143	45,000	☆5,143	38,000	4,833	24,000	3,490
67	56,000	4,916	48,000	☆4,943	40,000	4,683	32,000	4,233	16,000	1,890
68	53,000	☆4,766	44,000	4,733	35,000	4,183	26,000	3,633	8,000	-425
69	50,000	☆4,616	40,000	4,333	30,000	3,683	20,000	2,728	4,150	0
70	47,000	☆4,466	36,000	3,948	25,000	3,398	14,000	1,808	0	0
71	44,000	☆4,306	32,000	3,748	20,000	2,728	8,000	198	0	0
72	41,000	☆4,121	28,000	3,548	15,000	1,978	4,150	0	0	0
73	38,000	☆3,971	24,000	3,328	10,000	798	0	0	0	0
74	35,000	☆3,821	20,000	2,728	5,000	-80	0	0	0	0
75	32,000	☆3,671	16,000	2,143	4,150	0	0	0	0	0
76	29,000	☆3,521	12,000	1,523	0	0	0	0	0	0
77	26,000	☆3,371	8,000	613	0	0	0	0	0	0
78	23,000	☆3,116	4,150	0	0	0	0	0	0	0
79	20,000	☆2,816	0	0	0	0	0	0	0	0
80	17,000	☆2,516	0	0	0	0	0	0	0	0
81	14,000	☆2,196	0	0	0	0	0	0	0	0
82	11,000	☆1,596	0	0	0	0	0	0	0	0
83	8,000	☆886	0	0	0	0	0	0	0	0
84	5,000	☆76	0	0	0	0	0	0	0	0
85	4,150	0	0	0	0	0	0	0	0	0
86	0	0	0	0	0	0	0	0	0	0
87	0	0	0	0	0	0	0	0	0	0
88	0	0	0	0	0	0	0	0	0	0
89	0	0	0	0	0	0	0	0	0	0
90	0	0	0	0	0	0	0	0	0	0
贈与額累計		75,850		75,850		75,850		75,850		75,850
最大税軽減額		5,066		☆5,143		☆5,143		4,833		3,490

〔表の読み方〕
　孫贈与の軽減効果は，相続開始年齢及び贈与額によって変わるところ，4,000万円贈与の相続開始年齢63歳から67歳の軽減効果が大きいといえます。
　68歳以後に相続が開始した場合において，3,000万円贈与の軽減効果が大きいといえます。

軽減効果・孫2人

○現有財産10億円

No.12-09
単位:万円

贈与額⇒	5000		6000		8000		10000	
相続開始 年齢(歳)↓	現有財産	税軽減額	現有財産	税軽減額	現有財産	税軽減額	現有財産	税軽減額
59	100,000	0	100,000	0	100,000	0	100,000	0
60	95,000	879	94,000	929	92,000	☆940	90,000	901
61	90,000	1,758	88,000	1,858	84,000	☆1,880	80,000	1,802
62	85,000	2,637	82,000	2,787	76,000	☆2,820	70,000	2,703
63	80,000	3,466	76,000	3,666	68,000	☆3,710	60,000	3,344
64	75,000	4,345	70,000	☆4,595	60,000	4,440	50,000	3,745
65	70,000	5,224	64,000	☆5,514	52,000	4,980	40,000	3,936
66	65,000	6,103	58,000	☆6,143	44,000	5,510	30,000	3,837
67	60,000	☆5,893	52,000	5,843	36,000	4,710	20,000	2,417
68	55,000	☆5,643	46,000	5,543	28,000	3,910	10,000	-13
69	50,000	☆5,393	40,000	5,033	20,000	2,690	4,150	0
70	45,000	☆5,143	34,000	4,433	12,000	870	0	0
71	40,000	☆4,683	28,000	3,833	4,150	0	0	0
72	35,000	☆4,183	22,000	3,028	0	0	0	0
73	30,000	☆3,683	16,000	2,128	0	0	0	0
74	25,000	☆3,398	10,000	798	0	0	0	0
75	20,000	☆2,728	4,150	0	0	0	0	0
76	15,000	☆1,978	0	0	0	0	0	0
77	10,000	☆798	0	0	0	0	0	0
78	5,000	-80	0	0	0	0	0	0
79	4,150	0	0	0	0	0	0	0
80	0	0	0	0	0	0	0	0
81	0	0	0	0	0	0	0	0
82	0	0	0	0	0	0	0	0
83	0	0	0	0	0	0	0	0
84	0	0	0	0	0	0	0	0
85	0	0	0	0	0	0	0	0
86	0	0	0	0	0	0	0	0
87	0	0	0	0	0	0	0	0
88	0	0	0	0	0	0	0	0
89	0	0	0	0	0	0	0	0
90	0	0	0	0	0	0	0	0
贈与額累計		95,850		95,850		95,850		95,850
最大税軽減額		6,103		☆6,143		5,510		3,936

〔表の読み方〕
　孫贈与の軽減効果は，相続開始年齢及び贈与額によって変わるところ，6,000万円贈与の相続開始年齢64歳から66歳の軽減効果が大きいといえます。
　67歳以後に相続が開始した場合において，5,000万円贈与の軽減効果が大きいといえます。

○現有財産20億円

No.12-10　　　　　　　　　　　　　　　　　　　　　　　　　　　　　単位：万円

贈与額⇒	8000		10000		15000		20000	
相続開始 年齢(歳)↓	現有財産	税軽減額	現有財産	税軽減額	現有財産	税軽減額	現有財産	税軽減額
59	200,000	0	200,000	0	200,000	0	200,000	0
60	192,000	1,340	190,000	☆1,401	185,000	☆1,401	180,000	☆1,401
61	184,000	2,680	180,000	☆2,802	170,000	☆2,802	160,000	☆2,802
62	176,000	4,020	170,000	☆4,203	155,000	☆4,203	140,000	☆4,203
63	168,000	5,305	160,000	☆5,549	140,000	☆5,549	120,000	5,339
64	160,000	6,645	150,000	☆6,950	125,000	☆6,950	100,000	5,740
65	152,000	7,985	140,000	☆8,351	110,000	7,641	80,000	6,141
66	144,000	9,325	130,000	☆9,752	95,000	8,292	60,000	6,332
67	136,000	9,325	120,000	☆9,542	80,000	7,542	40,000	4,122
68	128,000	☆9,325	110,000	9,042	65,000	6,792	20,000	702
69	120,000	☆9,115	100,000	8,542	50,000	5,332	4,150	0
70	112,000	☆8,715	90,000	8,042	35,000	3,372	0	0
71	104,000	☆8,315	80,000	7,542	20,000	702	0	0
72	96,000	☆7,915	70,000	7,042	5,000	-80	0	0
73	88,000	☆7,515	60,000	6,332	4,150	0	0	0
74	80,000	☆7,115	50,000	5,547	0	0	0	0
75	72,000	☆6,715	40,000	4,837	0	0	0	0
76	64,000	☆6,520	30,000	3,837	0	0	0	0
77	56,000	☆6,120	20,000	2,417	0	0	0	0
78	48,000	☆5,720	10,000	-13	0	0	0	0
79	40,000	☆5,110	4,150	0	0	0	0	0
80	32,000	☆4,310	0	0	0	0	0	0
81	24,000	☆3,490	0	0	0	0	0	0
82	16,000	☆1,890	0	0	0	0	0	0
83	8,000	-425	0	0	0	0	0	0
84	4,150	0	0	0	0	0	0	0
85	0	0	0	0	0	0	0	0
86	0	0	0	0	0	0	0	0
87	0	0	0	0	0	0	0	0
88	0	0	0	0	0	0	0	0
89	0	0	0	0	0	0	0	0
90	0	0	0	0	0	0	0	0
贈与額累計		195,850		195,850		195,850		195,850
最大税軽減額		9,325		☆9,752		8,292		6,332

〔表の読み方〕
　孫贈与の軽減効果は，相続開始年齢及び贈与額によって変わるところ，10,000万円贈与の相続開始年齢60歳から67歳の軽減効果が大きいといえます。
　68歳以後に相続が開始した場合において，8,000万円贈与の軽減効果が大きいといえます。

軽減効果・孫2人

第Ⅲ章

ケース別に見る
タックスプランニングの考え方

ポイント

① 　預貯金・上場株式や投資信託等の金融資産の割合が多い者であっても，相続税・贈与税のタックスプランニングの方針は変わらない。具体的には，財産額の多寡・相続開始が見込まれる時期・生前贈与加算の対象となるか否かにより，生前贈与の方針を考えることとなる。

② 　預貯金等が多い者は預金贈与を行うことが多いであろうが，この場合，いわゆる名義預金が発生しないように留意する必要がある。

③ 　不動産の割合が多い者の場合，遺産分割・納税財源・収益不動産から生じる収益が特定の者へ集中するといった問題が起こりがちである。生前贈与はこれらの問題への対応策として重要な役割を果たす。例えば，次期承継者以外の者へ事前に預金贈与を行い次期承継者が不動産を集中して相続できる素地を作る，次期承継者に収益不動産の贈与を行い，事前に代償金や相続税の納税財源が次期承継者に蓄積されるような仕組みの構築などである。

④ 　不動産購入による相続税の節税策を考える場合，マンションに係る財産評価基本通達の改正動向に留意する必要がある。

ケース 1　預貯金・上場株式や投資信託等の金融資産の割合が多い者のタックスプランニング

 　相続財産に占める，預貯金・上場株式や投資信託等の割合が多い人の相続税・贈与税のタックスプランニングの基本方針と注意点について教えてください。

　　相続財産に占める，預貯金・上場株式や投資信託等の割合が多い人であっても，相続税・贈与税のタックスプランニングの基本方針は変わりません（基本方針については，第Ⅱ章Ⅱ参照）。また，預貯金等の割合が多い方については，次のような対策も検討したいところです。
- 贈与税の非課税措置の活用
- 不動産購入

　注意点については，相続財産に占める預貯金等の割合が多い方については，預貯金の贈与を行うことが多いと思われます。この場合に注意すべき点としては，いわゆる名義預金対策が考えられます。また，不動産購入のうちマンション購入を検討している場合には，財産評価基本通達の改正動向も注視する必要があります。

1　基本的な考え方

(1)　相続人・受遺者（生前贈与加算の対象となる者）への生前贈与

　「相続税の納税見込み」「相続税の限界税率」が判断のポイントとなります。

　相続税の限界税率が10％又は小規模宅地等の特例や配偶者に対する相続税額の軽減等により納税が見込まれない方の場合には，相続時精算課税贈与による年間110万円までの基礎控除を活用した贈与が，相続税引き下げの観点からは有効となります。

　一方，相続税の限界税率が10％超となることが見込まれる方の場合には，相続開始前7年超の期間は贈与税の限界税率＜相続税の限界税率となるような金額での暦年課税贈与を行い，相続開始前7年以内にかかると想定される期間からは相続時精算課税贈与による年間110万円の基礎控除を活用しての生前贈与が，相続税引き下げの観点からは有効となります。暦年課税贈与と相続時精算課税贈与の切り替えのタイミングについては悩ましいものがありますが，簡易生命表の余命年数を一つの参考として，クライアントの健康状態や意思能力の状態を基に決めていくのが現実的と考えられます。

(2)　相続人・受遺者以外の者（生前贈与加算の対象とならない者）への生前贈与

　令和5年度税制改正では生前贈与加算の加算対象者の改正は行われませんでした。従って，孫や子供の配偶者など相続人・受遺者以外の者への贈与について，相続税の課税価格への加算はこれまでと同様に行われないこととなります。このため，孫や子供の配偶者など相続人・受遺者以外の者については，贈与税の限界税率＜相続税の限界税率となるような金額での暦年課税贈与が相続税の節税対策の観点から有効となります。特に孫への贈与はその贈与財産に対する相続税の課税も一代分回避することができ，相続税の節税対策の観点からは更なる節税効果が期待できます。

(3)　贈与税の非課税措置の活用

　　相続税対策として使われる贈与税の非課税措置としては次のようなものがあります（各制度の詳細については，第Ⅳ章を参照してください。）。

- ●直系尊属から教育資金の一括贈与を受けた場合の贈与税の非課税制度
- ●直系尊属から結婚・子育て資金の一括贈与を受けた場合の贈与税の非課税制度
- ●扶養義務者から生活費等の贈与を受けた場合の贈与税の非課税
- ●直系尊属から住宅取得等資金の贈与を受けた場合の贈与税の非課税制度

---

(4)　不動産購入よる相続税の節税対策

　　相続税の節税対策として広く行われているのが賃貸不動産の購入で，市場における流通価格と相続税評価額との乖離を利用した節税策です。購入した賃貸不動産の敷地について小規模宅地等の特例（貸付事業用宅地等）を適用すれば，さらなる相続税の節税も期待できます。

《不動産購入による相続税節税のシミュレーション》
◆シミュレーション前提
- ●推定被相続人　　　：夫
- ●推定相続人　　　　：妻，子
- ●財産額　　　　　　：3億円
- ●購入ワンルームマンションについて
　　購入金額　　　　　　：4,000万円
　　土地の相続税評価額：700万円　｝マンションの評価額については，
　　建物相続税評価額　：300万円　｝ **2** (2)に留意
- ●土地については，小規模宅地等の特例（貸付事業用宅地等）の適用があるものとして計算

◆シミュレーション結果（単位：円）

	差額 (①△②)	マンション 購入前①	マンション 購入後②
財産額	0	300,000,000	300,000,000
マンション購入金額	-40,000,000	0	-40,000,000
土地	7,000,000	0	7,000,000
小規模宅地等の特例	-3,500,000	0	-3,500,000
建物	3,000,000	0	3,000,000
合計	-33,500,000	300,000,000	266,500,000
基礎控除	0	-42,000,000	-42,000,000
相続税の総額	-13,400,000	69,200,000	55,800,000

※配偶者に対する相続税額の軽減は考慮しておりません。

2　預貯金等の割合が多い者のタックスプランニングの留意点

(1)　名義預金対策

　相続財産に占める預貯金等の割合が多い方の場合，預貯金の贈与が行われることが多いでしょう。この場合，最も留意すべき点は名義預金対策です。名義預金対策は，贈与の要件事実を充足させ，相続税の税務調査においてそれを説明できるように準備しておくことがポイントとなります。

　贈与は民法第549条に定められており，その法律要件は贈与者が財産を無償で与える意思表示と相手方の受諾となっています。このため，いずれか一方の意思が欠けると贈与契約は不成立となります。仮に，贈与者が預貯金を無償で与える意思があったとしても，その相手方の受諾がなければ贈与契約は不成立となり，名義預金が発生してしまうこととなります。

　名義預金対策として，贈与の際にはできれば自署形式の贈与契約書を作成しておく方が好ましいでしょう。贈与契約は諾成契約であり，口頭契約など贈与契約書の作成は必須ではないものの，後に行われるかもしれない相続税の税務調査において，贈与者・受贈者双方の意思があったことを示すためです。

　また，贈与後の財産管理は贈与者自身が行う必要もあります。具体的には，振込先の預貯金口座の通帳・印鑑・キャッシュカードの管理は受贈者自身に行わせる必要があります。この際，口座開設届の筆跡や印鑑が被相続人と同一であると名義預金に疑われやすいので注意が必要です。

(2)　不動産購入による注意点

　不動産購入による相続税の節税対策のうち，マンションについては先ほどの不動産購入による相続税節税シミュレーションで示したように「相続税評価額」と「市場売買価格（時価）」とが大きく乖離しているケースも把握されています。このような乖離があることにより，相続税の申告後に，国税当局から路線価等に基づく相続税評価額ではなく鑑定価格等による時価で評価し直して課税処分されるというケースも発生しています。

　こうしたケースで争われた，令和4年4月19日の最高裁判決（国側勝訴）以降，マンションの評価額の乖離に対する批判の高まりや，取引の手控えによる市場への影響を懸念する向きも見られます。このため課税の公平を図りつつ，納税者の予見可能性を確保する観点から，相続税評価額が市場価格の60％未満となっている一定のマンションについては，60％となるよう評価額の補正を行う通達の改正が行われ，2024（令和6）年1月1日以後の相続等により取得した財産から適用される予定です（2023（令和5）年6月30日国税庁報道発表資料）。

　よって，不動産購入による相続税の節税対策のうち，マンション購入による相続税の節税対策については，当初想定していた節税効果が実際には得られない可能性があります。相続税の節税を主たる目的として不動産（マンション）購入を検討する場合，この点を注意する必要があります。

(3)　その他の注意点（極めて高い水準の所得に対する負担の適正化措置への対応）

　上場株式や投資信託等の金融資産の割合が多いクライアントについては，当該金融資

産を金融資産所有会社に移転することによる相続税の節税策があります。このような節税策を検討している場合において，個人が所有する金融資産について多額の含み益があるときには，2024（令和6）年中に移転を行うか否かの検討が必要となるケースも想定されます。

　令和5年度税制改正では，いわゆる1億円の壁問題（一定税率で課税される分離課税の株式や土地の譲渡などから生じる所得の多い富裕層では，統計上，1億円の所得を境に所得税の負担率が下がると言われている問題）に対処するため，税負担の公平性の観点から極めて高い水準の所得に対して更なる負担を求めるための措置が導入され，2025（令和7）年分以後の所得税について適用されます。

　個人が所有する金融資産を金融資産所有会社に移転する方法としては，売買・現物出資・贈与の3つの方法がありますが，いずれの方法でも移転元の個人に譲渡所得が生じます。

　2025（令和7）年1月1日以降に個人が所有する金融資産を金融資産所有会社に移転し，多額の含み益が実現した場合には，極めて高い水準の所得に対する負担の適正化措置の適用を受け，追加の所得税負担が課される可能性があるため注意が必要です。

　このため，個人所有の金融資産を金融資産所有会社に移転することを検討している場合において，当該金融資産に多額の含み益が想定されるときには，2024（令和6）年中に金融資産の移転を実行し，極めて高い水準の所得に対する負担の適正化措置の適用を回避するための検討が必要になるケースも考えられます。

　なお，金融資産の移転を実際に行うか否かの判定については，次の算式により判定します*1。

---

① 通常の所得税額
②(合計所得金額※ － 特別控除額(3.3億円))×22.5%　　➡　②が①を上回る場合に限り、差額分を申告納税

※株式の譲渡所得のみならず、土地建物の譲渡所得や給与・事業所得、その他の各種所得を合算した金額。
※スタートアップ再投資やNISA関連の非課税所得は対象外であるほか、政策的な観点から設けられている特別控除後の金額。

　同制度の適用を受けるか否かはクライアントごとにシミュレーションを行う必要があります。ただし，一般株式等・上場株式等の譲渡所得等や上場株式等の配当所得等の所得税率は15%であり，総合課税のみの所得に比し所得金額に対する税負担割合が低く，同制度の適用を受けやすいものと推察します（主たる所得が所得税率＝15%の一般株式等・上場株式等に係る譲渡所得等の金額，上場株式等の配当所得等の金額の場合は10億円程度から同制度が適用される事例も想定されます。）。

---

*1　財務省「令和5年度税制改正」（令和5年3月発行）P04

《極めて高い水準の所得に対する負担の適正化措置シミュレーション》

（1） シミュレーション前提

● 総合課税の所得は0円，分離課税（所得税率＝15％）の所得のみ。

● 所得控除は基礎控除のみ。

（2） シミュレーション内容

（単位：円）

基準所得税額				基準所得金額に係る所得税額			
所得金額(分離)	基礎控除※	税率	基準所得税額	所得金額(分離)	控除額	税率	基準所得金額に係る税額
300,000,000	0	15%	45,000,000	300,000,000	330,000,000	22.5%	0
400,000,000	0	15%	60,000,000	400,000,000	330,000,000	22.5%	15,750,000
500,000,000	0	15%	75,000,000	500,000,000	330,000,000	22.5%	38,250,000
600,000,000	0	15%	90,000,000	600,000,000	330,000,000	22.5%	60,750,000
700,000,000	0	15%	105,000,000	700,000,000	330,000,000	22.5%	83,250,000
800,000,000	0	15%	120,000,000	800,000,000	330,000,000	22.5%	105,750,000
900,000,000	0	15%	135,000,000	900,000,000	330,000,000	22.5%	128,250,000
1,000,000,000	0	15%	150,000,000	1,000,000,000	330,000,000	22.5%	150,750,000
1,100,000,000	0	15%	165,000,000	1,100,000,000	330,000,000	22.5%	173,250,000
1,200,000,000	0	15%	180,000,000	1,200,000,000	330,000,000	22.5%	195,750,000
1,300,000,000	0	15%	195,000,000	1,300,000,000	330,000,000	22.5%	218,250,000

※合計所得金額が2,500万円超となるため、基礎控除の額＝0となる。

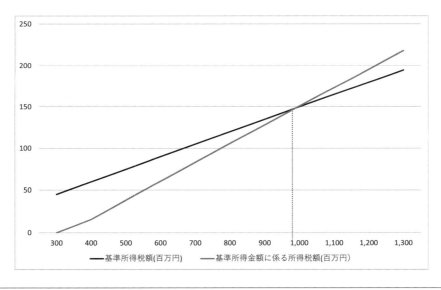

基準所得税額(百万円)　　基準所得金額に係る所得税額(百万円)

ケース２　地主など財産に占める不動産の割合が多い場合のタックスプランニング

 いわゆる地主さんなど相続財産に占める不動産の割合が多い人の相続税・贈与税のタックスプランニングの基本方針と注意点について教えてください。

相続財産に占める不動産の割合が多い人については，次のような問題点が生じることがあります。

- 【遺産分割に関する問題点】相続財産の構成比が不動産に偏っていることが多く，相続人等の関係者が納得できる遺産分割案作成に労力を要することがある。
- 【納税財源に関する問題点】相続が発生した場合，相続財産に占める不動産の割合が大きく，相続税の納税資金が不足しがちになる。
- 【収益不動産から生じる収益が集中する問題】収益不動産から生じる利益が特定の人に集中・蓄積することにより，特定の人に相続財産が積み上がってしまう。

　このような問題点の解決策の一例としては，次のような対策が考えられます。

【遺産分割に関する問題点】

- 不動産をメインで引き継ぐ親族以外に，例えば預貯金等の金融資産を事前に生前贈与しておき，相続開始時に特定の親族が集中して不動産を相続できる素地を作る⇨預貯金等の金融資産の生前贈与
- 不動産をメインで引き継ぐ親族に，収益不動産からの賃料収入が貯まる仕組みを作り，相続開始時には貯まった賃料収入を代償金の財源に充当できるような仕組みを作る⇨収益不動産の生前贈与，不動産所有会社への収益不動産の売却

【納税財源に関する問題点】

- 相続開始前７年超の期間において，相続税の限界税率＞贈与税の限界税率となるような金額で暦年課税贈与を複数年にわたり行い，贈与と相続を通じた納税額の合計を低く抑える。
- 収益不動産からの賃料収入が貯まる仕組みを作り，相続開始時には貯まった賃料収入を相続税の納税資金に充当できるような仕組みを作る⇨収益不動産の生前贈与，不動産所有会社への収益不動産の売却
- 延納の事前準備（担保物件の事前準備等）
- 一族にとって重要性の低い不動産，収益性の低い不動産（地代交渉が難航している底地など）の売却や物納の事前準備（物納候補地の事前測量，物納を希望する不動産から物納を希望しない不動産への抵当権付け替え等）

【収益不動産から生じる収益が集中する問題】

- 不動産の所有者・所有形態を見直し，収益不動産から生じる収益が特定の人に集中しない仕組みを作る⇨収益不動産の生前贈与，不動産所有会社への収益不動産の移転

このように，特定の親族が不動産を集中的に相続できる素地を作りつつ，代償金や相続税の納税資金に困ることのないような仕組みづくりが基本方針として考えられます。

1　財産に占める不動産の割合が高い者の相続税・贈与税のタックスプランニング

　前述のような財産に占める不動産の割合が高い者固有の問題点，令和5年度税制改正で示された税制改正の方向性を踏まえ，本項では，これらの者の相続税・贈与税のタックスプランニングとして，(1)誰から誰に何を渡すのか？　(2)不動産の贈与　(3)不動産所有会社の株式等の贈与の3点について解説します。

(1)　誰から誰に渡すのか？

　従来，財産に占める不動産の割合が高い者の贈与については，次期承継者に暦年課税贈与を行うというケースがほとんどであったでしょう。

　しかし，令和5年度税制改正において，相続人・受遺者への暦年課税贈与の加算期間の延長，相続時精算課税制度における基礎控除の創設等が行われた結果，クライアントごとに有利なパターンは無数に考えられるようになりました。また，いわゆる「争族」を避ける観点から，親族の関係性によっては次期承継者以外への生前贈与が必要となるケースもあります。

　このため，今後の相続税・贈与税のタックスプランニングは，「誰から誰に渡すのか？」「贈与者の年齢は何歳なのか？」「受贈者の年齢は何歳なのか？（18歳未満の者は相続時精算課税制度を選択できない）」「何を渡すのか？（値上がり確実な不動産や高い収益を生む不動産はないか？）」といった観点から個々のクライアントごとにどのような贈与が最適なのかを考える必要があります。

(2)　収益不動産の贈与

　収益不動産そのものを贈与する場合，①収益不動産贈与の可否判断　②贈与をする場合，土地と建物のいずれを贈与するか？　③暦年課税贈与と相続時精算課税贈与のいずれを選択するか？　④建物を贈与した場合の土地の貸借の方法の4点について検討が必要になります。本項では，この4点について解説していきます。

①　贈与の可否の判断

　収益不動産そのものの贈与を行うか否かについては，一般的に，次に掲げるメリット・デメリットの金額を基に判断することとなります。

収益不動産の贈与を検討する際のポイント

《収益不動産を贈与するメリット》

- 収益不動産を贈与することにより，収益不動産から生じる賃料が推定被相続人から推定相続人に移転し，相続財産の増加抑制効果が得られる。
- 収益不動産を贈与することにより，贈与者個人の所得税・住民税軽減効果が得られる（所得税は超過累進税率のため，所得金額が多い人ほど高い節税効果が期待できる）。

- 受贈者に移転された収益不動産の賃料や、贈与者の所得税・住民税のうち軽減された分は、将来発生する相続の際の相続税の納税資金や代償金の財源に充てることができる。
- 贈与財産が相続財産から切り離されることにより、相続税の節税効果が得られる（相続人・受遺者への贈与のうち相続開始前7年超の期間の暦年課税贈与、相続時精算課税贈与のうち年間110万円までの金額、相続人・受遺者以外の者への暦年課税贈与に限る）。

《収益不動産を贈与するデメリット》

- 収益不動産を贈与することにより、受贈者の所得税・個人住民税が増加してしまう。
- 移転コスト（贈与税・登録免許税・不動産取得税）が発生してしまう。

　相続税の節税対策の観点から不動産の贈与を行う場合、後述の②に掲げるような理由から、賃貸の用に供している建物のみを贈与することが多いと考えられます。

　賃貸の用に供している建物を贈与することにより、収益不動産から生じる賃料は推定被相続人から推定相続人に帰属することとなります。これにより、収益物件から生じる賃料の蓄積を推定被相続人から推定相続人等に移転できるとともに、贈与者の所得税・個人住民税の軽減といったメリットが期待できます。この場合、所得税は超過累進税率のため、所得金額が多い人ほど高い節税効果が期待できます。このような賃料の蓄積移転や贈与者の所得税・住民税の軽減効果は、相続税の納税資金や代償金の財源確保にもプラスに働きます。

　また、相続人・受遺者への相続開始前7年超の期間における暦年課税贈与、相続時精算課税贈与のうち年間110万円までの金額、相続人・受遺者以外の者への暦年課税贈与については、相続財産からの切り離しによる相続税の節税効果も期待できます。

　一方、贈与を行うことのデメリットは、収益物件の贈与を受けることにより受贈者の所得税・個人住民税が増加すること、不動産取得者に贈与税・登録免許税・不動産取得税が課されることが挙げられます。

　登録免許税の税率は、不動産を相続で取得した場合に比べ、贈与で取得した場合の方がその税率は高く（贈与による所有権移転登記：2.0%、相続による所有権移転登記：0.4%）、不動産取得税についても、相続による取得の場合には非課税ですが、贈与で取得した場合には不動産取得税が課されるため注意が必要となります。

　実際の贈与の可否の判断にあたっては、これらの贈与によって得られる税務上のメリットと、贈与を行うデメリット双方の金額を比較してその実行可否を判断することになります。

② 　土地と建物のいずれを贈与するか？

ポイント

- 不動産の贈与は「土地」より「建物」がおすすめ！

一般的に，贈与による土地の移転は，小規模宅地等の特例の活用が不可，登録免許税の税率が相続による移転に比べ高い，不動産取得税が課税となります。よって土地については相続による移転の方が有利なケースが多いと考えられます。

　一方，贈与による賃貸の用に供されている建物の移転は，収益を産む建物を推定相続人等に移転することにより推定被相続人の財産の蓄積スピードが遅くなるだけでなく，推定相続人等に現金が蓄積し，将来の相続税の納税財源や代償金の財源に充てることができます。

　このような理由から，生前の不動産の贈与としては，賃貸の用に供している建物のみの贈与を検討することが多いと考えられます。

③　暦年課税贈与と相続時精算課税贈与のいずれを選択するか？

ポイント
● 超高齢者以外の者からの贈与は，贈与税の限界税率＜相続税の限界税率となるような金額での暦年課税贈与を選択。
● 相続時精算課税制度を選択した建物の贈与はその評価額に注意を。

　相続税の節税を考えた際，暦年課税贈与と相続時精算課税贈与のいずれの方がその効果を得られるかについては，一般的に，超高齢者以外の者からの贈与は贈与税の限界税率＜相続税の限界税率となるような金額での暦年課税贈与を，相続開始前7年以内の期間は相続時精算課税制度を選択し，同制度の基礎控除110万円を活用する方針が有利といえます（詳細は第Ⅱ章Ⅱ参照）。

　なお，建物を相続時精算課税贈与する場合には，「建物の減価償却が終了しているか否か」についても検討の必要があります。減価償却未了の建物を相続時精算課税贈与してしまうと，建物の価格が高い価格で固定されてしまい，この価格で相続税の課税価格に加算等されてしまうことになります。建物の価格にもよりますが，このような場合には別物件の贈与検討も必要になると考えられます。

④　土地の貸借

ポイント
● 土地の貸借は「使用貸借」が「相当の地代方式」より有利なケースが多い。

　賃貸の用に供している建物を贈与した後は，土地の貸借の方法についても検討する必要があります。一般的に，親族間で高額の権利金を支払っての土地の貸借は考えにくいため，賃貸建物贈与後の土地の貸借については賃料の収受がない使用貸借又は土地の価額の6％程度の相当の地代方式のいずれかによることが多いと考えられます。これについて，相続税節税の観点からは，使用貸借による土地の貸付の方が有利なケースが多いと考えられます。

　使用貸借での土地の貸付の場合，メリットとして，生計一親族への土地の貸付については小規模宅地等の特例（貸付事業用宅地等）の適用を受けることができる，土地

所有者（推定被相続人）側で地代の蓄積がないといったことがあります。一方，デメリットとしては，当該宅地を貸宅地評価できない，非生計一親族への使用貸借での土地の貸付の場合には小規模宅地等の特例（貸付事業用宅地等）を適用できないことがあります。

　これに対し，相当の地代方式の場合には，土地所有者に相続が開始した場合の当該建物の敷地について貸宅地評価できるというメリットがあるものの，デメリットとして小規模宅地等の特例（貸付事業用宅地等）の適用が難しくなってしまう（多くの場合，建物の敷地については，建物所有者が相続することが多いでしょう。この場合，混同により被相続人の貸付事業は継続していないこととなり，貸付事業用宅地等として小規模宅地等の特例を適用することはできないこととなります。），土地所有者（推定被相続人）が相当の地代を収受することにより収益物件の移転による賃料蓄積削減効果が減殺されてしまうといったことがあります。

　相続税のタックスプランニングという観点から見た場合，このような理由から使用貸借方式での土地の貸借が多くのケースで有利ではないかと考えられます。

(3)　不動産所有会社の株式等の贈与

ポイント
● 不動産所有会社は原則として事業承継税制の適用はなく，暦年課税贈与又は相続時精算課税贈与を活用する。

　個人で所有する不動産の所有権を法人に移し，その法人で不動産の所有・管理・運用を行っている不動産所有会社は，資産保有型会社又は資産運用型会社に該当するケースがほとんどであり，原則として事業承継税制による相続税・贈与税の納税の猶予・免除の特例の適用を受けることはできません。このため，不動産所有会社の株式等を贈与する場合には，事業承継税制によらない暦年課税贈与又は相続時精算課税贈与のいずれかによることとなります。

① 不動産所有会社の株式等を暦年課税贈与する場合のメリット・留意点

　不動産所有会社の株式等を暦年課税贈与する場合，そのメリットは，相続開始前7年超の期間の贈与について，110万円を超える金額を相続財産から切り離しができる点です。

　一方，不動産所有会社の株式等について暦年課税贈与を行う場合の留意点としては，「贈与税の限界税率＜相続税の限界税率となるような金額での贈与とすること」，「相続開始前7年にかかると想定される期間からは，相続時精算課税制度を選択し年間110万円までの同制度の基礎控除を活用する方針に変更する」点です。

② 不動産所有会社の株式等を相続時精算課税贈与する場合のメリット・留意点

　不動産所有会社の株式等を相続時精算課税贈与する場合のメリットは，推定被相続人の所有する株式等を一括して相続時精算課税贈与することにより相続税の課税価格に加算等される株式等の価額を贈与時の価額に固定できる点です。これにより，その後の利益蓄積による株式等の価格上昇や保有する土地の価格上昇による土地保有特定

会社化を考慮する必要はなくなります。

　一方，不動産所有会社の株式等を相続時精算課税贈与する場合の留意点としては，不動産所有会社の業績が不調であること等による株価の下落や，災害により会社が所有する不動産に被害を受けたとしてもこれらの下落や被害は相続税の計算に反映されない点です。

（注）　令和5年度税制改正により，相続時精算課税贈与により取得した不動産が災害を受けた場合は，その被害額を控除した残額が評価額となりますが，不動産所有会社の株式等については同制度の対象には含まれません。

③　暦年課税贈与と相続時精算課税贈与の選択

　不動産所有会社の株式等の贈与の方法としては，次の二つが考えられます。

● 株式等を一括して相続時精算課税贈与をする。

● 超高齢者以外の者からの贈与は，贈与税の限界税率＜相続税の限界税率となる金額の範囲内での暦年課税贈与により，相続開始前7年以内の期間は相続時精算課税制度の基礎控除110万円を活用した相続時精算課税贈与による方法。

　どちらの方法を選択するかは，予想される相続開始時点までの期間の株価推移シミュレーションを行い判断します。

　なお，毎年の利益の蓄積額が大きく株価の上昇スピードが速い場合や，会社が保有する土地の価格上昇により近いうちに土地保有特定会社になることが見込まれるような場合には，株式等を一括して相続時精算課税贈与する方が有利なケースが多いでしょう。

2 財産に占める不動産の割合が高い者の留意点

　令和5年度税制改正・近年の判例を踏まえた留意点としては，(1)極めて高い水準の所得に対する負担の適正化，(2)相続時精算課税贈与によって取得した不動産が災害を受けた場合の特例，(3)令和4年4月19日最高裁判決の3点があります。順にその内容を解説していきます。

(1) 極めて高い水準の所得に対する負担の適正化（個人が所有する不動産を不動産所有会社に移転する場合）

　個人が所有する多額の含み益を有する不動産を不動産所有会社に移転することを検討している場合，2024（令和6）年中に移転を行うか否かの検討が必要になるケースも想定されます。

　令和5年度税制改正では，いわゆる1億円の壁問題（一定税率で課税される分離課税の株式や土地の譲渡などから生じる所得の多い富裕層では，統計上，1億円の所得を境に所得税の負担率が下がると言われている問題）に対処するため，税負担の公平性の観点から極めて高い水準の所得に対して更なる負担を求めるための措置が導入され，2025（令和7）年分以後の所得税について適用されます。

　個人が所有する不動産を不動産所有会社に移転する方法としては，売買・現物出資・贈与の3つの方法がありますが，いずれの方法でも移転元の個人に譲渡所得が生じることとなります。

　2025（令和7）年1月1日以降に個人が所有する不動産を不動産所有会社に移転し，多額の含み益が実現した場合には，極めて高い水準の所得に対する負担の適正化措置の適用を受け，追加の所得税負担が課される可能性があります。このため，個人が所有する多額の含み益を有する不動産については2024（令和6）年中に不動産所有会社に移転すべきか検討が必要と考えられます。

　なお，不動産の移転を実際に行うか否かの判定については，次の算式により判断します*2。

```
① 通常の所得税額
② (合計所得金額※ － 特別控除額（3.3億円）)×22.5%    ②が①を上回る場合に限り、
                                              差額分を申告納税

※株式の譲渡所得のみならず、土地建物の譲渡所得や給与・事業所得、その他の各種所得を合算した金額。
※スタートアップ再投資やNISA関連の非課税所得は対象外であるほか、政策的な観点から設けられている
　特別控除後の金額。
```

　同制度の適用を受けるか否かの判定はクライアントごとにシミュレーションを行う必要があります。ただし，長期譲渡所得の課税の特例の適用を受ける土地建物等の所得税率は15%であるため，総合課税のみの所得に比し，所得金額に対する税負担割合が低く，同制度の適用を受けやすいものと推察されます（主たる所得が所得税率＝15%の土地建物等の長期譲渡所得の場合は10億円程度から同制度が適用される事例も想定されます）。

(2)　相続時精算課税贈与によって取得した不動産が災害を受けた場合の特例

　令和5年度税制改正により，相続時精算課税適用者が特定贈与者から贈与により取得した一定の土地建物について，贈与日から特定贈与者の死亡に係る相続税の申告期限までの間に災害によって一定の被害を受けた場合，相続税の課税価格に加算等される土地建物の価額は，贈与時の価額から災害によって被害を受けた部分の額を控除した残額とする措置が設けられます（同措置は，令和6年1月1日以後に生ずる災害により被害を受ける場合について適用されます）。

　同措置の対象は相続時精算課税適用者が贈与を受けた一定の土地建物に限定されていることから，不動産所有会社の株式を相続時精算課税贈与した場合において，その後に法人所有の土地建物について災害により被害を受けたときには，相続時精算課税適用者が土地建物そのものの贈与を受けた場合のような救済措置は無いことに留意する必要があります。

(3)　令和4年4月19日最高裁判決

　不動産所有会社の株式等について，贈与やその後の相続における税負担の軽減を意図した多額の借入れを行うとともに通達評価額をもって所有不動産を評価し，不動産所有会社の株式評価額を引き下げている場合には，このような行為を行わなかった者等との間で看過し難い不均衡を生じさせると認定され，実質的な租税負担の公平に反しているものとして財産評価基本通達総則6項が適用される可能性があります。

＊2　財務省「令和5年度税制改正」（令和5年3月発行）P04

令和4年4月19日に最高裁は，多額の借入を行い不動産購入後に死亡した被相続人に係る通達評価額による相続税申告について，不動産鑑定評価額による原処分庁の更正処分を認め，相続人側の上告を棄却しました（国側勝訴）。この判例では，次の内容が判示されました。

> 　租税法の平等原則では，同様の状況にあるものは同様に取り扱われるべきと解されている。課税庁が財産評価基本通達での画一的な評価を行っていることは公知の事実であり，課税庁が不動産鑑定評価額を採用することは合理的な理由がなければ租税法の平等原則に反し違法となる。しかし，評価通達による評価が実質的な租税負担の公平に反すると言うべき事情がある場合には合理的な理由があると言え，租税法の平等原則には反しない。
>
> 　通達評価額と鑑定評価額との大きなかい離だけでは，評価通達の定める方法による画一的な評価を行うことが実質的な租税負担の公平に反するというべき事情があるとは言えない。しかし，近い将来発生することが予測される租税負担の軽減を意図したマンションの購入・借入は，マンションの購入・借入をせず又はできない者との間で看過し難い不均衡を生じさせ，実質的な租税負担の公平に反し上記事情があると言え，鑑定価格による評価は適法である。

上記判決は被相続人の所有財産であったマンションの評価を巡るものですが，例えば，不動産所有会社にて借入を行い，当該借入を原資に収益不動産を購入した時期と，不動産所有会社の株式の贈与の時期が近い場合には，財産評価基本通達総則6項の適用の可能性があるため，注意が必要です。

また，令和4年4月19日の最高裁判決（国側勝訴）以降，マンションの評価額の乖離に対する批判の高まりや，取引の手控えによる市場への影響を懸念する向きも見られます。このため課税の公平を図りつつ，納税者の予見可能性を確保する観点から，相続税評価額が市場価格の60％未満となっている一定のマンションについては，60％となるよう評価額の補正を行う通達の改正が行われ，2024（令和6）年1月1日以後の相続等により取得した財産から適用される予定です（2023（令和5）年6月30日国税庁報道発表資料）。

③　不動産の生前贈与に関するシミュレーション

　本項では，①(2)に示した収益不動産の生前贈与に関するシミュレーションを示します。当該シミュレーションは，親から子に賃貸不動産の建物のみを贈与した場合と，贈与しなかった場合で，相続税・贈与税・所得税・住民税等がどのように変化するかを10年にわたりシミュレーションをしています。

(1)　シミュレーション前提
①　贈与者について
　・年齢＝70歳
　・東京都〇〇区に収益不動産を複数所有。

　　・贈与者の贈与前の所得の状況

　　　不動産所得

　　　　総収入金額＝30,000千円，必要経費＝10,000千円（減価償却は全て終了している
　　　　ものと仮定），借入金なし

　　　雑所得（公的年金等）

　　　　収入金額＝900千円

　　・所得控除の状況

　　　社会保険料控除＝900千円

　　　基礎控除＝480千円

　　・本シミュレーションにおいて，贈与者の生活費は考慮しておりません。

②　受贈者について

　　・年齢＝40歳

　　・東京都所在の会社に勤務，協会けんぽ管掌健康保険に加入しているものとします。

　　・被相続人と同居（被相続人の生計一親族に該当）

　　・所得の状況

　　　贈与前の収入は給与のみ，給与の年間収入金額＝5,000千円

　　・所得控除の状況

　　　社会保険料控除＝750千円

　　　基礎控除＝480千円

　　・本シミュレーションにおいて，受贈者の生活費は考慮しておりません。

③　贈与する建物について

　　・贈与物件

　　　固定資産税評価額＝21,400千円

　　　相続税評価額＝15,000千円

　　　年間賃料収入＝10,000千円

　　　贈与建物にかかる必要経費は，固定資産税を含め無いものと仮定しております。
　　　また，賃貸建物に係る預り敷金は考慮外としております。

　　・暦年課税贈与の場合のシミュレーションにおいては，当該贈与は相続開始前7年超
　　　に贈与を行なったものとしております。

　　・相続時精算課税贈与の場合のシミュレーションにおいては，当該贈与は令和6年1
　　　月1日以降の贈与，当該建物以外に相続時精算課税贈与は行われていないものとし
　　　ております。

④　相続税シミュレーションに関する情報

　　・法定相続人＝1人（子）

　　・贈与者の財産

　　　不動産：150百万円（小規模宅地等の特例適用後）

　　　預金　：100百万円（シミュレーションによるキャッシュ加算前の額）

　　・贈与をした建物の敷地について

　　　借地権割合＝70％の地域に所在

相続税評価額

　　　路線価500千円×100㎡＝50,000千円

　　　50,000千円×（1－70％×30％）＝39,500千円

・贈与後の土地の評価額・小規模宅地等の特例について

　　　贈与後は使用貸借により土地を貸し付けているものとしております。

　　　これにより，相続税の課税価格は＋10,500千円（50,000千円△39,500千円）となります。

　　　なお，使用貸借による土地の貸付となりますが，生計一親族の貸付事業用宅地等として，引き続き小規模宅地等の特例（貸付事業用宅地等）の適用はあるものとしております。当該評価額の増加に伴い，小規模宅地等の特例（貸付事業用宅地等）の金額も＋5,250千円となります。

・各種税額控除の適用はないものとしております。

(2)　シミュレーション結果

①　所得税・住民税・贈与税・相続税の比較

	①生前贈与を行わなかった場合	②暦年課税贈与で建物を贈与	③相続時精算課税贈与で建物を贈与
贈与者の所得税・住民税	66,116,000	22,536,000	22,536,000
建物贈与に係る贈与税	0	3,660,000	0
建物贈与/相続に係る登録免許税	85,600	428,000	428,000
建物贈与に係る不動産取得税(概算)	0	642,000	642,000
受贈者の所得税・住民税	3,713,000	38,190,000	38,190,000
相続税	131,942,000	99,996,300	106,251,300
合計	201,856,600	165,452,300	168,047,300
①との差額		-36,404,300	-33,809,300

②　相続財産の増加抑制効果

賃料蓄積額（建物贈与あり）	77,964,000
賃料蓄積額（建物贈与なし）	133,884,000
賃料積み上げ抑制効果	-55,920,000

③　所得税・住民税の軽減効果

（イ）贈与者

建物贈与後の贈与者の所得税・住民税	22,536,000
建物贈与前の贈与者の所得税・住民税	66,116,000
所得税・住民税軽減効果	-43,580,000

（ロ）受贈者

建物贈与後の受贈者の所得税・住民税	38,190,000
建物贈与前の受贈者の所得税・住民税	3,713,000
所得税・住民税軽減効果	34,477,000

（ハ）贈与者・受贈者を通じた所得税・住民税の軽減額
（イ）＋（ロ）＝　　　　　　　　　　　　　-9,103,000

贈与者の所得税・住民税シミュレーション（建物贈与を行わなかった場合）

《所得税・住民税の計算》

	1年目	2年目	3年目	4年目	5年目	6年目	7年目	8年目	9年目	10年目	合計
総収入金額	30,000,000	30,000,000	30,000,000	30,000,000	30,000,000	30,000,000	30,000,000	30,000,000	30,000,000	30,000,000	300,000,000
必要経費	10,000,000	10,000,000	10,000,000	10,000,000	10,000,000	10,000,000	10,000,000	10,000,000	10,000,000	10,000,000	100,000,000
不動産所得	20,000,000	20,000,000	20,000,000	20,000,000	20,000,000	20,000,000	20,000,000	20,000,000	20,000,000	20,000,000	200,000,000
収入金額	900,000	900,000	900,000	900,000	900,000	900,000	900,000	900,000	900,000	900,000	9,000,000
公的年金等控除額	900,000	900,000	900,000	900,000	900,000	900,000	900,000	900,000	900,000	900,000	9,000,000
雑所得(公的年金等)	0	0	0	0	0	0	0	0	0	0	0
社会保険料控除	900,000	900,000	900,000	900,000	900,000	900,000	900,000	900,000	900,000	900,000	9,000,000
基礎控除	480,000	480,000	480,000	480,000	480,000	480,000	480,000	480,000	480,000	480,000	4,800,000
所得控除合計	1,380,000	1,380,000	1,380,000	1,380,000	1,380,000	1,380,000	1,380,000	1,380,000	1,380,000	1,380,000	13,800,000
課税総所得金額	18,620,000	18,620,000	18,620,000	18,620,000	18,620,000	18,620,000	18,620,000	18,620,000	18,620,000	18,620,000	186,200,000
所得税・住民税率	50.840%	50.840%	50.840%	50.840%	50.840%	50.840%	50.840%	50.840%	50.840%	50.840%	
控除金額	2,854,716	2,854,716	2,854,716	2,854,716	2,854,716	2,854,716	2,854,716	2,854,716	2,854,716	2,854,716	
所得税・住民税額	6,611,600	6,611,600	6,611,600	6,611,600	6,611,600	6,611,600	6,611,600	6,611,600	6,611,600	6,611,600	66,116,000

《現金蓄積額の計算》

	1年目	2年目	3年目	4年目	5年目	6年目	7年目	8年目	9年目	10年目	合計
不動産所得	20,000,000	20,000,000	20,000,000	20,000,000	20,000,000	20,000,000	20,000,000	20,000,000	20,000,000	20,000,000	200,000,000
公的年金収入金額	900,000	900,000	900,000	900,000	900,000	900,000	900,000	900,000	900,000	900,000	9,000,000
社会保険料	-900,000	-900,000	-900,000	-900,000	-900,000	-900,000	-900,000	-900,000	-900,000	-900,000	-9,000,000
所得税・住民税	-6,611,600	-6,611,600	-6,611,600	-6,611,600	-6,611,600	-6,611,600	-6,611,600	-6,611,600	-6,611,600	-6,611,600	-66,116,000
資料蓄積額	13,388,400	13,388,400	13,388,400	13,388,400	13,388,400	13,388,400	13,388,400	13,388,400	13,388,400	13,388,400	133,884,000

受贈者の所得税・住民税シミュレーション（建物贈与を行わなかった場合）

《所得税・住民税の計算》

	1年目	2年目	3年目	4年目	5年目	6年目	7年目	8年目	9年目	10年目	合計
収入金額	5,000,000	5,000,000	5,000,000	5,000,000	5,000,000	5,000,000	5,000,000	5,000,000	5,000,000	5,000,000	50,000,000
給与所得控除	1,440,000	1,440,000	1,440,000	1,440,000	1,440,000	1,440,000	1,440,000	1,440,000	1,440,000	1,440,000	14,400,000
給与所得	3,560,000	3,560,000	3,560,000	3,560,000	3,560,000	3,560,000	3,560,000	3,560,000	3,560,000	3,560,000	35,600,000
社会保険料控除	750,000	750,000	750,000	750,000	750,000	750,000	750,000	750,000	750,000	750,000	7,500,000
基礎控除	480,000	480,000	480,000	480,000	480,000	480,000	480,000	480,000	480,000	480,000	4,800,000
所得控除合計	1,230,000	1,230,000	1,230,000	1,230,000	1,230,000	1,230,000	1,230,000	1,230,000	1,230,000	1,230,000	12,300,000
課税総所得金額	2,330,000	2,330,000	2,330,000	2,330,000	2,330,000	2,330,000	2,330,000	2,330,000	2,330,000	2,330,000	23,300,000
所得税・住民税率	20.210%	20.210%	20.210%	20.210%	20.210%	20.210%	20.210%	20.210%	20.210%	20.210%	
控除金額	99,548	99,548	99,548	99,548	99,548	99,548	99,548	99,548	99,548	99,548	
所得税・住民税額	371,300	371,300	371,300	371,300	371,300	371,300	371,300	371,300	371,300	371,300	3,713,000

《現金蓄積額の計算》

	1年目	2年目	3年目	4年目	5年目	6年目	7年目	8年目	9年目	10年目	合計
給与収入	5,000,000	5,000,000	5,000,000	5,000,000	5,000,000	5,000,000	5,000,000	5,000,000	5,000,000	5,000,000	50,000,000
社会保険料	-750,000	-750,000	-750,000	-750,000	-750,000	-750,000	-750,000	-750,000	-750,000	-750,000	-7,500,000
所得税・住民税	-371,300	-371,300	-371,300	-371,300	-371,300	-371,300	-371,300	-371,300	-371,300	-371,300	-3,713,000
資料蓄積額	3,878,700	3,878,700	3,878,700	3,878,700	3,878,700	3,878,700	3,878,700	3,878,700	3,878,700	3,878,700	38,787,000

贈与者の所得税・住民税シミュレーション（建物贈与を行った場合）

《所得税・住民税の計算》

	1年目	2年目	3年目	4年目	5年目	6年目	7年目	8年目	9年目	10年目	合計
総収入金額	20,000,000	20,000,000	20,000,000	20,000,000	20,000,000	20,000,000	20,000,000	20,000,000	20,000,000	20,000,000	200,000,000
必要経費	10,000,000	10,000,000	10,000,000	10,000,000	10,000,000	10,000,000	10,000,000	10,000,000	10,000,000	10,000,000	100,000,000
不動産所得	10,000,000	10,000,000	10,000,000	10,000,000	10,000,000	10,000,000	10,000,000	10,000,000	10,000,000	10,000,000	100,000,000
収入金額	900,000	900,000	900,000	900,000	900,000	900,000	900,000	900,000	900,000	900,000	9,000,000
公的年金等控除額	900,000	900,000	900,000	900,000	900,000	900,000	900,000	900,000	900,000	900,000	9,000,000
雑所得(公的年金等)	0	0	0	0	0	0	0	0	0	0	0
社会保険料控除	850,000	850,000	850,000	850,000	850,000	850,000	850,000	850,000	850,000	850,000	8,500,000
基礎控除	480,000	480,000	480,000	480,000	480,000	480,000	480,000	480,000	480,000	480,000	4,800,000
所得控除合計	1,330,000	1,330,000	1,330,000	1,330,000	1,330,000	1,330,000	1,330,000	1,330,000	1,330,000	1,330,000	13,300,000
課税総所得金額	8,670,000	8,670,000	8,670,000	8,670,000	8,670,000	8,670,000	8,670,000	8,670,000	8,670,000	8,670,000	86,700,000
所得税・住民税率	33.483%	33.483%	33.483%	33.483%	33.483%	33.483%	33.483%	33.483%	33.483%	33.483%	
控除金額	649,356	649,356	649,356	649,356	649,356	649,356	649,356	649,356	649,356	649,356	
所得税・住民税額	2,253,600	2,253,600	2,253,600	2,253,600	2,253,600	2,253,600	2,253,600	2,253,600	2,253,600	2,253,600	22,536,000

《現金蓄積額の計算》

	1年目	2年目	3年目	4年目	5年目	6年目	7年目	8年目	9年目	10年目	合計
不動産所得	10,000,000	10,000,000	10,000,000	10,000,000	10,000,000	10,000,000	10,000,000	10,000,000	10,000,000	10,000,000	100,000,000
公的年金収入金額	900,000	900,000	900,000	900,000	900,000	900,000	900,000	900,000	900,000	900,000	9,000,000
社会保険料	-850,000	-850,000	-850,000	-850,000	-850,000	-850,000	-850,000	-850,000	-850,000	-850,000	-8,500,000
所得税・住民税	-2,253,600	-2,253,600	-2,253,600	-2,253,600	-2,253,600	-2,253,600	-2,253,600	-2,253,600	-2,253,600	-2,253,600	-22,536,000
資料蓄積額	7,796,400	7,796,400	7,796,400	7,796,400	7,796,400	7,796,400	7,796,400	7,796,400	7,796,400	7,796,400	77,964,000

受贈者の所得税・住民税シミュレーション（建物贈与を行った場合）

《所得税・住民税の計算》

	1年目	2年目	3年目	4年目	5年目	6年目	7年目	8年目	9年目	10年目	合計
収入金額	5,000,000	5,000,000	5,000,000	5,000,000	5,000,000	5,000,000	5,000,000	5,000,000	5,000,000	5,000,000	50,000,000
給与所得控除	1,440,000	1,440,000	1,440,000	1,440,000	1,440,000	1,440,000	1,440,000	1,440,000	1,440,000	1,440,000	14,400,000
給与所得	3,560,000	3,560,000	3,560,000	3,560,000	3,560,000	3,560,000	3,560,000	3,560,000	3,560,000	3,560,000	35,600,000
総収入金額	10,000,000	10,000,000	10,000,000	10,000,000	10,000,000	10,000,000	10,000,000	10,000,000	10,000,000	10,000,000	100,000,000
必要経費	0	0	0	0	0	0	0	0	0	0	0
不動産所得	10,000,000	10,000,000	10,000,000	10,000,000	10,000,000	10,000,000	10,000,000	10,000,000	10,000,000	10,000,000	100,000,000
社会保険料控除	750,000	750,000	750,000	750,000	750,000	750,000	750,000	750,000	750,000	750,000	7,500,000
基礎控除	480,000	480,000	480,000	480,000	480,000	480,000	480,000	480,000	480,000	480,000	4,800,000
所得控除合計	1,230,000	1,230,000	1,230,000	1,230,000	1,230,000	1,230,000	1,230,000	1,230,000	1,230,000	1,230,000	12,300,000
課税総所得金額	12,330,000	12,330,000	12,330,000	12,330,000	12,330,000	12,330,000	12,330,000	12,330,000	12,330,000	12,330,000	123,300,000
所得税・住民税率	43.693%	43.693%	43.693%	43.693%	43.693%	43.693%	43.693%	43.693%	43.693%	43.693%	
控除金額	1,568,256	1,568,256	1,568,256	1,568,256	1,568,256	1,568,256	1,568,256	1,568,256	1,568,256	1,568,256	
所得税・住民税額	3,819,000	3,819,000	3,819,000	3,819,000	3,819,000	3,819,000	3,819,000	3,819,000	3,819,000	3,819,000	38,190,000

《現金蓄積額の計算》

	1年目	2年目	3年目	4年目	5年目	6年目	7年目	8年目	9年目	10年目	合計
給与収入	5,000,000	5,000,000	5,000,000	5,000,000	5,000,000	5,000,000	5,000,000	5,000,000	5,000,000	5,000,000	50,000,000
不動産所得	10,000,000	10,000,000	10,000,000	10,000,000	10,000,000	10,000,000	10,000,000	10,000,000	10,000,000	10,000,000	100,000,000
社会保険料	-750,000	-750,000	-750,000	-750,000	-750,000	-750,000	-750,000	-750,000	-750,000	-750,000	-7,500,000
所得税・住民税	-3,819,000	-3,819,000	-3,819,000	-3,819,000	-3,819,000	-3,819,000	-3,819,000	-3,819,000	-3,819,000	-3,819,000	-38,190,000
資料蓄積額	10,431,000	10,431,000	10,431,000	10,431,000	10,431,000	10,431,000	10,431,000	10,431,000	10,431,000	10,431,000	104,310,000

《相続税シミュレーション（建物贈与を行わなかった場合）》

不動産	150,000,000
預金	100,000,000
賃料蓄積額(シミュレーションより)	133,884,000
課税価格合計	383,884,000
基礎控除	-36,000,000
課税遺産総額	347,884,000
相続税率	50%
控除額	-42,000,000
相続税の総額	131,942,000

《相続税シミュレーション（建物について暦年課税贈与を行った場合）》

不動産	150,000,000
建物贈与	-15,000,000
敷地評価額調整	10,500,000
〃小宅(貸事) 調整額	-5,250,000
預金	100,000,000
賃料蓄積額(シミュレーションより)	77,964,000
課税価格合計	318,214,000
基礎控除	-36,000,000
課税遺産総額	282,214,000
相続税率	45%
控除額	-27,000,000
相続税の総額	99,996,300

《相続税シミュレーション（建物について相続時精算課税贈与を行った場合）》

不動産	150,000,000
建物贈与	-1,100,000
敷地評価額調整	10,500,000
〃小宅(貸事) 調整額	-5,250,000
預金	100,000,000
賃料蓄積額(シミュレーションより)	77,964,000
課税価格合計	332,114,000
基礎控除	-36,000,000
課税遺産総額	296,114,000
相続税率	45%
控除額	-27,000,000
相続税の総額	106,251,300

ケース３　企業オーナーに関する事業承継のタックスプランニング

 Q 企業オーナーにおける事業承継の特徴・問題点及び令和５年度税制改正の影響について教えてください。

A 企業オーナー，とりわけ中小企業オーナーは，相続財産のうち事業用財産，特に自社株式の占める割合が多いため，その事業承継においては，①自社株式は財産評価基本通達に基づき評価されることから，業績が好調，業歴の長い企業であるほど財産価値は年々上昇する，②中小企業の自社株式及び事業用資産は後継者に集中させることが望ましく，公平な遺産分割の工夫が必要，③自社株式は後継者における納税資金確保又は遺留分対応の手段としては困難な財産であるなどの問題点があります。

　また，企業オーナーの事業承継対策上，令和５年度税制改正の影響により，①贈与・相続における承継の場合は，相続時精算課税制度活用のさらなる利用拡大が想定される一方，移動時期の検討と株価の定期的なモニタリングは，より早期に開始する必要がある，②第三者承継（M&A等）の場合には，譲渡所得に係る税負担を踏まえ，株式売却を行った企業オーナーの資産運用方針に基づき，再投資によるメリットを享受できるかなどを検討する必要があります。

1　企業オーナーにおける事業承継の特徴・問題点

　事業承継についての対策が何ら行われず，オーナーが相続を迎えたことにより，株式の承継が相続人間で行われる場合には，次のような問題が散見されます。
① 自社株式の相続税法上の財産価値は財産評価基本通達に基づき評価されるため，その計算方法から一般的には業績が好調，また業歴の長い企業であればあるほど自社株式の財産価値は年々上昇する。
② 中小企業の自社株式及び事業用資産（会社土地・建物等）の承継における基本的考え方は，会社運営に直結することから，後継者に集中させることが望ましく，公平な遺産分割のための工夫が必要となる。
③ 自社株式は他の財産に比べて流動性が低く，後継者における納税資金確保又は遺留分対応の手段としては比較的困難な財産である。
　このため，オーナーの意思が反映しやすく，計画的に実施できる生前での事業承継対策が必要とされています。

(1)　財産的価値又は相続税負担を重視した株式承継

　相続人の会社運営に必要な知識が乏しいことに起因して，財産的価値の平等性又は相続税の負担低減などを主眼に置いた株式の承継が行われると，経営に参画しない相続人に株式が承継され，また，後継者が必要とする議決権が少なく，後継者にとっての安定的な経営権の確保がされないことがあります。

　これは自社株式が他の財産に比べて財産の分割がしやすい性質であることから生じるためであり，これにより，将来の株式分散の問題につながります。

(2) 納税資金，遺留分対応資金確保のための会社財産の社外流出

後継者が，納税資金や他の相続人への遺留分対応を考え，現金を確保する場合には，自社株式の現金化を検討する必要が生じます。

この場合，自社株式を第三者へ手放すことは経営権の確保とは逆行した動きになるため，一般的には自社が買い取ること（自己株式の取得）を検討する必要が生じます。しかし，納税資金あるいは遺留分対応資金の確保ための自己株式の取得は，財務基盤がぜい弱な会社にとって，キャッシュ・フロー上の大きな問題となり，後継者が将来的に必要とする経営資源が確保されず，会社経営に悪影響を及ぼす可能性も考慮する必要があります。

2 事業承継における令和5年度税制改正の影響

企業オーナーの事業承継対策上，令和5年度税制改正の影響により，①贈与・相続における承継及び②贈与・相続における承継の場合において，それぞれ次の検討を行う必要があるでしょう。

A 贈与・相続における承継の場合は，相続時精算課税制度活用のさらなる利用拡大が想定される一方，移動時期の検討と株価の定期的なモニタリングは，より早期に開始する必要があります。

B 贈与・相続における承継の場合には，譲渡所得に係る税負担を踏まえ，株式売却を行った企業オーナーの資産運用方針に基づき，再投資によるメリットを享受できるかなどを検討する必要があります。

(1) 相続贈与一体課税と贈与課税方法の選択

中小企業の多くは同族企業であり，その事業承継の多くは，親族内承継が中心です。

親族内で後継者候補を擁立し，親族間対立もなく利害関係が一致している場合には，金銭的負担面から，譲渡に比べ相続又は贈与による承継を選択するケースが一般的です。

特に贈与による承継は，前記の自社株式特有の問題点を考慮しつつ，承継時期などを計画的に決定できることから，事業承継対策上は第一に検討すべき承継方法です。

このときの自社株式の承継に係る贈与税の課税方式（暦年課税，相続時精算課税）の選択の考え方については，不動産や上場株式などの財産のそれと同じといえますが，さらに自社株式については，次の点を考慮する必要があります。

A 将来における株価上昇へのリスクヘッジ

a 暦年課税方式の選択

一般的に暦年課税方式を選択する場合には，贈与税の超過累進課税における累進度合が相続税のそれよりも急であるものの，継続的に長期間かつ低額で贈与をすることで，実効税率ベースで将来の相続税負担率より低い税負担による財産移転を可能とすることができます。

この場合，移転対象となる財産が非上場株式である自社株式についても，当該方法による税負担の低減は可能ですが，それは自社株式の評価額が長期間一定である，あるいは上昇度合が比較的緩やかなどの条件に限定されます。

贈与税及び相続税の課税価格の計算上採用される自社株式の評価は，時価[*3]とさ

れていますが，市場が存在せず取引相場のない非上場株式の評価については，具体的には財産評価基本通達*4に基づき評価することとなります。

　財産評価基本通達に基づく評価方法では，会社の利益及び純資産などの状況により株価が決定されますが，業績が良く，利益や純資産が毎期計上される会社においては，一般的には，①株価は出資額よりも評価額が多額となり更に年々上昇する傾向にある，また，②会社規模（総資産，従業員，売上）の縮小や特殊な状況（連続赤字の発生，特定の資産（株式等・土地等）の割合が多いなど）に該当したときにおいても，従来の評価方法からの変更を余儀なくされ，さらに株価が上昇する可能性がある*5などの性質があります。

　このような非上場株式における株価の性質を考慮し，株価上昇過程における暦年課税贈与の選択は，当初の承継スケジュールを大幅に超えることも考えられ，さらに，今回の税制改正による生前贈与加算期間の延長（7年間）を考慮すると，親子（又は孫）間における贈与に関してはより早期から実施するなど，利用する場面の検討が必要となり，限定して利用せざるを得ないことも考えられます。

b　相続時精算課税方式の選択

　相続時精算課税制度による課税方式は，課税構造上多額の財産を一度に贈与する際の負担額が暦年課税制度よりも低いため，自社株式の贈与においては，他の財産より検討されることが多いです。

　相続時に持戻す自社株式の評価額は，贈与時の価額となる点もメリットがあり，相続時の評価額が贈与時よりも大幅に上昇していたとしても，課税対象となる評価額は固定されているため株価上昇過程における相続財産の増加による負担増加へのリスクヘッジが可能となります。

　さらに，今回の税制改正においては，特別控除額のほか，新たに基礎控除額（年間110万円，相続財産への持戻しなし）が追加されたこともあり，自社株式贈与後に他の財産の追加贈与を行いたいニーズに対しては，相続時精算課税制度への選択のハードルがより下がったといえます。

　その反面，将来的な株価下落が確実に見込まれる場合には相続時精算課税への選択は不利に働くことが多くなります。

　将来的に価値が毀損する可能性が高い財産を，贈与時の価額に固定するメリットはありません。なお，今回の税制改正により盛り込まれる，毀損した相続時精算課税適用財産に関して再評価できる例外的規定は，災害により被害を受けた土地又は建物のみに限定され，自社株式は対象となっていないため，留意する必要があります。

B　自社株式承継による議決権の確保

a　相続時精算課税制度による贈与の選択

---

*3　相法22
*4　財産評価基本通達4178～189－6
*5　具体的には，財産評価基本通達178及び179に基づく会社規模の変更による純資産価額方式による株価を採用する割合の増加や，同通達189に基づく比準要素数1の会社，株式保有特定会社又は土地保有特定会社該当による純資産価額方式により評価すべきケースなどである。

株式会社における株式の権利は，利益配当請求権や残余財産分配請求権としての財産権のほか，株主総会における議決に加わる権利としての議決権があります。

　中小企業は上場企業と比較して，いわゆる「所有と経営」が分離されておらず，会社オーナーが代表取締役などの経営者となるケースがほとんどであり，後継者に議決権を集約させることは，中小企業における事業承継対策の大きなテーマです。

　株価上昇過程において，①早期の株式承継を行いたいが，贈与すべき会社オーナーが比較的若く，会社経営をリタイアするには対外的にまだ早いケースや，②後継者として決定しているものの，経営者としては未熟であり，先代のバックアップなしでは，株式の全てを後継者に承継させることはむしろリスクとされるケースなどもあります。

　このような場合，相続税負担においては早期の移転にメリットを感じつつも，経営支配的視点では不安が生じるジレンマが生じます。

　このような視点で承継方法を考えれば，暦年課税贈与による少額の株式贈与も視野に入るでしょう。

　これに対して，例えば種類株式（議決権制限株式又は拒否権付株式）又は属人的株式を導入し，株式の大半は後継者に承継し，少数の株式に経営支配権を付した株式を先代経営者が継続して所有する形をとることも可能です。

　この場合には一度に大半の株式を贈与することが可能であるため，相続時精算課税制度による贈与のメリットが高いでしょう。

b　金庫株の活用

　財産の占める割合のほとんどが自社株式である場合において，自社株式の評価が低いことから相続税負担を抑えるための贈与を実行するにあたり，遺産分割あるいは遺留分対応の面から，やむを得ず後継者以外の推定相続人に贈与するケースがあります。この場合には，相続時精算課税による選択を検討することになるでしょう。

　例えば，後継者以外の推定相続人が相続時精算課税制度による選択を行った後，贈与者に相続が生じた際には，後継者が合意のもと相続人からその自社株式について自社での買い取り（自己株式の取得「金庫株」）を実施することができれば，相続人は遺留分対応資金を取得できるうえ，結果的に後継者の議決権割合は高まることになります。

　金庫株による譲渡は原則として，みなし配当(総合課税)課税の対象となります*6が，暦年課税贈与による生前贈与加算の対象又は相続時精算課税による持戻しの対象となる株式について，当該金庫株の実施時期が，当該相続の開始があった日の翌日から相続税の申告書の提出期限の翌日以後3年以内である場合には，一定の手続きの下，譲渡対価の全額が株式に係る譲渡所得（分離課税：所得税率15％）*7として課税されるため*8，相続人が取得する譲渡代金の税引後手取り額は，相続時精算課税の選択により，有利となります。

---

* 6　措法37の10，所法89ほか
* 7　所得税のほか，復興特別所得税及び地方税（地方税率5％）が課税される。
* 8　措法9の7

190

C　法人版事業承継税制と相続贈与一体課税の関係性

　平成30年度税制改正から法人版事業承継税制（自社株式の納税猶予及び免除制度）の拡充措置が図られ，中小企業オーナーの関心も高くなっています。当該制度は，自社株式の承継に係る贈与税又は相続税が猶予され，一定の要件を充たすと免除される制度です。

　贈与税の納税猶予に関しては，当初，暦年課税贈与による課税方法に限られていました*9が，平成29年度税制改正において相続時精算課税制度の併用が可能となっています。

　また，拡充措置である贈与税の納税猶予の特例措置*10においては，親子又は祖父母と孫の関係以外の関係性における贈与においても相続時精算課税制度の選択が可能となっています（措法70の2の8）。

　贈与税の納税猶予の適用を受ける場合において，暦年課税制度又は相続時精算課税制度の選択による差異が生じるのは，期限確定事由*11に該当する場合です。なぜなら，贈与者死亡におけるみなし相続*12又は免除事由*13についての取扱いは，どちらの課税方式をとっていても結果として同じになるからです*14。

　期限確定事由に該当した場合には，猶予税額は確定し，全部又は一部を納付することとなり，納付した税額に相当する贈与財産の取扱いはそれぞれの課税方式（暦年課税，相続時精算課税）によります。

　なお，期限確定時における納税額の負担について令和5年度税制改正の影響を考慮した判断基準は，前記と同様の判断基準となります。

(2)　株価低減策の縮小と早期の事業承継計画の策定

　贈与又は相続時における自社株式の評価方法は前記の通り財産評価基本通達に基づき，会社の業績（当期純利益*15）及び純資産などの状況により株価が決定されます。

　すなわち，業績好調の会社において，一時的に利益が圧縮される決算年度が生じた場合において，当該年度の翌年度に贈与が実施されるときは，当該会社の贈与時の株価は他の時期より比較的低くなります。

　例えば，会社代表者であるオーナーが当該代表者を退任するタイミングにおいて，役員退職慰労金を支給する場合には，会社業績は他の時期より一時的に下がり，同時に当該会社の株価も一時的に低くなります。そのタイミングを狙って後継者への株式移動を実施することは，親族内承継におけるオーソドックスな承継方法として挙げられます。

　しかし，すでに会社オーナーへの役員退職金の支給を実施している会社では，当該株価低減のタイミングを逸失しており，事業計画と照らし合わせながら，他の方法により利益が圧縮される時期を検討することとなります。

---

*9　旧措法70の7
*10　措法70の7の5
*11　措法70の7の5，70の7ほか
*12　措法70の7，70の7の3
*13　措法70の7の5〜，70の7
*14　措法70の7の5，70の7九・十
*15　固定資産売却益，保険差益等の非経常的な利益の金額を除く（財産評価基本通達183）。

この場合，会社の利益が圧縮される事象は，退職金支給のほか，次のようなものが挙げられます。

株価が低減する事象の例
・生命保険（役員保険）の加入
・組織再編成に伴うグループ形態の変更
・不良債権の整理，含み損のある会社財産の売却
・オペレーティングリースなどの金融商品への投資
・事業投資による多額の償却費又は経費の算入

上記のうち「先行投資による多額の償却費又は経費の算入」の例でいえば，いわゆる中小企業投資促進税制[16]，あるいは中小企業経営強化税制[17]の対象となる設備を導入することによる特別償却費の計上があります。

令和5年度税制改正においては，それぞれの制度の適用期限が2年延長されたものの，適用を受ける対象資産の範囲から一定のコインランドリー業及び暗号資産マイニング業の用に供する資産が除かれることとなりました。

上記における見直しは，近年増加傾向であった利益圧縮を目的とした法人税の節税スキームに対応するためのものであったと考えられます。

節税スキームを封じる同様の改正は令和4年度税制改正においても実施されている[18]ことから，節税を目的とした資産取得による課税の繰り延べ策は，把握される都度，封じられているといえるでしょう。

よって，節税スキームを用いた短期完結型の株式承継は，税制優遇の趣旨・目的を考えれば，優遇措置の縮小とともに今後も難しくなると思われます。

したがって，会社の事業計画と照らし合わせながら，より早めの事業承継計画を策定する意識が必要となるでしょう。そのためには，承継計画の検討とともに，定期的な株価のモニタリングを心掛けたいところです。

(3) 株式交付制度見直しによる株式集約方法

株式交付とは，株式会社（株式交付親会社）が他の株式会社をその子会社（株式交付子会社）とするために当該他の株式会社の株式を譲り受け，当該株式の譲渡人に対して当該株式の対価として当該株式会社の株式を交付するものです[19]。

これは，株式交換[20]とは異なり，完全子会社とならない範囲において他の会社を子会社化するもので，株式を対価とするM&Aにおいて，効率的に自社株式による買収を行う新しい制度として導入されました。

---
*16　措法42の6
*17　措法42の12の4
*18　令和4年度税制改正では，利益圧縮を目的として，自らが行う事業に使用しない少額な資産（ドローン，建設用足場等）を大量に取得した上で，その取得した資産の貸付けを行う節税スキームへの対応として，少額の減価償却資産の取得価額の損金算入制度（法令133），一括償却資産の損金算入制度（法令133の2），中小企業者等の少額減価償却資産の取得価額の損金算入の特例（措法67の5）について見直しが行われている。
*19　会社法第2条第32号の2
*20　会社法第2条第31号

　当該株式交付に応じ，株式交付子会社となる株式を株式交付親会社へ譲渡した株主に関する課税関係は，令和３年度税制改正により，株式交付の対価が株式交付親会社の株式のみである場合，法人については当該譲渡損益が繰り延べることとされ[21]，個人については，その譲渡がなかったものとみなされます[22][23]。

　株式交付に係る課税関係は同族会社におけるそれについても同様の取扱いとされていたため，企業オーナーが所有する自社株式を同族会社である資産管理会社を通じて間接的に所有することで，個人と法人の課税関係の違いを利用した節税や将来の株式評価上におけるメリットを税負担なしで享受することができました[24]。

　令和５年度税制改正では，課税の繰り延べの対象から「株式交付後に株式交付親会社に該当する場合」を除外されています。

　ここでの「同族会社」とは，法人税法第２条第10号に規定する同族会社，つまり株主等３人以下並びにこれらの同族関係者が，発行済株式総数等の50％超を保有している会社となる。つまり，上記の企業オーナーの資産管理会社が株式交付親会社となる場合には課税対象となります。なお，非同族の同族会社である場合には，従前どおり課税対象外となっています。

図表Ⅲ－１　株式交付制度の見直し

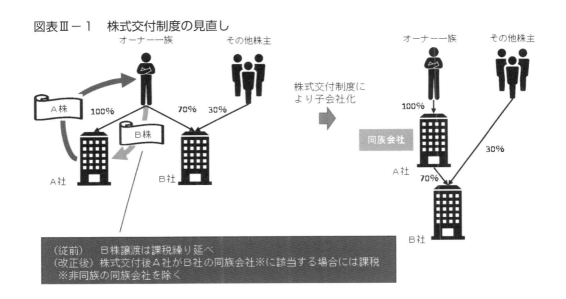

*21　措法66の２
*22　措法37の13の３
*23　株式交付の対価に金銭等が含まれる場合において，株式交付親会社の株式の価額がその対価の総額の100分の80以上であるときは，当該譲渡損益のうち株式交付親会社株式対応部分について，法人は課税が繰り延べられ，個人は譲渡がなかったものとみなされる。
*24　例えば，受取配当金の益金不算入制度の利用（法法23）や非上場株式の評価における会社区分の違いによる類似業種比準方式の採用割合の増加，純資産価額方式計算上の含み益に対する法人税等相当額控除の適用などがあげられる。なお，所得税や相続税の税負担軽減のための株式交付は，組織再編成に係る行為計算否認規定（法法132の２）の範囲に含まれてはいないものの，現物出資の一種であると考えられるため当該規定の適用対象となると考えられる（小竹　義範ほか『令和３年度税制改正の解説租税特別措置法等（法人税関係）の改正』664頁，〔財務省HP，令和３年〕）。

株式の分散化を防止することは，経営権の安定化のため，事業承継対策として検討されるべき課題であり，その解決策として株式交付の利用は期待されるところです。

例えば，オーナー一族で100％ではないが，支配権は有しており，各人が分散して所有する事業会社の場合，当該会社の株式集約策として，オーナー一族の資産管理会社を株式交付親会社として，当該事業会社を子会社化し，当該資産管理会社を安定株主とすることで，事業会社における将来の株式分散化を防ぐ手立てとすることなどが挙げられます。

しかし，今回の税制改正後においてはこのような例では，株式交付により株主に生じる譲渡損益は課税対象とされることとなるため，従来通り，金銭による集約など他の方法と組み合わせながらプランニングすることになります。

(4) M&A 等による第三者承継

A　M&A 等による非上場株式に係る譲渡益課税と所得の高水準化

贈与又は相続による株式承継は，後継者が決定しているケース，とりわけ親族間での承継で取り扱うことが多いですが，最近の事業承継事案では後継者確保が難しく，第三者への承継が検討されることが珍しくなくなってきています。

第三者への承継は，MBO（Management Buy Out：役員などの経営陣による買収），EBO（Employee Buy Out：従業員による買収），M&A（Merger And Acquisition：第三者による合併・買収）などがあげられます。

事業を譲渡するオーナーと買主との関係性により，事業の譲渡方法や譲渡価格は異なりますが，他の法人又は個人への株式売却による承継の場合には，企業オーナーはこれまでの経営利得としてのキャピタルゲイン（株式譲渡益）を有することとなります。

当該，非上場株式等に係る株式譲渡益の税務上の取扱いは，原則として所得税の計算上，分離課税*25とされます*26。

なお，当該譲渡益と損益通算できる譲渡損は，非上場株式等又は一般公社債等に係るものとされており，上場株式等に係る譲渡損との通算はできません*27。

令和5年度税制改正により，極めて高い水準の所得について最低限の負担を求めるための措置（本章　ケース1参照）が導入されています。

次の試算例によると，試算1では，分離課税所得のみを有する個人で10億円以上の所得を有する場合には，今回の改正措置の適用を受けることになります。これに対して，同額の分離課税所得のみを有する個人でも，給与所得などの総合課税所得がある場合には追加課税負担が生じません。

---

*25　所得税率15％，復興特別所得税及び地方税（地方税率5％）が課税されます。
*26　所法33，措法37の10
*27　措法37の11，37の12の2，なお，平成27年12月31日以前の非上場株式等の譲渡益については，上場株式等に係る譲渡損等と損益通算することが可能でした。

図表Ⅲ－2　極めて高い水準の所得に対する負担の適正化と具体的試算

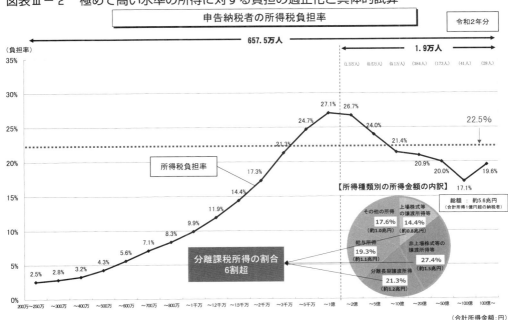

（備考）　令和2年分の国税庁「申告所得税標本調査（税務統計から見た申告所得税の実態）」より筆者加筆。
（注1）　所得金額があっても申告増税額のない者（例えば還付申告書を提出した者）は含まれていません。また，源泉分離課税の所得や申告不要を選択した所得も含まれていません。
（注2）　円グラフの「株式等の譲渡所得等」のうち「上場株式等」及び「非上場株式等」の内訳は，分離課税（株式譲渡所得，配当所得，先物取引所得）の所得金額が1,000万円超である者のうち合計所得金額1億円超のものの確定申告書データにおける比率を用いて，財務省において機械的に計算したものです。
（出典）　『第19回税制調査会（2022年10月18日）財務省参考資料（個人所得課税）』に一部加筆
　　　　　https：//www.cao.go.jp/zei-cho/content/4zen19kai2.pdf〔内閣府HP，2022年10月時点〕）
　　　　　なお，上記試算は復興特別所得税及び住民税を省略しています。

＜試算例＞
［試算1：分離課税所得（15％）のみ10億円］
（1）　10億円×15％＝150,000千円
（2）　（10億円－3.3億円）×22.5％＝150,750千円
（3）　(2)＞(1)　∴追加税額　750千円
［試算2：上記に加え総合課税所得1億円］
（1）　イ　1億円×45％－4,796千円＝40,204千円
　　　　ロ　10億円×15％＝150,000千円
　　　　ハ　イ＋ロ＝190,204千円
（2）　（11億円－3.3億円）×22.5％＝173,250千円
（3）　(2)＞(1)　∴追加税額なし
　　（注）　上記試算は概算額であり，復興特別所得税を除いています。

これは試算の一例であり，他の要素も必要とされることから断言できることできませんが，経営をリタイアしたオーナー株主がM&A等により得たキャピタルゲインについて，当該措置の適用を受ける可能性が出てきます。

　特に優良な中小，中堅企業の企業買収において株式を譲渡した企業オーナーに多額の譲渡益が発生されることが想定されるケースでは，オーナー株主のタックスプランニングについて特に留意する必要があります。

B　株式譲渡益を利用したスタートアップ・エコシステムへの再投資

　M&A等により多額の譲渡代金を得たオーナーの資金使途は，そのオーナーの状況に応じて様々ですが，将来の相続に備える又は資産運用面におけるポートフォリオを再構築するため，不動産，金融商品，アセット等に再投資するケースが少なくありません。また，自ら新規事業を新たに起ち上げて経営を行うこともあります。

　一方で，我が国の国際競争力は著しく低下し，持続的な成長を実現させるためには，科学技術によるイノベーションの推進が不可欠であり，その担い手であるスタートアップの支援が必要とされています。

　政府は2022年末「スタートアップ育成5か年計画」を策定，令和5年度税制改正では，スタートアップ・エコシステムの抜本的強化のための税制措置が行われています。

　そこで，オーナーがM&A等により得た株式譲渡益を，スタートアップ・エコシステムに関連する投資へ振り向ける場合には，一定の譲渡益の額を非課税とすることができ，タックスプランニング上有利に働くこととなります。

図表Ⅲ－3　スタートアップ再投資に係る非課税措置

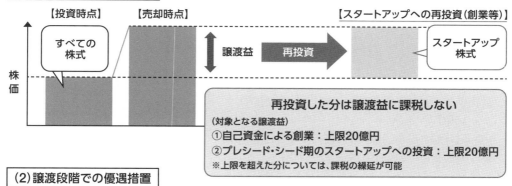

●上記スタートアップ株式の売却により損失が生じたときは、その年の他の株式譲渡益からその損失額を控除可能。
●さらに、控除しきれなかった損失額は、翌年以降3年間にわたって、繰越控除が可能。
　（出典）　『「令和5年度税制改正」（令和5年3月）1個人所得課税』より抜粋 https：//www.mof.
　　　　go.jp/tax_policy/publication/brochure/zeisei23/01.html#a02〔財務省HP〕）

a　スタートアップ再投資に係る非課税措置

　令和5年度税制改正で新設された「スタートアップ再投資に係る非課税措置」は，オーナーが株式を譲渡した後，自己資金による創業や，プレシード・シード期のスタートアップに対して再投資を行った場合には，当該譲渡により生じた譲渡所得等

の金額から，当該再投資の取得に要した金額の合計額を控除することができる制度です。

　なお，新規取得した株式の取得価額は，当該譲渡益のうち20億円までは課税の繰り延べの対象とならず非課税とされ，20億円を超える場合には，その超えた譲渡益相当分が課税の繰り延べの対象となり，将来のスタートアップ株式の売却時に課税されます。

　また，譲渡損が生じ，他の株式譲渡益と相殺できない場合には，3年間に渡り繰越控除が可能です。

　スタートアップ再投資に係る非課税措置における取得対象となる株式の要件は，次のとおりです。

主な取得対象株式の要件
・設立の日以後の期間が1年未満の中小企業者である
・販売費及び一般管理費の出資に対する割合が100の30を超える等であること
・特定の株主グループの保有株式数が発行済株式総数の100分の99を超える会社でないこと
・上場会社でないこと
・発行済株式総数の2分の1を超える数の株式を一の大規模法人及びその大規模法人と特殊関係にある法人に所有されている法人でないこと
・風俗営業等に該当する事業を行う会社でないこと

ｂ　エンジェル税制の拡充措置

　再投資による株式譲渡益を圧縮する制度として，エンジェル税制*28（措法37の13ほか）があります。

　令和5年度税制改正によりスタートアップ再投資に係る非課税措置と同様に，新規取得した株式の取得価額について，上限20億円までは課税の繰り延べの対象とせず，超えた譲渡益相当額を課税の繰り延べの対象とる見直しが行われました。当該制度の適用のためには，これまでのエンジェル税制の要件に加え，次の要件が追加されています。

主な追加要件
・その設立の日以後の期間が5年未満であること
・設立後の各事業年度の営業損益金額が零未満であること
・当該各事業年度の売上高が零であること又は前事業年度の試験研究費その他中小

---

*28　一定の要件を満たした中小企業者である株式会社に対して個人が出資した場合に，所得控除（以下「優遇措置A」という）又はその年の他の株式譲渡益からの控除（以下「優遇措置B」という）のいずれかが選択可能な制度である。ここでは「優遇措置B」について述べることとする。なお，「優遇税制A」についても，上記にある「外部からの投資を1／6以上取り入れていること」に関する要件の緩和及び添付書類の緩和について，「優遇税制B」の内容と同様の改正が行われる予定である。

企業等経営強化法施行令第3条第1項に規定する費用の合計額の出資金額に対する割合が100分の30を超えること
・その他の要件を満たすこと

　なお，上記の追加要件を充たした場合には，これまでのエンジェル税制の要件のうち，「外部からの投資を1／6以上取り入れていること」については，1／20以上に緩和されました。

　また，適用対象となる会社に該当するための株式会社に係る確認手続において，一定の書類については都道府県知事へ提出する申請書への添付を要しないことなどの手続の簡素化に関する改正も行われています。

　令和5年度税制改正では非課税枠（20億円）の新設のほか，一定の要件を充たすことで，スタートアップ再投資に係る非課税措置では自己資金での創業が可能になり，エンジェル税制では外部資本参加要件の緩和が行われているため，企業オーナー自らが次の事業に参画しやすい環境を整えられてきており，新たに次のステージを目指したい意思がある場合には検討すべき内容と思われます。

　ただし，株式譲渡益の圧縮は，株式譲渡年における投資に限られることから，M&Aの成立が年末に近い場合には注意が必要です。

第Ⅳ章

相続税・贈与税の各種特例 Q&A 解説

ポイント

① 相続税・贈与税のタックスプランニングにおいては，次の各種特例の検討が不可避である。

② 小規模宅地等の特例……一定の要件を満たす宅地等についてその評価額を50％又は80％評価減できるため，ぜひとも活用したい特例

③ 住宅取得等資金贈与の非課税制度……孫への贈与により２代にわたり相続税負担の軽減ができる，相続開始前３年以内の贈与であっても相続税の課税対象外といったメリットあり，小規模宅地等の特例のいわゆる「家なき子」特例の適用を受けることができなくなる点に留意

④ 教育資金贈与の非課税制度は……孫への贈与により２代にわたり相続税負担の軽減ができるといったメリットあり，その拠出時期に応じ管理残額の相続税の計算への取り込み，相続税の２割加算，終了時の贈与税計算に適用する税率（特例税率／一般税率）が異なる点に留意

⑤ 結婚・子育て資金の一括贈与の非課税制度……その拠出時期にかかわらず管理残額が相続税の計算に取り込まれる，その拠出時期に応じ相続税の２割加算，終了時の贈与税計算に適用する税率（特例税率／一般税率）が異なる点に留意

⑥ おしどり贈与……相続開始後の配偶者の住居確保が可能といったメリットあり，贈与による取得となるため不動産取得税や登録免許税といった移転コスト，配偶者の税額軽減・小規模宅地等の特例に制限が生じうる点に留意

⑦ 生命保険金の非課税制度……受取人が相続人の場合のみ適用，生命保険のその特性は納税資金対策や争族対策などに有用

⑧ 公益法人への寄付……相続税の課税対象とならないものの，相続税の不当減少の有無，法人の措置法40条の承認有無を把握し，事前にその課税関係を整理

Ⅰ　小規模宅地等の特例制度

Q1　小規模宅地等の特例制度の概要を説明してください。

ポイント

1　小規模宅地等の特例の適用対象者

⇨　相続又は遺贈により財産を取得した被相続人の親族（配偶者並びに被相続人の6親等以内の血族及び3親等以内の姻族）

2　対象財産

⇨　原則として相続開始の直前において被相続人等の事業の用又は居住の用に供されていた宅地等で，建物等の敷地の用に供されているもの

3　分割要件

⇨　原則として相続税の申告期限までに遺産分割されていない宅地等については適用されない。

解説

1　制度の概要

　小規模宅地等の課税価格の計算の特例（「小規模宅地等の特例」といいます）とは，個人が相続又は遺贈（死因贈与を含みます）により取得した財産のうちに，相続開始の直前において被相続人又は被相続人と生計を一にしていた被相続人の親族（「被相続人等」といいます）の事業の用*1又は居住の用*2に供されていた宅地等*3で，建物等*4の敷地の用に供されているもの*5（「特例対象宅地等」といいます）がある場合に，その特例対象宅地等のうち，その個人が取得した特例対象宅地等又はその一部で，この特例の適用を受けるものとして選択したもの（「選択特例対象宅地等」といいます）について適用される制度です。

　小規模宅地等の特例が適用できる宅地の面積，及び，相続税の課税価格に算入する価額は，次の区分に応じた面積・価額となります（措法69の4①②）。

(1)　特定居住用宅地等である小規模宅地等

⇨　選択特例対象宅地等の面積の合計が330㎡以下であること

➡　その価額*6の20％相当額

(2)　特定事業用宅地等又は特定同族会社事業用宅地等である小規模宅地等

⇨　選択特例対象宅地等の面積の合計が400㎡以下であること

＊1　事業と称するには至らない不動産の貸付けその他これに類する行為で相当の対価を得て継続的に行うもの（「準事業」といいます。）が含まれます。
　　また，郵便窓口業務を行う郵便局の敷地の用を含みます（郵政民営化法180①）。
＊2　要介護認定等を受けていた被相続人が老人ホーム等に入居したことにより相続開始の直前において当該被相続人の居住の用に供されていなかった場合におけるその居住の用に供されなくなる直前の当該被相続人の居住の用を含みます。
＊3　土地又は土地の上に存する権利をいいますが，棚卸資産及び準棚卸資産に該当するものは除かれます。
＊4　建物又は構築物をいいます。
＊5　農地及び採草放牧地を除きます。
＊6　自用地，貸宅地，貸家建付地等として評価した価額

➡　その価額の20％相当額

(3)　貸付事業用宅地等である小規模宅地等

⇨　選択特例対象宅地等が貸付事業用宅地等のみである場合には，その面積の合計が200㎡以下であること

⇨　選択特例対象宅地等として貸付事業用宅地等の他に上記(1)又は(2)の宅地等がある場合には，次の計算式で算定した面積の合計が200㎡以下であること

➡　その価額の50％相当額

※　なお，被相続人の配偶者が被相続人の所有する建物に民法1028条（配偶者居住権）１項に規定する配偶者居住権を設定した場合には，同時に，その建物を利用するのに必要な範囲において，その建物の敷地について利用する権利も取得しますが，この権利についてもこの特例の適用があります（措令40の2⑥）。

2　不適用財産等

(1)　適用できない財産

小規模宅地等の特例は，次の財産については適用されません（措法69の4⑥，措通69の4－1）。

①　相続開始前3年以内に贈与があった場合に相続税の課税価格に加算される財産（相法19）

②　相続時精算課税制度の適用を受ける贈与財産（相法21の15，21の16）

③　個人の事業用資産について贈与税の納税猶予制度の適用を受ける贈与財産（措法70の6の8①）

④　個人の事業用資産について相続税の納税猶予制度の適用を受ける相続財産（措法70の6の10①）

(2)　適用できない場合

小規模宅地等の特例は，次の者については適用されません（措通69の4－39）。

・被相続人から相続若しくは遺贈又は相続時精算課税に係る贈与により財産を取得したいずれかの者が，当該被相続人である平成21年改正法附則64条7項に規定する特定同族株式等贈与者から，平成20年12月31日以前に相続時精算課税に係る贈与により取得した同条6項に規定する特定同族株式等について，平成21年改正前措置法70条の3の3第1項又は平成21年改正前措置法70条の3の4第1項の規定の適用を受けている場合における当該被相続人から相続若しくは遺贈又は相続時精算課税に係る贈与により財産を取得したすべての者

3　分割要件

小規模宅地等の特例は，原則として相続税の申告期限までに相続人等によって遺産分割しなければ適用することができません。

しかし，次のいずれかに該当する場合には，その分割された日の翌日から4か月以内に更正の請求をすることによりこの特例の適用が受けられます（措法69の4④⑤）。

①　申告期限から3年以内に分割された場合

②　申告期限から3年以内に分割されないことについて，やむを得ない事情があり，税務署長の承認を受けた場合で，分割できることとなった日として定められた一定の日

の翌日から4か月以内に分割されたとき

4　申告手続

　この特例の適用を受けるためには，相続税の申告書（期限後申告書及び修正申告書を含みます。）にその適用を受ける旨を記載及び計算に関する明細書その他所定の書類を添付する必要があります（措法69の4⑦，措規23の2⑧）。

　また，特例対象宅地等を相続又は遺贈により取得した個人が2人以上いる場合には，この特例の適用を受けるものとする特例対象宅地等の選択について，その取得した個人全員の同意が必要とされています。さらに，特例対象宅地等を取得した者のほかに相続又は遺贈により特定計画山林（措法69の5①）を取得した個人がいる場合などには，その取得した個人全員の同意も必要となります（措法69の4①，措令40の2⑤）。

Q2　親の居宅に係る敷地を子が相続により取得することを予定している場合において，小規模宅地等の特例制度を適用するための留意点について教えてください。

ポイント

1　被相続人の居宅に係る敷地は，①被相続人の配偶者，②被相続人と同居していた被相続人の親族，③「家なき子」が相続又は遺贈により取得した場合に，特定居住用宅地等に該当し，小規模宅地等の特例が適用可

2　「被相続人と同居していた被相続人の親族」が，被相続人の居住の用に供されていた宅地等を相続又は遺贈により取得した場合には，相続税の申告期限まで居住継続要件や保有継続要件などを満たすときに限り，その宅地等は特定居住用宅地等に該当し，小規模宅地等の特例が適用可

3　「被相続人と同居していた被相続人の親族」が，区分所有建物である旨の登記がされている被相続人の居住建物に係る敷地について小規模宅地等の特例を受けるためには，被相続人が居住の用に供されていた部分に居住していることが要件

4　「家なき子」として小規模宅地等の特例の適用を受けようとする者は，相続開始前3年以内に，①自分自身，②その配偶者，③三親等内の親族，④自己と特別の関係がある法人が所有する家屋に居住したことがないことなどが要件

解説

1　特定居住用宅地等

　被相続人等*7の居宅に係る敷地については，特定居住用宅地等として，小規模宅地等の特例の対象となります。

　特定居住用宅地等とは，相続開始の直前において被相続人等の居住の用に供されていた宅地等*8で，①被相続人の配偶者が相続又は遺贈により取得した持分の割合に応じる部分，又は，②次に掲げる(1)又は(2)の宅地等の区分に応じ，それぞれに掲げる要件を満たす被相続人の親族（被相続人の配偶者を除きます）が相続又は遺贈により取得した持分の割合に応ずる部分をいいます（措法69の4③二，措令40の2⑪⑫）。

＊7　被相続人又は被相続人と生計を一にしていた被相続人の親族
＊8　その宅地等が二以上ある場合には，主として居住の用に供されていた宅地等など一定のものに限ります。

　なお，被相続人の居住の用に供されていた宅地等には，被相続人が区分所有登記である旨の登記がなされていない１棟の建物に居住していた場合には，その建物の敷地のうち被相続人の居住の用に供されていた部分に加え，その建物に居住していた被相続人の親族（被相続人と生計を一にする被相続人の親族であるかどうかは問いません）の居住の用に供されていた部分も含まれます（措令40の４④⑬二）。

(1)　被相続人の居住の用に供されていた宅地等である場合

　A　被相続人と同居していた被相続人の親族であること

　　　この「被相続人と同居していた被相続人の親族」とは，被相続人の親族が相続開始の直前においてその宅地等の上に存する被相続人の居住の用に供されていた１棟の建物に居住していた者であって，相続開始時から相続税の申告期限[9]まで引き続きその宅地等を有し，かつ，その建物に居住している被相続人の親族をいいます（措法69の４③二イ）。

　　　なお，上記の被相続人の親族とは，被相続人の居住の用に供されていた１棟の建物が，区分所有建物である旨の登記がされている建物である場合には，被相続人の居住の用に供されていた部分に居住していた者をいい，それ以外の建物[10]である場合には，被相続人又は被相続人の親族の居住の用に供されていた部分に居住していた者をいいます（措令40の２⑬）。

　B　家なき子であること

　　　この「家なき子」とは，持家を有しない次に掲げる全ての要件を満たす被相続人の親族をいいます（措法69の４③二ロ，措令40の２⑭⑮，措規23の２④，措通69の４−21）。

　　①　無制限納税義務者又は制限納税義務者のうち日本国籍を有する者であること

　　②　被相続人の配偶者がいないこと

　　③　相続開始の直前において被相続人の居住の用に供されていた家屋[11]に居住していた被相続人の相続人[12]がいないこと

　　④　相続開始前３年以内に日本国内にある自己，自己の配偶者，自己の三親等内の親族又は自己と特別の関係がある法人が所有する家屋[13]に居住したことがないこと

　　⑤　被相続人の相続開始時に自己が居住している家屋（日本国外にある家屋も含みます。）を相続開始前のいずれの時においても所有していたことがないこと

　　⑥　相続開始時から相続税の申告期限まで引き続きその宅地等を有していること

(2)　被相続人と生計を一にする被相続人の親族の居住の用に供されていた宅地等である場合

　被相続人と生計を一にしていた被相続人の親族で，相続開始時から相続税の申告期限

＊９　その親族が申告期限までに死亡した場合には，その死亡の日をいいます。

＊10　区分所有建物である旨の登記がされていないもの

＊11　当該家屋がマンションや区分構造になっている二世帯住宅（区分所有登記の有無を問いません。）などについては，被相続人の居住している独立部分をいいます。

＊12　相続の放棄があった場合には，その放棄がなかったものとした場合における相続人をいいます。

＊13　相続開始の直前において被相続人の居住の用に供されていた家屋を除きます。

まで引き続きその宅地等を有し，かつ，相続開始前から相続税の申告期限まで引き続きその宅地等を自己の居住の用に供していること（措法69の4③二ハ）

2 親の居宅に係る敷地を子が相続により取得する場合の留意点

親の居宅に係る敷地を子が相続により取得することを予定している場合において，その宅地に対して小規模宅地等の特例制度を適用するには，子が「被相続人と同居していた被相続人の親族」又は「家なき子」であることのいずれかが必要となります。

(1) 同居要件の留意点①

同居していた親族が小規模宅地等の特例を受けるためには，被相続人の居住の用に供されていた1棟の建物に居住（同居）していた者であって，相続開始時から相続税の申告期限まで引き続きその宅地等を有し，かつ，その建物に居住していることが要件とされています（措法69の4③二イ）。

この場合，その親族が被相続人と同居していたか否かについては，次の事実を総合勘案して判断すべきものとして解されています*14。

① その者の日常生活の状況
② その建物への入居目的
③ その建物の構造及び設備の状況
④ 生活の本拠となるべき他の建物の有無その他の事実

したがって，被相続人宅とは別に居宅があり，日中のみ被相続人宅で被相続人を介護していた場合や，相続開始後は被相続人宅とは別の居宅で日常生活を営んでいた場合には「同居」要件を満たさないことに留意する必要があります。

(2) 同居要件の留意点②

同居していた親族が区分所有建物である旨の登記がされている被相続人の居住建物に係る敷地について小規模宅地等の特例を受けるためには，被相続人が居住の用に供されていた部分に居住することが要件とされています（措令40の2⑬）。

例えば，1・2階を行き来できる二世代住宅で1階に両親が2階に子世帯が住み，建築当初は子が融資を受けるため区分所有登記していたものの，融資を完済し区分所有登記の必要性がなくなった場合には，区分所有登記を抹消し共有名義とすることにより，上記の同居要件を満たすことになります。

(3) 「家なき子」要件の留意点

同居していない子であっても，自己所有の居宅がないなど「家なき子」に該当する場合には，小規模宅地等の特例を適用することができます（措法69の4③二ロ，措令40の2⑭⑮，措規23の2④，措通69の4−21）。

ただし，「家なき子」は，上記1(1)Bに掲げる各種の要件を満たすことが必要となります。

特に，「家なき子」として小規模宅地等の特例の適用を受けようとする者は，相続開始前3年以内に，日本国内にある次の者が所有する家屋に，居住したことがないことが要件とされているので，留意する必要があります。

---

*14 平28.6.6東裁（諸）平27−142（非公表裁決）

① 自分自身
② その配偶者
③ 三親等内の親族
④ 自己と特別の関係がある法人

　また，相続開始時に自己が居住している家屋を，相続開始前のいずれの時においても所有していたことがないことも要件とされていますので，併せて留意しておく必要があります（上記 1 (1)B の④及び⑤参照）。

Ⅱ　住宅取得等資金贈与の非課税制度

Q 3　住宅取得等資金贈与の非課税制度の概要を説明してください。

ポイント

1　直系尊属（父・母・祖父母等）から，住宅用家屋の新築・取得・増改築等にあてるための贈与が対象
2　適用期限は，2023（令和 5 ）年12月31日までの贈与
3　受贈者が贈与を受けた年の合計所得金額が2,000万円（新築等をする住宅用の家屋の床面積が50㎡未満の場合は，1,000万円）を超える場合は，本制度の適用不可
4　贈与を受けた年の翌年 3 月15日までに住宅取得等資金の全額を充てて住宅用の家屋の新築等をすることが必要
5　住宅取得等資金を充てて新築等をした住宅用家屋が省エネ等住宅である場合は1,000万円，省エネ等住宅以外である場合は500万円が非課税の限度額

解説

1　制度の概要

　住宅取得等資金贈与の非課税制度とは，2022（令和 4 ）年 1 月 1 日から2023（令和 5 ）年12月31日までの間に，直系尊属（父・母・祖父母等）から，自己の居住の用にするための住宅用家屋の新築*15・取得・増改築等にあてるため，住宅取得等資金の贈与を受けた場合において，下記の適用要件を満たすときは，最大1,000万円まで贈与税が非課税となる制度です（措法70の 2 ，措令40の 4 の 2 ，措規23の 5 の 2 ）。

2　適用要件

　次の各要件を満たす必要があります。

(1)　贈与者の要件

　受贈者の直系尊属であること

(2)　受贈者の要件

　①　受贈者が贈与時に日本国内に住所を有すること*16

　　なお，贈与を受けた時に日本国内に住所を有しない者であっても，一定の場合には，この特例の適用を受けることができます。

　②　受贈者が贈与時に贈与者の直系卑属であること

---

*15　先行してその敷地の用に供される土地等を取得する場合のその土地等の取得も含みます。
*16　受贈者が一時居住者であり，かつ，贈与者が外国人贈与者または非居住贈与者である場合を除きます。

③　受贈者が贈与年の1月1日において18歳以上であること

④　受贈者が贈与を受けた年の合計所得金額が2,000万円以下（新築等をする住宅用の家屋の床面積が50㎡未満の場合は，1,000万円以下）であること

⑤　2009年（平成21年）から2021年（令和3年）までの間に，「住宅取得等資金の非課税」制度の適用を受けたことがないこと

⑥　自己の配偶者，親族などの一定の特別の関係がある人から住宅用の家屋の取得をしたものではないこと，またはこれらの方との請負契約等により新築もしくは増改築等をしたものではないこと

⑦　贈与を受けた年の翌年3月15日までに住宅取得等資金の全額を充てて住宅用の家屋の新築等をすること

⑧　贈与を受けた年の翌年3月15日までにその家屋に居住すること，または同日後遅滞なくその家屋に居住することが確実であると見込まれること

　　なお，贈与を受けた年の翌年12月31日までにその家屋に居住していないときは，この特例の適用を受けることはできませんので，その場合には，修正申告が必要となります。

(3)　**住宅取得等資金の範囲**

　　住宅取得等資金とは，受贈者が自己の居住の用に供する家屋の新築・取得または自己の居住の用に供している家屋の増改築等の対価に充てるための金銭をいいます。

　　なお，これらの家屋の敷地の用に供される土地・借地権の取得についても当該既定の適用があります。

　　また，住宅用家屋の新築（住宅取得等資金の贈与年の翌年3月15日までに行われたものに限ります）の場合には，その新築に先行して行われる，その敷地の用に供される土地や借地権の取得についても当該規定の適用があります。

(4)　**居住用家屋・増改築等の要件**

　A　居住用家屋の要件

　　a　床面積の2分の1以上に相当する部分が専ら居住の用に供されるものであること

　　b　国内にあること

　　c　家屋の登記簿上の床面積（区分所有の場合には，その区分所有する部分の床面積）が40㎡以上240㎡以下であること

　　d　中古家屋を購入する場合には，上記a～cのほか，次のいずれかの要件を満たした場合

　　　①　地震に対する安全性に係る基準に適合するものとして，一定の「耐震基準適合証明書」「建設住宅性能評価書の写し」または既存住宅売買瑕疵担保責任保険契約が締結されていることを証する書類により証明されたものであること

　　　②　昭和57年1月1日以後に建築されたものであること

　B　増改築等の要件

　　a　日本国内で行われる工事であること

　　b　増改築等の工事に要した費用が100万円以上であること。また，居住用部分の

工事費が全体の工事費の2分の1以上であること

c　増改築等後の家屋の床面積の2分の1以上に相当する部分が専ら居住の用に供されること

d　増改築等後の家屋の登記簿上の床面積（区分所有の場合には，その区分所有する部分の床面積）が40㎡以上240㎡以下であること

e　増改築等に係る工事が，自己が所有し，かつ居住している家屋に対して行われたもので，一定の工事に該当することについて，「確認済証の写し」，「検査済証の写し」または「増改築等工事証明書」などの書類により証明されたものであること

(5)　非課税限度額

受贈者ごとの非課税限度額は，次の区分に応じた金額となります。

①　住宅取得等資金を充てて新築等をした住宅用家屋が省エネ等住宅*17である場合
…1,000万円

②　住宅取得等資金を充てて新築等をした住宅用家屋が省エネ等住宅以外である場合
…500万円

チェック！

［住宅取得等資金贈与のメリット］

○祖父母から孫に住宅取得等資金の贈与を行うことにより，相続税課税を二世代にわたって軽減することができます。

○住宅取得等資金の贈与の非課税制度は，暦年課税贈与による基礎控除額（110万円）と併せて適用することができます。

○住宅取得等資金の贈与（非課税適用となった金額のみ）については，暦年課税贈与を行ったとしても相続税の課税価格に加算されません（相続開始前3年以内の贈与であっても相続税の課税対象外となります）。

［住宅取得等資金贈与のデメリット］

●住宅取得等資金の贈与の非課税制度を利用して子が住宅を取得した場合，親の居住用住宅の敷地に係る小規模宅地等の特例制度の適用ができなくなるおそれが生じます。

Q4　住宅ローン返済資金に住宅取得等資金贈与の非課税制度を適用できますか。

ポイント

住宅ローン返済資金に対しては住宅取得等資金贈与の非課税制度は適用不可

解説

1　制度の概要

---

*17　「省エネ等住宅」とは，①エネルギーの使用の合理化に著しく資する住宅用家屋，②地震に対する安全性に係る基準に適合する住宅用家屋又は③高齢者等が自立した日常生活を営むに必要な構造及び設備の基準に適合する住宅用家屋を言います。

住宅取得等資金贈与の非課税制度とは，2022（令和 4 ）年 1 月 1 日から2023（令和 5 ）年12月31日までの間に，直系尊属（父・母・祖父母等）から，住宅用家屋の新築・取得・増改築等にあてるため，住宅取得等資金の贈与を受けた場合には，最大1,000万円まで贈与税が非課税となる制度です（措法70の 2 ，措令40の 4 の 2 ，措規23の 5 の 2 ）。

2　住宅取得等資金の範囲

　住宅取得等資金贈与の非課税制度の対象となる住宅取得等資金とは，受贈者が自己の居住の用に供する家屋の新築・取得または自己の居住の用に供している家屋の増改築等の対価に充てるための金銭をいいます（措法70の 2 ②五，措令40の 4 の 2 ⑦）。

　この住宅取得等資金には，既に住宅等を取得するために借入れを行った住宅ローン返済資金は含まれておりません。

　よって，住宅ローン返済資金に対しては，住宅取得等資金贈与の非課税制度を適用できないこととなります。

Ⅲ　教育資金の一括贈与の非課税制度

Q 5 　教育資金の一括贈与の非課税制度の概要を説明してください。

ポイント

1　父母，祖父母等から，教育資金に充てるため金融機関等との一定の契約に基づく贈与が対象
2　適用期限は，2026（令和 8 ）年 3 月31日までの贈与
3　信託受益権または金銭等の価額のうち，1,500万円まで（塾や習い事など，学校等以外の者に支払われる費用については500万円まで）の金額につき贈与税が非課税
4　子や孫などの受贈者は，国外に居住していても，また，外国国籍であっても対象
5　契約期間中に贈与者が死亡した場合の残額は贈与者から相続等により取得したものとみなされ，また，受贈者が 2 割加算対象者の場合には 2 割加算の対象
6　原則として，受贈者が30歳に達した場合の残額は，贈与があったこととされ，特例税率（2023（令和 5 ）年 4 月 1 日以降に取得する信託受益権等に対しては一般税率）で贈与税の計算

解説

1　制度の概要

　教育資金の一括贈与の非課税制度とは，2013（平成25）年 4 月 1 日から2026（令和 8 ）年 3 月31日までの間に，30歳未満，かつ，贈与が行われる前年の合計所得金額が1,000万円以下の子や孫などの直系卑属である受贈者が，教育資金に充てるため，信託銀行など金融機関等との一定の契約に基づき，直系尊属（父・母・祖父母等）から，①信託受益権を付与された場合，②贈与により取得した金銭を預貯金として預け入れた場合，③贈与により取得した金銭等で，証券会社等で有価証券を購入した場合には，これらの信託受益権または金銭等の価額のうち1,500万円まで（塾や習い事など，学校等以外の者に支払われる費用については500万円まで）の金額は，教育資金非課税申告書を取扱金融機関等の営業所等を経由して受贈者の納税地の所轄税務署長に提出することにより，

贈与税が非課税となる制度です（措法70の2の2）。受贈者は，日本国内に住所を有する者や日本国籍を有する者といった制限はないため，国外に居住する者や外国国籍の者も対象となります。

なお，契約期間中に贈与者が死亡した場合には，原則として，その死亡日における非課税拠出額から教育資金支出額を控除した残額に一定の調整計算を行った管理残額を，贈与者から相続等により取得したものとみなされます*18。この際，受贈者が2割加算対象者の場合には，2割加算も行われます（措法70の2の2⑫，相法18）。

また，受贈者が30歳に達するなどにより，教育資金口座に係る契約が終了した場合で，非課税拠出額から教育資金支出額を控除した残額があるときは，その残額はその契約終了時に贈与があったこととされ，特例税率（2023（令和5）年4月1日以降に取得する信託受益権等に対しては，一般税率）で贈与税の計算を行います（措法70の2の2⑰，措法70の2の5）。

2　対象となる教育資金

教育資金の一括贈与の非課税制度の対象となる教育資金とは，次のものとされています（措法70の2の2②，措令40の4の3⑥～⑧，措規23の5の3②～③）。

(1)　**学校等***19**に対して直接支払われる次のような金銭**

①　入学金，授業料，入園料，保育料，施設設備費または入学（園）試験の検定料など

②　学用品費，修学旅行費，学校給食費など学校等における教育に伴って必要な費用など

(2)　**学校等以外に対して直接支払われる次のような金銭で社会通念上相当と認められるもの***20

イ　役務提供または指導を行う者（学習塾や水泳教室など）に直接支払われるもの

①　教育（学習塾，そろばんなど）に関する役務の提供の対価や施設の使用料など

②　スポーツ（水泳，野球など）または文化芸術に関する活動（ピアノ，絵画など）その他教養の向上のための活動に係る指導への対価など

③　①の役務提供または②の指導で使用する物品の購入に要する金銭

ロ　イ以外（物品の販売店など）に支払われるもの

①　(1)②に充てるための金銭であって，学校等が必要と認めたもの

②　通学定期券代

---

*18　贈与者の死亡日において受贈者が23歳未満である場合，学校等に在学している場合や2019年（平成31年）4月1日以後に取得した信託受益権または金銭等がない場合など，一定の場合には相続等により取得したこととされません（ただし，2023年（令和5年）4月1日以降に取得する信託受益権等に対しては，贈与者が死亡した場合において，贈与者の相続税の課税価格の合計額が5億円を超えるときは，受贈者が23歳未満等の場合であっても，非課税拠出額の残額を相続等により取得したものとみなされます）。

*19　「学校等」とは，学校教育法上の幼稚園，小・中学校，義務教育学校，高等学校，中等教育学校，特別支援学校，高等専門学校，大学，大学院，専修学校，各種学校，外国の教育施設〔外国にあるもの〕その国の学校教育制度に位置づけられている学校，日本人学校，私立在外教育施設，〔国内にあるもの〕インターナショナルスクール（国際的な認証機関に認証されたもの），外国人学校（文部科学大臣が高校相当として指定したもの），外国大学の日本校，国際連合大学），認定こども園または保育所などをいいます。

*20　2019年（令和元年）7月1日以降，23歳以上の受贈者については，教育訓練給付金の支給対象となる教育訓練を受講するための費用に限定されています。

② 留学渡航費，学校等に入学・転入学・編入学するために必要となった転居の際の交通費

3　贈与税の非課税の対象となる教育資金との関係

扶養義務者間で教育費にあてるためにされた贈与で通常必要と認められるものは，贈与税が非課税とされています（相法21の３）。

教育費として必要な額の贈与は，贈与税の非課税規定により贈与税の課税対象とはなりません。

ただし，教育資金の一括贈与の非課税制度による贈与は，今後生じ得るであろう教育資金を一括で贈与することができることがメリットとなります。

> **チェック！**
>
> ［教育資金の一括贈与のメリット］
> ○祖父母から孫に教育資金の贈与を行うことにより，相続税課税を二世代にわたって軽減することができます。
> ○教育資金の一括贈与による非課税制度は，暦年贈与による基礎控除額(110万円)とはあわせて適用することができます。
> ○教育資金の一括贈与による非課税制度については，相続開始前３年（2024（令和６）年１月１日以降の贈与は７年）以内であっても相続税の課税対象外となります。
> ○贈与者が意志能力を有するときに本制度による贈与を行うことで，将来の認知症対策となります。
>
> ［教育資金の一括贈与のデメリット］
> ●原則として，受贈者が30歳に達したのちに残額があるときは，その残額に贈与税が課税されます。
> ●2021（令和３）年４月１日以後の贈与で，受贈者が贈与者の子以外（孫など）の者である場合には，管理残額に相当する相続税額について，相続税額が２割加算されます。

Q6　教育資金の一括贈与の非課税制度でパソコン購入は可能でしょうか。

ポイント

1　教育資金の一括贈与の非課税制度の対象となる教育資金とは，学校等に対して直接支払われる①入学金，授業料，入園料，保育料，施設設備費または入学（園）試験の検定料，②学用品費，修学旅行費，学校給食費など学校等における教育に伴って必要な費用，③教育・スポーツ・文化芸術に関する活動その他教養の向上のための活動に係る役務の提供・指導への対価や施設の使用料など

2　オンライン授業に伴うパソコンについては，制度の対象

解説

1　対象となる教育資金

　教育資金の一括贈与の非課税制度の対象となる教育資金とは，学校等に対して直接支払われる①入学金，授業料，入園料，保育料，施設設備費または入学（園）試験の検定料など，②学用品費，修学旅行費，学校給食費など学校等における教育に伴って必要な費用など，③教育（学習塾，そろばんなど）・スポーツ（水泳，野球など）・文化芸術に関する活動（ピアノ，絵画など）その他教養の向上のための活動に係る役務の提供・指導への対価や施設の使用料など社会通念上相当と認められるものとなっています（措法70の2の2②，措令40の4の3⑥～⑧，措規23の5の3②～③）。

2　学用品など

　上記1のうち，②の学校等における教育に伴って必要な費用で，学生等の全部又は大部分が支払うべきものと当該学校等が認めたものは，500万円までの非課税の対象になります。

　これには，教科書，副教材費，教科教材費などが含まれます。

　パソコンについても，オンライン授業に伴うものであれば対象になるとされています。

　なお，この場合，業者からの領収書等に加え，学校等からの資料*21も金融機関に提出する必要があります（令和5年4月1日現在「教育資金の一括贈与に係る贈与税非課税措置に（「教育資金」及び「学校等」の範囲）に関するQ&A」文部科学省Q3－1）。

Q7　祖父母が孫の教育資金を負担した場合，教育資金の一括贈与の非課税制度を使わなければ贈与税の課税対象となるのでしょうか。

ポイント

1　父母や祖父母（扶養義務者）から生活費又は教育費に充てるために贈与を受けた財産のうち「通常必要と認められるもの」については，本来，贈与税の非課税対象
2　扶養義務者が生活費や教育費を贈与する場合には，必要な都度直接これらの用にあてるために贈与したものに限定
3　将来の教育資金のために贈与するのであれば，教育資金の一括贈与の非課税制度を使わなければ贈与税の課税対象

解説

1　贈与税の非課税となる生活費等

　父母や祖父母（扶養義務者*22）から生活費又は教育費に充てるために贈与を受けた財産のうち「通常必要と認められるもの」については，贈与税の課税対象となりません（相法1の2，21の3①二，相基通1の2－1）。

　なお，「教育費」とは，被扶養者（子や孫）の教育上通常必要と認められる学資，教材費，文具費等をいい，義務教育費に限られません（相基通21の3－4）。

---

*21　「学校等からの資料等」とは，年度や学期の始めに配付されるプリント，学校便り，教科書購入票，シラバス，学校案内，学校のHP等となります。この資料等には，学校等の名称，用途・費目が記載され，業者を通じての購入や支払を依頼していることが必要とされています（「教育資金」及び「学校等」の範囲）に関するQ&A」文部科学省Q3－4）。
*22　「扶養義務者」とは，配偶者，直系血族，兄弟姉妹，家庭裁判所の審判を受けて扶養義務者となった三親等内の親族，三親等内の親族で生計を一にする者とされています。
　なお，扶養義務者に該当するかどうかは，贈与の時の状況により判断します。

2　都度贈与の要件

　扶養義務者等が生活費や教育費を贈与する場合には，必要な都度直接これらの用にあてるために贈与したものに限られます（相基通21の3－5）。

　よって，扶養義務者が将来に必要となるであろう教育資金のため，予めまとまった金額を子や孫名義の預金に入金（贈与）した場合，その入金（贈与）は，非課税となる生活費等には該当しないこととなります。

3　本件における贈与

　祖父母が孫の教育資金を負担した場合，必要な都度，贈与したものである場合にはその贈与は非課税となりますが，将来の教育資金のために贈与するのであれば，教育資金の一括贈与の非課税制度を使わなければ贈与税の課税対象となります。

Ⅳ　結婚・子育て資金の一括贈与の非課税制度

Q8　結婚・子育て資金の一括贈与の非課税制度の概要を説明してください。

ポイント

1　18歳以上50歳未満の方が，結婚・子育て資金に充てるため，父母，祖父母等から受けた金融機関等との一定の契約に基づく贈与が対象

2　適用期限は，2025（令和7）年3月31日までの贈与

3　信託受益権または金銭等の価額のうち，1,000万円までの金額につき贈与税が非課税

4　子や孫などの受贈者は，国外に居住していても，また，外国国籍であっても対象

5　契約期間中に贈与者が死亡した場合の残額は贈与者から相続等により取得したものとみなされ，また，受贈者が2割加算対象者の場合には2割加算の対象

6　受贈者が50歳に達した場合の残額は，贈与があったこととされ，特例税率（2023（令和5）年4月1日以降に取得する信託受益権等に対しては一般税率）で贈与税を計算

解説

1　制度の概要

　結婚・子育て資金の一括贈与制度とは，2015（平成27）年4月1日から2025（令和7）年3月31日までの間に，18歳以上50歳未満の方（以下，受贈者）が，結婚・子育て資金に充てるため，金融機関等との一定の契約に基づき，直系尊属から「信託受益権を付与された場合」「贈与により取得した金銭を銀行等に預入をした場合」「贈与により取得した金銭等で証券会社等で有価証券を購入した場合」には，これらの信託受益権または金銭等の価額のうち1,000万円までの金額に相当する部分の価額については，取扱金融機関の営業所等を経由して結婚・子育て資金非課税申告書を提出することにより贈与税が非課税となる制度です（措法70の2の3，措令40の4の4，措規23の5の4）。受贈者は，日本国内に住所を有する者や日本国籍を有する者といった制限はないため，国外に居住する者や外国国籍の者も対象となります。

　ただし，信託受益権または金銭等を取得した日の属する年の前年分の所得税に係る合計所得金額が1,000万円を超える場合には，この非課税制度の適用を受けることができ

ません。

　なお，契約期間中に贈与者が死亡した場合には，死亡日における非課税拠出額から結婚・子育て資金支出額を控除した残額を，贈与者から相続等により取得したこととされます。この際，受贈者が２割加算対象者の場合には，２割加算も行われます。

　また，受贈者が50歳に達することなどにより，結婚・子育て資金口座に係る契約が終了した場合には，非課税拠出額から結婚・子育て資金支出額を控除（管理残額がある場合には，管理残額も控除します）した残額があるときは，その残額はその契約終了時に贈与があったこととされます。

　さらに，2021（令和３）年４月１日以後にその贈与者から取得をした信託受益権または金銭等がある場合には，その取得分に対応する管理残額に相当する相続税額について，相続税額の２割加算の規定が適用されます。

チェック！

［結婚・子育て資金の一括贈与のメリット］
○祖父母から孫に教育資金の贈与を行うことにより，相続税課税を二世代にわたって軽減することができます。
○結婚・子育て資金の一括贈与による非課税制度は，暦年贈与による基礎控除額（110万円）とはあわせて適用することができます。
○結婚・子育て資金の一括贈与による非課税制度については，相続開始前３年（2024（令和６）年１月１日以降の贈与は７年）以内であっても相続税の課税価格への加算対象外となります（ただし，相続開始時に管理残額がある場合には，相続等により取得したものとみなされます）。
○贈与者が意志能力を有するときに本制度による贈与を行うことで，将来の認知症対策となります。

［結婚・子育て資金の一括贈与のデメリット］
●受贈者が50歳に達したのちに残額があるときは，その残額に贈与税が課税されます。
●2021（令和３）年４月１日以後の贈与で，受贈者が贈与者の子以外（孫など）の者である場合には，管理残額に相当する相続税額について，相続税額が２割加算されます。

Q9　親が子の結婚資金を負担した場合，結婚子育て資金の非課税制度を使わなければ贈与税の課税対象となるのでしょうか。

ポイント

1　父母や祖父母（扶養義務者）から生活費又は教育費に充てるために贈与を受けた財産のうち「通常必要と認められるもの」については，本来，贈与税の課税対象外
2　婚姻に当たって，子が親から婚姻後の生活を営むために，通常の日常生活を営むのに必要な家具什器等の贈与を受けた場合等には，贈与税の課税対象外

3　将来の結婚・子育て資金のために贈与するのであれば，結婚・子育て資金の一括贈
　与の非課税制度を使わなければ贈与税の課税対象

解説

1　贈与税の非課税となる生活費等

　父母や祖父母（扶養義務者*23）から生活費又は教育費に充てるために贈与を受けた
財産のうち「通常必要と認められるもの」については，贈与税の課税対象となりません
（相法1の2，21の3①二，相基通1の2-1）。

　なお，「生活費」とは，その者の通常の日常生活を営むのに必要な費用（教育費を除
きます。）をいいます。また，治療費や養育費その他これらに準ずるもの（保険金又は
損害賠償金により補てんされる部分の金額を除きます）を含みます。（相基通21の3-
3）。

2　結婚資金の贈与

　婚姻に当たって，子が親から婚姻後の生活を営むために，家具，寝具，家電製品等の
通常の日常生活を営むのに必要な家具什器等の贈与を受けた場合，又はそれらの購入費
用に充てるために金銭の贈与を受け，その全額を家具什器等の購入費用に充てた場合等
には，贈与税の課税対象とはなりません。

　ただし，贈与を受けた金銭が預貯金となっている場合，株式や家屋の購入費用に充て
られた場合等のように，その生活費（家具什器等の購入費用）に充てられなかった部分
については，贈与税の課税対象となります*24。

3　結婚式費用の負担

　結婚式や披露宴の費用を，誰がどのように負担するかについては，当事者の考え，父
母・祖父母の想いを踏まえ，結婚式や披露宴の内容，招待客，親族・地域の慣習などに
よって決まってくるものと考えられます。

　よって，当事者の考え，父母・祖父母の想いを踏まえ，結婚式や披露宴の費用を分担
している場合には，その負担が父母・祖父母であっても，当事者に対する贈与には当た
らず，よって，その負担は贈与税の課税対象となりません*25。

4　本件における贈与

　親が子の結婚資金を負担した場合において，その負担が婚姻後の生活を営むために，
通常の日常生活を営むのに必要な家具什器等の贈与を受けたもの，また，結婚式・披露
宴の費用を分担しているものである場合には，結婚子育て資金の非課税制度を使わなく
とも贈与税の課税対象とはならないものと考えられます。

　ただし，贈与した金銭が預貯金などになっている場合には贈与税の課税対象となるの
で，このような場合には結婚子育て資金の非課税制度を使うことが好ましいでしょう。

---

*23　「扶養義務者」とは，配偶者，直系血族，兄弟姉妹，家庭裁判所の審判を受けて扶養義務者となった三
　親等内の親族，三親等内の親族で生計を一にする者とされています。
　　なお，扶養義務者に該当するかどうかは，贈与の時の状況により判断します。
*24　「扶養義務者（父母や祖父母）から「生活費」又は「教育費」の贈与を受けた場合の贈与税に関する
　Q&A」について（情報）」平25.12.12国税庁資産課税課情報Q2-1
*25　前掲24情報Q2-2

Ⅴ　おしどり贈与（贈与税の配偶者控除の特例）制度

Q10　おしどり贈与（贈与税の配偶者控除の特例）制度の概要を説明してください。

ポイント

1　婚姻期間が20年以上の配偶者間での居住用不動産の贈与等は，おしどり贈与制度により，最大で2,000万円を控除
2　おしどり贈与は，相続税の生前贈与加算の対象外
3　おしどり贈与により共有名義とすることで，自宅を譲渡したときに双方に3,000万円控除が適用でき，譲渡所得税を節税

解説

1　制度の概要

　贈与税の配偶者控除制度（おしどり贈与）とは，婚姻期間が20年以上の配偶者間での居住用不動産の贈与等について，課税価格から最大で2,000万円を控除する制度です（相法21の6，相令4の6，相規9）。

　なお，年間110万円の基礎控除は別途適用することができますので，おしどり贈与の適用を受ければ，最大で2,110万円まで無税で居住用不動産やその取得資金を贈与することができます。

　また，通常，相続開始前3年以内（2024（令和6）年以降の贈与については7年以内）に行われた贈与の場合，贈与分の金額を相続財産に加算しなければなりませんが，おしどり贈与は相続財産への加算が不要です（2,000万円を超える部分の金額については生前贈与加算の対象となります）。

　ただし，おしどり贈与制度は，同じ配偶者からの贈与については一生に一度しか適用を受けることができません。

2　適用要件

　おしどり贈与の適用要件は次のとおりとなります（相法21の6）。
① 婚姻期間が20年以上である夫婦間で贈与が行われたこと
② 配偶者から取得した財産が，配偶者自ら住むための国内の居住用不動産であること，または，居住用不動産を購入するための金銭であること
③ 贈与年の翌年の3月15日までに贈与により取得した国内の居住用不動産または贈与を受けた金銭で取得した国内の居住用不動産に受贈者が現実に住んでおり，その後も引き続き住む見込みであること

チェック！

［おしどり贈与のメリット］
○生前贈与加算の心配なく贈与することができます。
○相続発生後も配偶者の住居を確保できます。
○おしどり贈与により共有名義とすることで，自宅を譲渡したときに双方に3,000

万円控除が適用でき，譲渡所得税の節税となります。

［おしどり贈与のデメリット］

● 相続で取得した場合には非課税・軽減税率の適用となる不動産取得税・登録免許税の負担が増えます。

● 贈与された配偶者が先に亡くなり，その相続税負担が増えるリスクが発生します。

● 本来贈与する者が所有していれば，その者の相続発生時に適用できる配偶者軽減や小規模宅地等の特例について，制限を受けることとなります。

Q11 住民票を異動させていない居宅について，おしどり贈与を適用できるのでしょうか。

ポイント

1 おしどり贈与の適用を受ける際には，①戸籍謄本または抄本，②戸籍の附票の写し，③居住用不動産の登記事項証明書その他の書類で贈与を受けた人がその居住用不動産を取得したことを証するものの提出が必要

2 提出書類には，「住民票」は含まれていないが，その不動産に住民票は異動していなくとも，「居住用不動産」であることを立証できる書類を準備しておくことが望ましい

解説

1 おしどり贈与の適用要件

贈与税の配偶者控除制度（おしどり贈与）とは，婚姻期間が20年以上の配偶者間での居住用不動産の贈与等について，課税価格から最大で2,000万円を控除する制度です（相法21の6）。

おしどり贈与の適用要件は次のとおりとなります。

① 婚姻期間が20年以上である夫婦間で贈与が行われたこと

② 配偶者から取得した財産が，配偶者自ら住むための国内の居住用不動産であること，または，居住用不動産を購入するための金銭であること

③ 贈与年の翌年の3月15日までに贈与により取得した国内の居住用不動産または贈与を受けた金銭で取得した国内の居住用不動産に受贈者が現実に住んでおり，その後も引き続き住む見込みであること

2 提出書類

おしどり贈与の適用を受けるには，次の書類を提出することとされています（相規9，国税庁タックスアンサー No.4452）。

① 財産の贈与を受けた日から10日を経過した日以後に作成された戸籍謄本または抄本

② 財産の贈与を受けた日から10日を経過した日以後に作成された戸籍の附票の写し

③ 居住用不動産の登記事項証明書その他の書類で贈与を受けた人がその居住用不動産を取得したことを証するもの

なお，土地・建物の登記事項証明書については，贈与税の申告書に不動産番号を記載することなどにより，その添付を省略することができます。

　また，金銭ではなく居住用不動産の贈与を受けた場合は，上記の書類のほかに，その居住用不動産を評価するための書類（固定資産評価証明書など）が必要となります。

3　本件における取扱い

　おしどり贈与を適用する際に提出すべき書類には，上記2のように「住民票」は含まれていません。

　しかし，おしどり贈与制度は，「配偶者間での居住用不動産の贈与等」に対する特例ですので，その不動産に住民票は異動していなくとも，「居住用不動産」であることを立証できる書類を準備しておくことが望ましいでしょう。

　また，逆に「居住用不動産」でない住宅に住民票を異動させおしどり贈与の適用を受けようとする行為は，仮装隠ぺい行為となり，重加算税の対象となりかねませんので，注意が必要です。

Q12　おしどり贈与により贈与した居宅に係る敷地に対して，贈与者が亡くなった場合，小規模宅地等の特例制度を適用できるのでしょうか。

ポイント

1　小規模宅地等の特例の対象財産は，被相続人等の事業の用又は居住の用に供されていた宅地等で，建物等の敷地の用に供されている被相続人が所有していたもの
2　おしどり贈与により，建物のみ贈与され，その敷地は贈与者である被相続人が所有していた場合には，小規模宅地等の特例は適用可能

解説

1　小規模宅地等の特例の要件

　小規模宅地等の課税価格の計算の特例（「小規模宅地等の特例」といいます）とは，個人が相続又は遺贈（死因贈与を含みます）により取得した財産のうちに，相続開始の直前において被相続人又は被相続人と生計を一にしていた被相続人の親族（「被相続人等」といいます）の事業の用又は居住の用に供されていた宅地等で，建物等の敷地の用に供されているもの（「特例対象宅地等」といいます）がある場合に，その特例対象宅地等のうち，その個人が取得した特例対象宅地等又はその一部で，この特例の適用を受けるものとして選択したものについて適用される制度です（措法69の4）（Q1参照）。

　この場合，被相続人だけではなく，被相続人と生計を一にしていた被相続人の親族に係る居宅に係る敷地についても，特定居住用宅地等として，小規模宅地等の特例の対象となります。

2　本件における取扱い

　本件においては，おしどり贈与により贈与されたのが居宅だけなのか（その敷地は贈与者が引き続き所有している），居宅及びその敷地なのかの2つのケースによって，取扱いが変わることとなります。

(1)　おしどり贈与により贈与されたのは居宅のみ（その敷地は贈与者が引き続き所有）

　おしどり贈与により居宅（建物）のみ贈与され，その敷地は贈与者が引き続き所有し，夫婦が引き続きその居宅に居住していた場合において，贈与者が亡くなった場合には，被相続人の居宅に係る敷地に対するものですから，その建物の所有者如何に関わらず，

小規模宅地等の特例制度を適用できます（ただし，夫婦間で地代のやり取りがないことを前提とします）。

(2) おしどり贈与により贈与されたのは居宅及びその敷地

おしどり贈与により居宅（建物）及びその敷地が贈与され，夫婦が引き続きその居宅に居住していた場合において，贈与者が亡くなった場合には，被相続人の居宅に係る敷地は贈与された配偶者の所有に係るものですから，被相続人の相続財産とはならず，その敷地に対して，小規模宅地等の特例制度を適用できません。

なお，この場合において，被相続人が賃貸住宅などを所有していれば，居宅に係る敷地に対しては小規模宅地等の特例は適用できませんが，その賃貸住宅に係る敷地に対して，貸付事業用宅地として小規模宅地等の特例が適用できることとなります。

Ⅵ　生命保険金等の非課税制度

Q13　生命保険金等の非課税制度の概要を説明してください。

ポイント

1　生命保険の保険料の全部または一部を被相続人が負担していた場合には，相続税の課税対象
2　死亡保険金のうち，受取人が相続人である場合で，非課税額（500万円×法定相続人の数）を超える部分に相続税が課税

解説

1　生命保険金の非課税制度の概要

生命保険の保険料の全部または一部を被相続人が負担していた場合には，相続税の課税対象となります（次表参照）。

この死亡保険金のうち，受取人が相続人（相続を放棄した人や相続権を失った人は含めず）である場合で，全ての相続人が，受け取った保険金の合計額が次の非課税限度額を超える時には，その超える部分に相続税が課税されます（相法12①五）。

非課税限度額（非課税枠）　＝　500万円×法定相続人の数

なお，法定相続人の数は，相続の放棄をした人がいる場合，その放棄がなかったものとした場合における相続人の数とします。

また，法定相続人の中に養子がいる場合，被相続人に実子がいる場合には養子のうち1人を法定相続人に含め，実子がいない場合には養子のうち2人を法定相続人に含めて計算することとなります（相法15②）。

[保険契約・支払い・受取人別課税対応]

	契約者	保険料負担者	被保険者	保険金・権利受取人	税金の種類	納税者	相続財産の種類	非課税制度適用
ケース1	父	父	父	子	相続税	子（受取人）	みなし財産	有
ケース2	子	父	子	子	相続税	子（受取人）	みなし財産	無
ケース3	父	父	子	子	相続税	権利取得者	本来財産	無
ケース4	母	母	父	子	贈与税	子（受取人）	―	―
ケース5	子	子	子	子	所得税等	子（受取人）	―	―

2　生命保険金の非課税制度の対象者

　生命保険の非課税制度を適用できるのは，生命保険の受取人が相続人の場合です。

　よって，受取人が相続人以外の人の場合には，その死亡保険金は非課税枠の制度は適用されません。

チェック！

［生命保険の他のメリット］

○納税資金対策：相続財産に占める不動産の割合が高く，相続税を金銭で納付することが困難な場合，死亡保険金は，みなし相続財産で，受取人固有の財産となり，計画的に納税資金を残すことができます。

○争族対策：現物分割が困難な場合，その代償金の支払いのため特定の者に死亡保険金で，その資金にすることができます。

※　生命保険の契約者：子，被保険者：親，保険金受取人：子とした保険契約を締結し，その保険料相当額を毎年親から子に贈与し，子が保険料を払い込んだ場合において，子（納税者）から保険料の支払資金は親から贈与を受けた現金を充てていた旨の主張があった場合には，その死亡保険金や満期保険金は，一時所得として所得税等の対象となります。

※　生命保険契約の存在がわからない場合，「生命保険契約照会制度」を活用できます。（https：www.seiho.or.jp/contact/inquiry/）

Q14　個人年金保険の契約者の相続開始により，その受給権が相続人に引き継がれた場合，生命保険金等の非課税制度は適用できるのでしょうか。

ポイント

1　生命保険の非課税制度は，生命保険の保険料を被相続人が負担し，かつ，その死亡保険金のうち，受取人が相続人である場合に適用される制度

2　個人年金保険の受給権の相続人への引き継ぎは，その受給権が相続財産となり，生命保険金の非課税制度は適用不可

解説

1　生命保険金の非課税制度の概要

　生命保険の非課税制度は，生命保険の保険料の全部または一部を被相続人が負担し，

かつ，その死亡保険金のうち，受取人が相続人（相続を放棄した人や相続権を失った人は含めず）である場合に次の金額つき適用される制度です（相法12①五）。

非課税限度額（非課税枠） ＝ 500万円×法定相続人の数

2 本件における取扱い

個人年金保険の契約者の相続開始により，その受給権が相続人に引き継がれた場合，死亡保険金が相続人に支払われるのではなく，その受給権が相続財産となり，相続人に引き継がれることとなります。

よって，生命保険金の非課税制度の対象外となり，同制度は適用できないこととなります。

Q15 死亡保険金の受取人を子から孫に変更した場合，生命保険金等の非課税制度は適用できるのでしょうか。

ポイント

1 生命保険の受取人が相続人以外の人の場合には，その死亡保険金に対して，非課税制度は適用不可
2 孫が養子として相続人となっている場合や，既に子が亡くなり，孫が代襲相続人になっている場合には，生命保険の非課税制度が適用可能

解説

1 生命保険金の非課税制度の対象者

生命保険の非課税制度を適用できるのは，生命保険の受取人が相続人の場合です。

よって，受取人が相続人以外の人の場合には，その死亡保険金に対して，非課税制度は適用されません（相法12①五）。

2 本件における取扱い

死亡保険金の受取人を子から孫に変更した場合において，その孫が相続人でない場合には，生命保険の非課税制度は適用できないこととなります。

ただし，孫が養子として相続人にとなっている場合や，既に子が亡くなり，孫が代襲相続人になっている場合には，生命保険の非課税制度が適用できることとなります。

Ⅶ 公益法人への寄附

Q16 自分が亡くなればその財産を公益法人に寄付したいと考えていますが，その額は相続財産から減額できるのでしょうか。

ポイント

1 遺言書により公益法人に遺贈した場合，相続税の課税対象外
ただし，公益法人ではない持分の定めのない法人に対し遺贈した場合で，親族などの相続税の負担が不当に減少する場合には，その法人に対し相続税が課税
2 公益法人への財産の遺贈において，国税庁長官の承認を受けるための申請書を提出した場合には，譲渡所得が課税されない特例あり

3　相続や遺贈によって取得した財産を，相続人や受遺者が公益法人に寄附した場合は，その寄附をした財産や支出した金銭は相続税を非課税とする特例あり

解説

　相続財産の公益法人への寄付は，遺言書による遺贈と，相続人等による相続財産の寄附の2パターンがあり，いずれの場合も，その遺贈（寄附）金額を相続税の対象としないことができます。

1　遺言書による公益法人への遺贈

(1)　相続税

　財産を遺言書により，法人に遺贈した場合，相続税の課税対象とはなりません（相法1の3）。

　なお，公益社団法人や公益財団法人などの公益法人に対する遺贈も，上記の「法人」に含まれることから，相続税の対象とはなりません。

　ただし，一般社団法人，一般財団法人，医療法人，宗教法人など，公益法人ではない持分の定めのない法人に対し遺贈があった場合において，当該遺贈をした者の親族などの相続税の負担が不当に減少する場合には，持分の定めのない法人が財産を取得したものとみなして，相続税が課せられます（相法66④）。

　なお，持分の定めのない法人への贈与等が不当に減少する結果になるか否かの判定は，次のフロー図の通りとなります。

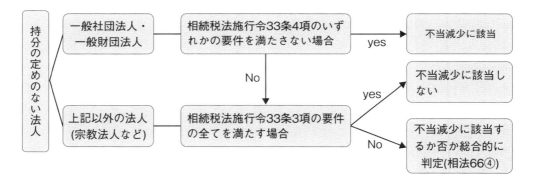

(2)　譲渡所得税

　個人が法人に財産を遺贈した場合，その財産を時価で譲渡したものとみなされて譲渡所得税が課税されます（所法59）。

　ただし，公益法人への財産の遺贈において，遺贈した財産が遺贈した日から2年以内にその公益法人の公益を目的とする事業の用に直接使われるなどの要件を満たし，国税庁長官の承認を受けるための申請書を提出した場合には，譲渡所得税が課税されない特例があります。

　なお，寄附をした日から2年以内にその公益法人の公益を目的とする事業の用に直接使われなかった場合や，いったんその公益法人の公益を目的とする事業の用に直接使われたもののその後にその公益法人の公益を目的とする事業の用に直接使うのをやめた場合などは，国税庁長官の承認が取り消され，財産を寄附した者または財産の寄附を受け

た公益法人に所得税が課税されます（措法40，措令25の17，措規18の19）。

2　相続人による相続財産の公益法人への寄附

　相続や遺贈によって取得した財産を，相続税の申告期限までに，国，地方公共団体，公益を目的とする事業を行う特定の法人または認定非営利活動法人（認定 NPO 法人）に寄附した場合は，その寄附をした財産や支出した金銭は相続税の対象としない特例があります（措法70，措令40の 3 ，40の 4 ，措規23の 3 ，23の 4 ，23の 5 ）。

　なお，寄附先は，国，地方公共団体，教育や科学の振興などに貢献することが著しいと認められる公益を目的とする事業を行う特定の法人（以下「特定の公益法人」といいます）であることが要件とされています。

　また，特定の公益法人の範囲は独立行政法人や社会福祉法人などに限定されており，寄附の時点で既に設立されているものでなければなりません。

　ただし，財産を寄附した人または寄附した人の親族などが，寄附を受けた特定の公益法人などを利用して特別の利益を受けている場合は，特例の適用を受けることができません。

　本特例の適用においても，公益法人への財産の寄附において，寄附した財産が寄附した日から 2 年以内にその公益法人の公益を目的とする事業の用に直接使われるなどの要件を満たし，国税庁長官の承認を受けるための申請書を提出した場合には，譲渡所得が課税されない特例があります（措法40，措令25の17，措規18の19）（上記 1 (2)参照）。

【著者紹介】

河合　厚（かわい・あつし）

税理士・税理士法人チェスター東京本店代表兼審査部部長，東京国際大学特任教授。

国税庁出身で，国税庁個人課税課課長補佐（審理担当），税務大学校専門教育部主任教授，大阪国税不服審判所審理部長，税務署長を歴任。令和2年，税理士法人チェスター審査部部長。主な著書に『デジタル財産の税務Q&A』（共著，令和5年1月，ぎょうせい），『適用判定がすぐわかる！小規模宅地特例』（共著，令和3年7月，ぎょうせい），『精選Q&A 相続税・贈与税全書』（共著，令和4年11月，清文社），『DHCコンメンタール所得税法』（共著，第一法規）。

前山　静夫（まえやま・しずお）

税理士・税理士法人チェスター東京本店審査部所属。

国税出身で，国税庁所得税課，関東信越国税局個人課税課課長補佐，関東信越国税不服審判所審判官，関東信越国税局審理課長，同国税訟務官室長，2か所の税務署長を歴任し，令和4年8月税理士登録。税理士法人チェスターでは相続税の生前相談のほか茨城県税理士協同組合，関東信越税理士会高崎支部において実務セミナー講師として従事。主な著書に『農家の所得税』（共著，令和4年11月，全国農業会議所）。

小林　寛朋（こばやし・ひろとも）

税理士。税理士法人チェスター所属。

大原学園グループ相続税法課にて社会人向けに税理士試験（相続税法）の講師を務める。その後，税理士法人山田＆パートナーズにおいて相続税申告のほか，国際事案・組織再編などの幅広い資産税業務に従事し現職。税理士法人チェスターでは，部長職に従事したのち，現在は主に海外関係の相続税申告・相続実務アカデミーの情報発信業務に従事。主な著書に『デジタル財産の税務Q&A』（共著，令和5年1月，ぎょうせい）。

有利・不利の分岐点がわかる！

変わる生前贈与とタックスプランニング

令和5年8月20日　第1刷発行

著　者　**河合　厚　前山静夫　小林寛朋**

発　行　株式会社 **ぎょうせい**

〒136-8575　東京都江東区新木場1－18－11
URL：https://gyosei.jp

フリーコール　0120-953-431

ぎょうせい　お問い合わせ　|検索|　https://gyosei.jp/inquiry/

＜検印省略＞

印刷　ぎょうせいデジタル㈱　　　　　　　　　©2023　Printed in Japan

＊乱丁・落丁本はお取り替えいたします。

ISBN978-4-324-11304-2
(5108887-00-000)

[略号：変わる贈与]